KB188491

무

한

의

부

무 | 한 | 의 _부_

찻집 알바에서 52조 원까지

왕징 지음 | 김우성 옮김

INFINITE WEALTH

'이제 나도 아버지처럼 죽는 걸까…?' 나는 겨우 14세였다.

며칠 전부터 기침과 함께 목구멍에서 피가 나오기 시작했다. 아버지가 마지막까지 시달렸던 그 기침 소리와 똑같았다. 나는 낡은 침대에 누워 천장을 바라보며 생각했다. '나도 아버지처럼 병에 걸려 서서히 죽어가는 걸까?' 기침하며 가래를 뱉어낼 때, 옆에서 잠든 동생들의 고른 숨소리가 들려왔다.

아버지가 돌아가신 그날, 내 세상은 무너졌다. 전쟁의 혼란 속에서 피난길에 오른 나를 지탱해준 건 오직 생존이라는 단 하나의 목적이었다. 아버지가 병으로 쓰러진 후, 동생 셋의 생계는 오로지 내 어깨에 달려 있었다. 동생들은 굶주림에 시달리고 있었다. '내가 죽으면 우리 가족은 끝이다…'

그날도 여느 때처럼 일찍 찻집으로 출근했다. 새벽 5시, 나는 손에 들린 찻주전자를 꽉 쥐었다. 어젯밤에도 고열에 시달렸고, 가슴은 마치 찢어질 듯 아팠지만 멈출 수는 없었다.

"리카싱! 차 좀 더 줘!" 손님의 목소리가 나를 현실로 불러들였다. 급하게 찻잔을 옮기던 나는 그만 차를 손님에게 쏟고 말았다. 나는 당황했고, 사장이 곧바로 달려 나왔다. 그런데 손님은 이렇게 말했다. "제가 실수로 차를 쏟고 말았네요. 괜찮습니다." 사장은 나를 조용히 불러 말했다. "네 잘못이라는 걸 알고 있다. 손님이 좋은 분이었기에 다행이야. 다음부터 조심하면 된다." 그날, 나는 세상이 그래도 완전히 차가운 곳은 아닐지도 모른다고 생각했다.

매일을 버티며, 나는 결심했다. 이 병을 이겨내고 살아남겠다고. 치료비를 마련할 길은 없었다. 나는 살아남기 위해 병원에 가지 않고 폐결핵을 치료하는 방법을 찾아다녔다. 생선 내장을 끓여 먹으면 낫는다는 말을 듣고, 주방장에게 사정해 버려질 내장을 받아냈다. 비린내에 구역질이 났지만, 살기 위해 그것을 끓여 먹었다.

몇 달 후 기적처럼 내 상태는 조금씩 나아졌다. 나는 그 순간 깨달았다. 나를 지탱하고 있는 것은 내 몸이 아니라 내 의지라는 것을. 의지만 있다면 무엇이든 해낼 수 있다는 것을. 죽음을 이겨냈는데 못 이겨낼 것은 없다고 생각했다.

어느 추운 날, 길을 걷다가 간부들이 따뜻한 난로 앞에서 수다를 떠는 모습을 보았다. 나는 밖에서 얼어붙은 채 그 광경을 지켜

봤다. 세상이 원망스러웠다. '왜 세상은 이렇게 불공평할까…' '찻집에 앉아 있는 부유한 손님들과 나는 왜 이렇게 다른 운명을 타고난 걸까?'

나는 결심했다. 운명을 바꿔보기로.

찻집 알바에서 52조 원까지,
생존 본능으로 미래를 꿰뚫다

오늘날은 최고의 시대이자 최악의 시대다. 어떤 사람들은 "돈 벌기회가 도처에 널려 있다"고 감탄하고, 또 어떤 사람들은 "돈 벌기가 하늘에 오르는 것만큼이나 어렵다"며 좌절한다. 리카싱은 우리에게 말한다.

"인생의 높이는 출신이나 운에 의해 결정되어서는 안 된다."

리카싱의 출발은 비참했다. 11세의 그는 전쟁 피난민이었다. 일본의 중국 침략으로 고향을 떠나 홍콩으로 이주했다. 새로운 터전에서 새로운 삶을 기대했지만, 아버지가 병으로 세상을 떠났다.

14세의 리카싱은 생존을 위해 학교를 그만두고 찻집 종업원으로 일을 시작했다. 그는 동생 셋과 어머니를 먹여 살려야 하는 가장이었다. 부유한 삼촌이 있었지만, 그의 도움을 기대할 수는 없었다. 자신이 먼저 '투자할 가치가 있는 사람'임을 증명해야 했다.

리카싱이 부와 성공을 거두고 세계적인 명성을 얻자 여러 화려한 칭호가 붙었다. '아시아 최고의 부자', '비즈니스계의 슈퍼맨', '부동산 거물' 등… 하지만 이러한 칭호들은 그의 성공 이후에 붙여진 것일 뿐, 처음부터 대단한 능력을 가진 것은 아니었다.

리카싱의 첫 성공인 플라스틱 꽃 사업은 1940년대 후반, 그가 퇴근 후 매일 밤 영어 잡지를 읽다가 발견한 정보에서 시작되었다. 그가 평생 가장 자랑스럽게 여기는 캐나다 허스키 석유 회사 인수는 1980년대 석유 위기 당시 세계 각국의 신문을 뒤져가며 찾아낸 기회였다. 그는 말한다.

"새로운 것이 나타났을 때, 단 5%의 사람만이 알고 있다면, 서둘러 행동하라. 이것이 바로 기회이고, 빨리 시작하는 것이 선기(先機)다."

성실함으로 쌓아 올린 자기 확신은 리카싱을 위기에서 가장 빛나게 했다. 그의 재산은 금융 위기 이후에 가장 폭발적으로 증가했다. 1997년 아시아 금융위기 전에는 홍콩 4대 부자 중 꼴찌였지만, 위기 이후 홍콩 최고 부자가 되었다. 그는 말한다.

"나는 그저 다른 사람들보다 앞뒤를 보는 눈이 하나 더 있을 뿐이다. 이는 행운이 아니라 오랜 준비의 결과다."

2007년, 페이스북은 수익모델을 찾지 못한 위기의 적자기업이었다. 그럼에도 그는 단 5분 만에 투자를 결정했다. '성장 가능성'을 꿰뚫어 본 것이다. 이뿐만 아니라, 2010년대 전기차 산업이 본격화되기 전, 그리고 줌(Zoom), 스포티파이(Spotify), 시리(Siri), 딥마인드(DeepMind) 등이 세계적으로 성공하기 훨씬 이전에 이들 기업에 투자했다. 이미 그는 80대에 접어든 시점이었다.

리카싱은 항상 승리를 확신하는 사람이 아니다. 그는 오히려 실패에 대해 더 많이 고민한다. 2008년 〈비즈니스위크〉와의 인터뷰에서 그는 시간의 90%를 실패를 고민하는 데 사용하는 것이 성공의 노하우라 말한다.

"날씨가 좋을 때도 태풍에 대비해야 합니다. 저는 각 프로젝트가 직면할 수 있는 최악의 상황을 끊임없이 연구합니다. 이런 이유로 1950년부터 지금까지 저의 사업은 58년간 한 번도 위기를 겪지 않았습니다."

미국 경제전문지 〈포브스〉에 따르면 그는 중화권 1위 부자로 자산은 52조 원(2023년 기준)에 달한다. 5,200만 명에게 각각 100만 원씩 나눠줄 수 있는 정도의 부를 축적했다.

14세 찻집 종업원에서 시작해 홍콩의 작은 플라스틱 공장 사장이 되고, 전 세계를 아우르는 비즈니스 네트워크를 구축한 그의 여정은 그야말로 '무한의 부'의 완벽한 예다. 에너지, 통신, 부동산, 소매, 기술, 교통, 바이오 등 현대 경제의 핵심 분야에서 리카싱의 이름을 찾아볼 수 있다. 그의 투자는 국경과 산업의 경계를 자유롭게 넘나든다.

리카싱의 비즈니스 철학은 단순히 돈을 버는 것을 넘어선다.

그는 세계 경제의 흐름을 읽고, 미래를 선도한다. 그의 손길이 닿는 곳마다 산업은 변화하고, 새로운 가치가 창출된다. 그의 성공은 우연이 아니라, 미래를 내다보는 혜안과 과감한 결단력, 그리고 끊임없는 혁신의 결과다.

90대에도 현역으로 활동하는 리카싱은 묻는다.

"단순히 오래 사는 것이 수명의 의미는 아니다. 백 년을 살아도 사회와 타인에게 실제적 도움을 주지 못했다면 수명에 무슨 가치가 있겠는가?"

이 책은 리카싱의 혁신적인 투자 원칙과 무한 성장의 경영 철학을 담고 있다. 그의 원칙은 대기업 총수부터 소상공인, 직장인, 학생까지 모두에게 적용될 수 있다. 《무한의 부》는 단순한 성공 스토리가 아니다. 이 책은 1달러를 52조 원으로 불리는 과정을 보여준다. 하지만 책의 초점은 돈이 아니다. 그만의 사고방식과 철학을 통해 지혜를 배울 수 있다. 리카싱은 개인의 행복과 사회의 행복이 어떤 길로 나아가야 하는지 방향을 제시한다.

당신은 이 책을 통해 리카싱의 시대를 뛰어넘는 통찰력을 엿볼 수 있을 것이다.

왕징

2024년 9월

목차

고 난

파멸

14세에 얻은 무한 동력

내 나이 14세, 전쟁 중 아버지는 폐결핵으로 사망했다. 남겨진 동생 셋과 어머니를 굶어 죽지 않게 하기 위해서는 돈이 필요했다. 하지만 돈을 벌려면 학교를 그만둬야 했다. 나는 꿈을 잠시 접어두고 결단을 내렸다. '먼저 돈을 벌자. 공부는 그다음이다.' 이 결심은 내 인생의 방향을 완전히 바꿔놓았다.

자퇴 후 내 처지를 알게 된 외삼촌이 손을 내밀었다. 그는 홍콩에서 혼자 힘으로 시계 회사를 일군 사업가였다. 삼촌의 도움이 있었다면 내 삶은 분명 수월했으리라. 하지만 나는 남의 그늘에 기대는 삶을 원치 않았다. 외삼촌의 제안을 정중히 거절했다. 내 힘으로, 내 길을 개척하기로 마음먹었다.

1940년대는 전쟁의 그림자가 드리운 혼돈의 시대였다. 실업자들이 거리를 가득 메웠다. 14세의 내가 생계를 위해 일자리를 찾는다는 건 마치 사막에서 바늘을 찾는 격이었다. 어머니의 눈빛엔 걱정이 가득했다. '후, 저 어린 것을 세상에 홀로 내보내다니…' 그녀의 한숨 속에 모든 것이 담겨 있었다.

어머니는 내 손을 잡고 거리를 돌아다니며 일자리를 찾았다. 가게마다 들어가 일할 사람이 필요한지 물었지만, 번번이 거절당했다. 해가 지고 발에 물집이 잡혔지만, 아무 소득도 없었다. 아침에 채소죽 한 그릇 먹은 게 다였던 터라 배고픔에 허리가 절로 굽어졌다. 어머니의 눈에 걱정이 어렸다. "배고프니? 엄마가 찹쌀밥을 사줄게." 나는 입술을 깨물며 대답했다. "배고프지 않아요." 하루빨리 일자리를 찾지 못하면, 우리 가족 모두가 하루 두 끼 죽조차 먹지 못하는 형편이었다.

다음 날, 나는 홀로 거리로 나섰다. 어머니의 지친 발걸음을 더는 볼 수 없었기 때문이다. 날이 어두워질 때까지 수없이 거절당했지만, 포기할 수 없었다. 세 번째 날, 홀로 거리를 헤매는 나를 불쌍히 여긴 찻집 주인이 직원으로 받아주었다.

14세에 사회에 첫발을 내디딘 나는 또래들보다 일찍 어른이 되어야 했다. 그렇다고 해서 나에게 주어진 상황이 덤덤히 받아들여지진 않았다. 가슴 깊은 곳에서 분노의 불길이 타올랐다. 어떤 가정은 행복하고 부유한데, 왜 나는 이렇게 태어났을까? 세상은 왜 이토록 불공평할까? 운명의 부당함에 치를 떨었다.

내 새끼손가락에는 흉터가 하나 있다. 이때 남긴 '분노의 흔적'이다. 그해 겨울, 뼈를 에는 듯한 추위가 엄습했다. 나는 우연히 얼어붙은 창문 틈으로 고위 간부들이 따뜻한 방 안에서 차를 즐기는 모습을 보았다. 내 마음속엔 한기보다 더 차가운 외로움이, 분노의 불길보다 더 뜨거운 원망이 가득 찼다. 그 순간, 실수로 손가락을 베었다. 붉은 핏줄기는 검게 변할 때까지 흘러내렸다.

하지만 곧 깨달았다. 세상을 향해 분노를 쏟아내봤자, 나는 더 약해지고 불안해질 뿐이었다. 분노를 다스리고, 그 힘을 다른 곳으로 돌려야 했다. 나는 그때 반드시 출세하겠다고 결심했다. 내 안의 분노를 더 높은 목표를 향한 동력으로, 난관을 헤쳐 나갈 추진력으로 바꾸기로 했다.

'멈추고 고요해지는 경지에 도달해야 비로소 모든 움직임을 멈출 수 있다.' 중국 철학자 남화이진(南懷瑾)의 말이다. 마음이 혼란스러우면 세상 모든 것이 어지럽고, 마음이 고요하면 세상 모든 것이 평온해진다는 뜻이다. 나는 이 진리를 일평생 내 삶에서 증명해냈다. 마음을 단단히 정한 후로는, 어떤 생활의 풍파도 나를 쉽사리 흔들지 못했다.

이러한 내적 평정은 나의 인생 철학에도 영향을 미쳤다. 내 눈에는 미래와 내일이 다르다. 천명(天命)과 운명(運命)도 다르다. 내일은 새로운 하루일 뿐이지만, 미래는 일생의 수많은 우연 속에서 우리가 끊임없이 내린 선택의 총합이다. 이러한 철학은 내가 장기적인 안목을 가지고 삶을 바라보게 했다.

"마음을 먼저 다스리고 일을 처리한다."

전쟁의 포화 속에서 리카싱은 아버지를 잃었다. 홍콩이라는 낯선 땅에 내던져진 소년은 순진한 꿈이 아닌, 냉혹한 현실과 마주해야 했다. 매일 분노가 치밀었다. 하지만 그는 다른 사람들과 달랐다. 어려운 환경은 오히려 그의 의지를 타오르게 했다. 낮에는 찻집에서 일하고, 밤에는 촛불 아래에서 책을 읽었다.

사람은 분노와 질투가 치밀 때 두 가지 행동 중 하나를 선택한다. 첫째, 화를 참지 못해 부정한 일을 저지르거나 상대를 깎아내린다. 둘째, 분노를 긍정적인 방향으로 돌려 현실을 직시하고 하루하루를 의미 있게 살아낸다. 당신은 어떻게 살고 있는가? 스스로에게 질문해보자.

첫발

죽음의 공포 속에서

찻집에서 일한 지 얼마 되지 않아 나는 아버지와 같은 증상을 보이기 시작했다. 끊임없이 기침과 함께 피가 섞인 가래가 나왔고, 검사 결과 폐결핵 진단을 받았다. '나도 아버지처럼 죽게 될까?'라는 생각에 망연자실했다.

당시 나는 제대로 먹지 못해 극도로 허약한 상태였다. 게다가 열악한 의료 환경에서 결핵이라는 병은 치명적이었다. 죽음이 두려웠지만, 어머니의 걱정하는 얼굴을 보며 내색할 수 없었다.

이는 내 인생에서 가장 어려운 시기였다. 하지만 나는 여기서 죽을 수 없다고 매일 자기 전 다짐했다. 장남으로서, 어머니와 동생들을 위해, 그리고 미래를 위해 반드시 이 시련을 이겨내야 했다.

아픈 와중에도 생계를 위해 돈을 벌어야 했다. 당시 내 수입으로는 가족들의 끼니를 해결하기에도 벅찼다. 비싼 치료비를 마련할 방법이 없었다. 결국 나는 헌책에서 배운 의학 지식으로 자가 치료를 시작했다. 매일 새벽 일찍 일어나 맑은 공기를 들이마시며 온 힘을 다해 소리쳤다. 몸에 기운이 없을 때는 소금물로 버텼다. 생선 내장이 건강에 좋다는 말을 듣고, 찻집 요리사에게 남은 생선 내장을 얻었다. 역겨운 맛에 구역질이 났지만, 생선 내장을 끓여 억지로 삼켰다. 이 기간에 나는 음식의 맛은 전혀 신경 쓰지 않고 오로지 영양만을 생각하며 식사했다. 꾸준히 운동하고, 청결과 위생에도 특히 신경 썼다. 이는 단순한 건강관리나 치료가 아니라, 가족과 나의 생존을 위한 처절한 몸부림이었다.

나는 이렇게 1년을 버티며, 의료적 도움 없이 기적적으로 폐결핵을 이겨냈다. 이 처절한 투쟁을 통해 '노력으로 극복하지 못할 일은 어디에도 없다'고 믿게 되었다. 죽음도 노력으로 이겨냈는데, 그 무엇이 두려울까?

병마와 싸우면서도 일은 결코 소홀히 하지 않았다. 광둥 사람들은 아침저녁으로 차를 즐겨 마셨기에 찻집에는 새벽부터 손님들이 몰려들었다. 우리는 아침 5시경 출근해 영업 준비를 했다. 나는 이 일을 소중히 여겼고, 항상 10분 일찍 도착해 가장 늦게까지 일했다.

낯선 홍콩 땅을 처음 밟았을 때 아버지는 내게 단단히 일렀다. "홍콩에 뿌리를 내리려면 홍콩 사람이 되어야 한다. 그러려면 광둥어와 영어를 반드시 익혀야 한다." 하루 15시간의 고된 노동으로 온몸이 쑤셨지만, 나는 매일 밤 광둥어와 영어 공부에 매달렸다. 언어의 벽을 넘지 못한다면 이곳에서의 미래도 없다는 것을 뼈저리게 깨닫고 있었기 때문이다.

설거지하고, 테이블을 닦고, 바닥을 쓸고 닦으며, 손님에게 차를 따르는 나의 일과는 단조롭고 반복적이었다. 대부분의 사람은 이런 기계적인 일에 곧 지루함을 느낀다. 손발은 바쁘게 움직이지만 마음은 꺾이고, 머리는 썩어 들어간다. 하지만 나는 달랐다. 나는 찻집에서 보내는 시간을 내 인생을 바꿀 기회로 삼기로 결심했다.

찻집은 작은 사회였다. 사람들은 각기 다른 경제적 배경, 성격, 출신지를 가지고 모여들었다. 이들은 각자의 개성을 가진 존재들이었다. 책 속에만 파묻혀 있던 나에게, 생동감 넘치는 찻집의 사람들과 그들이 만들어내는 사건들은 신선한 충격이었다. 나는 손님들의 출신과 직업, 재산 정도, 성격을 추측하는 일에 재미를 붙였다. 이런 습관 덕에 자연스레 사람을 관찰하고 분석하는 안목이 생겼다. 손님들의 대화에 귀 기울이며 세상을 보는 시야는 점점 넓어졌고, 세상을 더욱 다채롭고 입체적으로 바라보게 되었다.

단골손님이 들어서면, 그들이 입을 열기도 전에 나는 그들이 좋아하는 차와 다과를 정확히 내놓았다. 이런 세심한 서비스에 손님들은 감탄하며 나를 향한 칭찬을 아끼지 않았다. 이러한 고객 만족은 높은 평가로 이어졌고, 결국 내 급여도 올랐다.

내게 찻집은 단순한 일터가 아니라, 값진 학교였다. 나는 사람들의 미세한 표정 변화를 읽고 복잡한 인간관계를 이해하는 능력을 키웠다. 또한 고객의 취향과 행동을 분석하는 안목도 길렀다. 이 과정에서 자연스럽게 비즈니스의 핵심을 어렴풋이 터득하게 되었다.

하지만 찻집에서의 일은 너무나 고되었고, 수입은 턱없이 부족했다. 당시 나는 사흘 밤낮을 꼬박 자고 싶다는 생각뿐이었다. 그러나 감히 그럴 수 없었다. 가족의 생계가 내 어깨에 달려 있었기에, 이 일자리를 놓칠 수는 없었다. 고된 노동과 턱없이 부족한 수입에 때로는 불안함에 몸서리치기도 했다. 한밤중에 나는 자주 잠에서 깨어나 스스로에게 물었다.

"제대로 된 교육도 받지 못했고, 든든한 인맥도 없다. 내가 단지 끈기 있게 열심히 일하는 것만으로 이 난관을 헤쳐 나갈 수 있을까?"

"우리의 운명은 이미 정해져 있는 거 아닐까? 바꿀 수 있는 걸까?"

"간신히 생계는 유지할 수 있겠지만, 언젠가 출세할 수 있을까?"

이런 의문들이 머릿속을 맴돌 때마다, 나는 그 생각들을 과감히 밀어내고 현재 내가 할 수 있는 최선에 집중하기로 다짐했다. 개인이 얻는 보상과 성과는 그가 과거에 쏟아부은 노력과 뗄 수 없다. 노력은 성공의 가장 기본적인 토대다. 20세 이전의 성과는 온전히 자신의 땀과 노력으로 얻어진다. 20세에서 30세 사이에는 어느 정도 기반이 마련되기 시작하고, 운이 따른다면 노력한 사람 중 약 10%는 소위 말하는 '대박'을 터뜨릴 수도 있다. 하지만 나머지 90% 사람들의 성과는 여전히 자신의 노력에 달려 있다.

이 진리는 비단 사업에만 국한되지 않고, 인생의 모든 영역에 보편적으로 적용된다. 열쇠는 우리 손에 쥐어져 있으며, 오직 끊임없는 노력과 불굴의 의지만이 그 문을 열 수 있다. 일을 하다 보면 당장 의미 없어 보이는 노력들이 있다. 하지만 세상에 쓸모없는 노력은 없다. 언젠가 반드시 그 힘을 발휘한다. 90% 사람들은 자신의 운명을 스스로 결정짓는다.

─────── A c t i o n P l a n 0 2 ───────

"추가적인 노력은 단순한 덧셈이 아닌, 곱셈의 결과를 가져온다."

리카싱에게 매 순간은 배움의 기회였다. 찻집에서의 반복되는 일상도 그에겐 단순한 노동이 아닌, 미래를 향한 값진 준비 과정이었다. 그는 일하며 언어를 익히고 사람을 읽는 날카로운 통찰력을 키웠으며, 끈기와 성실함으로 경영의 기초를 다졌다. 리카싱은 일찍이 깨달았다. 작은 노력의 꾸준한 축적이 우리의 예상을 훌쩍 뛰어넘는 큰 성과를 만들어낸다는 사실을. 그는 이 놀라운 현상을 '노력의 복리 효과'라 명명했다.

우리는 종종 당장의 눈에 보이는 결과가 없다고 노력을 포기하곤 한다. 하지만 노력이 꾸준히 쌓이면, 어느 순간 예상치 못한 기하급수적인 성장을 경험하게 된다.

이것이 바로 '노력의 복리 효과'다.

당신의 삶에서도 이런 놀라운 효과를 경험한 적이 있는가? 당시에는 쓸모없는 공부나 일이라 생각했지만, 훗날 인생에 큰 도움이 되었던 경험이 있는가?

2원칙

실패 가능성 0%로 수렴하는 법

찻집에서 일한 지 1년쯤 지났을 때, 나는 종종 아버지가 남기신 새해 축복 글귀를 되새겼다.

"장군과 재상은 타고나는 것이 아니며, 남자는 스스로 강해져야 한다(将相本无种 , 男儿自当强)."

쳇바퀴처럼 반복되는 일상에 대한 불만이 커지면서, 나는 이제 찻집을 떠나 새로운 도전을 해야 할 때임을 본능적으로 감지했다.

나는 외삼촌의 제안으로 중남시계에 입사했다. 과거 외삼촌의 도움을 거절했었지만, 마음을 바꾼 이유는 간단했다. 찻집에서 일하며 단순노동만으로는 큰 성과를 얻기 어렵다는 것을 깨달았다. 일을 배워 언젠가 시계점을 여는 것도 나쁘지 않아 보였다. 상인이 되기에 앞서 기초를 다지기 좋은 곳이었다.

외삼촌은 혈연관계라는 이유로 나를 특별 대우하지 않았다. 나는 수습생으로서 회사의 모든 규정을 철저히 따랐다. 청소부터 차 끓이기, 물 따르기, 심부름까지 기본적인 업무를 성실히 수행했다. 찻집에서의 엄격한 훈련 덕분에 이러한 일들은 능숙하게 해냈다.

하지만 나는 여기서 멈추지 않았다. 주어진 업무를 마치고 난 후의 자투리 시간, 심지어 휴식 시간조차 아껴가며 시계 기술을 익혔다. 선배들의 작업을 유심히 관찰하고, 질문을 던지며, 손에 굳은 살이 박이도록 연습했다. 그 결과, 놀랍게도 단 6개월 만에 다양한 시계 모델을 능숙하게 조립하고 복잡한 수리까지 할 수 있는 실력을 갖추게 되었다.

훗날 한 동료는 나에 대해 이렇게 회상했다.

"리카싱은 시계에 대해 해박한 지식을 가지고 있었고, 기술 또한 마치 오랜 경력을 가진 전문가처럼 능숙했다. 그가 수습생으로 입사한 지 불과 몇 개월밖에 되지 않았다는 사실을 누구도 믿지 않을 정도였다."

주변 사람들은 내가 뛰어난 시계 상인으로 성장할 것이라 기대했다. 그러나 1946년 초, 나는 모두의 예상을 깨고 시계점을 떠나 작은 철물 공장으로 자리를 옮겼다. 이 결정에 많은 이들이 의아해했다. 안정된 직장과 밝은 전망을 뒤로하고 새로운 분야로 뛰어든 나의 선택을 이해하지 못한 것이다. 나는 왜 이런 결정을 했을까?

내 생각은 명확했다. 나만의 시계점을 열 정도는 아니었지만 이곳에서 배울 수 있는 것은 거의 다 배웠다고 판단했다. 외삼촌의 체면을 고려해 내 의견을 억눌러야 했고, 타성에 젖어갔다. 이곳에서 계속 일한다면 안정적인 수입과 편안한 생활이 보장될 것이다. 하지만 언젠가 이 안락함이 내 성장을 제한할 수 있다는 걸 어렴풋이 깨달았다. 그래서 나는 과감히 결심했다. 더 많은 경험을 쌓고, 더 넓은 시야를 확보하며, 끊임없이 자신을 단련하기로. 멈추지 않기 위해 편안한 삶을 뒤로하고 새로운 도전에 나섰다.

찻집에서 손님을 접대하고 매장에서 시계를 판매하는 것과 달리, 철물 공장의 영업은 훨씬 더 고된 일이었다. 고객을 찾아 직접 거리로 나서야 했기 때문이다. 나는 두 발로 한 걸음 한 걸음 직접 거리와 골목을 누비며 고객을 만났다. 이러한 방식은 비용을 절감할 수 있을 뿐만 아니라, 더 많은 잠재 고객과 접촉할 기회이기도 했다.

고객과의 소통 능력을 키우는 것이 급선무였다. 본래 내성적이고 신중한 성격에, 낯선 이와의 대화를 꺼리는 편이었기에 이는 큰 도전이었다. 하지만 나는 도전은 회피하는 것이 아니라 극복하기 위해 있다고 믿었다. 불안한 만큼 고객과 마주하기 전 대화 내용을 미리 구상하고 철저히 준비했다. 혼자 건넬 말을 연습하고, 충분히 준비되었다고 느낄 때야 비로소 낯선 이에게 다가갈 용기가 났다. 이러한 노력 덕분일까? 몇 년 후에는 어떤 자리에서도 통하는 언변과 통찰력이 생겼다.

영업을 하며 나는 두 가지 핵심 원리를 깨달았다. 첫째, 1시간이라도 남들보다 더 일하기. 둘째, 남들보다 1시간이라도 더 생각하기. 나는 남들보다 '1분이라도 더'를 원칙으로 삼았다. 그러나 단순한 노력만으로는 충분하지 않았다. 판매 방식에도 창의성이 필요했다.

당시 철물 판매는 잡화점을 통해서만 이뤄졌다. 이 방식은 편리했지만, 비슷한 제품끼리 모여 있어서 경쟁이 치열했다. 나는 다른 접근법을 택했다. 호텔과 여관 같은 대형 소비자를 찾아가 직접 판매하기로 했다. 직거래 전략은 중간 유통 단계를 줄여 고객은 더 저렴한 자격에 사고 판매자도 비용을 절감할 수 있었다. 그러나 우리는 아직 무명의 소규모 회사였기 때문에 대형 고객들의 신뢰를 얻기가 쉽지 않았다. 신임을 얻는 것이 가장 큰 과제였다.

18세의 나는 첫 목표를 5성급 호텔인 그랜드 하얏트로 정했다. 첫날, 호텔 입구에서 도어맨에게 쫓겨났지만 포기하지 않았다. 매일 밤 호텔 주변을 걸으며 제안을 다듬었고, 낮에는 정보를 모았다. 아마 호텔 직원들은 나를 이상한 사람으로 여겼을 것이다.

끈질기게 하얏트 호텔을 서성였고, 비서를 마주치게 되었다. 비서는 처음엔 경계했지만 나의 적극성에 호기심을 가지기 시작했다. 비서는 사장에게 나라는 사람이 있다는 걸 보고해주었다. 만남은 이뤄지지 않았다. 그렇다고 여기서 물러날 순 없었다.

어느 날, 이번엔 로비에서 사장을 마주쳤다. 나는 그의 시간을 빼앗는 것을 사과하며 내 부족함을 물었다. 그러자 사장은 잠시 멈춰 내 이야기를 들어주었다. 나는 조사한 내용을 바탕으로 호텔의 단골 업체가 공급하는 상품의 문제를 지적했다. 호텔 사장은 내 적극성과 치밀한 조사에 흥미를 보이기 시작했다.

의심하던 사장은 직원에게 직접 조사를 지시했고, 내 말이 모두 사실이라는 것은 금세 밝혀졌다. 호텔에서 사용하는 알루미늄 통은 품질이 낮았고 가격도 터무니없이 높았던 것이다. 나는 단순히 경쟁 상품을 비난하거나 깎아내리려 하지 않았다. 그저, 내가 알고 있는 지식선에서 어떤 소재가 나은지, 일반적인 가격은 어떠한지를 알렸을 뿐이다. 상대에게 굳이 애원할 필요도 없다. 상대가 합리적인 사람이라면, 업체를 바꾸는 건 너무나 당연한 일이었다.

사장은 흔쾌히 나에게 500개의 철통을 주문했다. 찻집에서 알바를 하며 고객의 니즈를 파악하던 습관, 평소 책을 읽으며 지식을 습득한 것, 남들보다 더 일하고 더 생각하기를 원칙으로 삼아온 것의 결과였다. 고객에게 파는 것은 어렵다. 하지만 고객에게 도움을 주고 찾아오게 하면 쉽다.

놀랍게도 이 과정에서 나의 내성적이고 신중한 성격이 오히려 판매에 도움이 된다는 사실을 깨달았다. 나는 고객에 대한 철저한 준비와 성실함으로 평판을 쌓았고, 18세에 총지배인이 되었다. 하지만 어느 날 내면의 목소리가 물었다. 여기서 멈출 텐가? 나는 떠날 때가 되었음을 직감했다.

"고생할 줄 알고, 고생을 즐길 줄 알아야 한다."

리카싱은 찻집, 시계점, 철물 공장에서의 다양한 경험을 통해 경영의 탄탄한 기초를 다졌다. 이 과정에서 그는 두 가지 핵심 원칙을 깨달았다. 근면과 창의적 사고의 조화였다. 근면함은 기본적인 성과를 보장했고, 창의적 사고는 그 성과를 배가시켰다.

사람이 평범해지는 이유는 간단하다. 남들보다 근면하지 않고, 남들보다 생각을 덜 하기 때문이다. "더 이상 세상엔 기회가 없다" "위로 올라갈 사다리가 없다"고 말하는 사람들은 시대와 장소를 막론하고 늘 존재해 왔다.

하지만 리카싱이 말하는 '남들보다 1시간 더 일하기' '남들보다 1시간 더 생각하는 시간 갖기(걷기 등)'를 실천한다면 어떨까? 지금보다 더 나은 삶을 살 수 있는 방법을 생각해보자.

초월

남의 회사에서 청소를 하다 벌어진 일

철물 공장에서의 성공을 뒤로하고 나는 다시 한 번 새로운 출발점에 섰다. 1947년, 만 18세. 이번에는 플라스틱 공장이었다. 곧 플라스틱 시대가 올 거라 믿었다. 모든 것을 처음부터 시작해야 했고, 나는 새로운 압박감과 도전에 맞닥뜨렸다. 이 공장은 규모는 작았지만, 최고 수준의 제품과 장비, 기술을 보유하고 있었다. 플라스틱 공장주는 철물 공장에서 이뤄낸 내 판매 능력을 높이 평가해 나를 판매 책임자로 임명했다. 당시 회사의 판매원은 모두 7명이었다.

팀에서 가장 어리고 경험이 부족했지만, 나는 과감한 목표를 세웠다. 3개월 안에 다른 판매원들과 동등한 성과를 내고, 6개월 안에는 그들을 뛰어넘겠다는 것이었다. 이 목표를 달성하기 위해서는 기존의 방식으로는 부족했다. 대형 고객을 확보하는 것만이 유일한 해결책이라고 생각했다.

나는 매일 회사의 신제품인 플라스틱 스프링클러를 들고 도매점을 방문했다. 성과 없이 지친 어느 날, 홍콩 최대 도매점인 태평양상회에 도착했다. 이른 시간이라 청소하는 직원들만 있었다. 어차피 일찍 도착했고, 할 일이 없던 나는 가져간 플라스틱 스프링클러로 청소를 도왔다. 영업하러 갔다가 청소를 돕는 황당한 일을 벌인 것이다.

이를 본 구매 담당자는 놀랐다. 실제로 내가 가져온 제품의 편리함과 실용성을 직접 확인하게 된 것이다. 담당자는 나의 기이한 행동에 한 번 놀랐고, 내가 가져온 스프링클러의 실용성에 두 번째로 놀랐다. 결국 내가 가져온 제품을 구매하기로 했다. 판매란 단순히 상품을 거래하는 것이 아니라, 자신도 함께 파는 것이며, 오히려 나를 파는 것이 더 중요하다는 사실을 깨달았다.

1년 후, 내 판매 실적은 회사 내에서 최고를 기록했다. 심지어 2위 판매원보다 7배나 높은 성과를 올렸다. 동료들의 질투와 경계심이 생겨났다. 나는 팀의 화합이 장기적으로 더 중요하다고 판단했다. 스스로 회사에 요청해 내 보너스를 2위 판매원과 동일한 수준으로 조정했다. '큰 나무는 바람을 많이 맞는다'는 교훈을 마음에 새기며, 개인의 성과보다 팀의 조화를 우선시했다. 만약 그때 내 이익만을 생각했다면, 회사도 나도 무너졌을 것이다. 사람의 질투만큼 무서운 것은 없다. 나는 팀과 나 자신을 위해서라도 보너스를 받지 않아야 한다고 생각했다.

대표는 나를 총지배인으로 승진시키고, 회사의 주식까지 분배해주었다. 나는 회사의 이인자가 되었지만, 또 한 번의 중대한 결정을 내렸다. 퇴사 후 나만의 사업을 일구어 나가기로 한 것이다.

--------------- Action Plan 04 ---------------

"교만은 피하되 자부심을 가져야 한다."

리카싱의 두 가지 행동은 비범했다. 일반적으로 사람들은 일을 더 하기 싫어한다. 하지만 리카싱의 능동성은 그 누구보다 앞서 있었다. 그는 거래처인 대형 도매점에 일찍 도착해 할 일이 없자 청소를 도왔다. 그것도 자신의 회사에서 판매하는 플라스틱 스프링클러로 말이다. 가치와 신뢰 두 가지를 보여줬으니, 좋은 결과가 있는 것은 당연했다.

두 번째로, 리카싱은 질투의 무서움을 이해하고 있었다. 그가 이야기한 근면과 창의성이라는 두 가지 무기가 있다면, 사람들을 앞서 나갈 수밖에 없다. 하지만 앞서 나갔을 때의 단점은 질투를 일으킨다는 것이다. 질투를 유발하면 본인에게 해로 돌아올 뿐이다. 리카싱은 질투를 잠재우고 팀의 화합을 이루기 위해, 성과가 7배나 차이 나는 직원과 보너스를 동일하게 맞추었다. 이는 인간의 본성을 완전히 거스르는 행동이었다.

당신은 리카싱처럼 능동적으로 일한 경험이 있는가? 혹은 질투 때문에 벌어진 사건이 있는가? 그때로 돌아간다면 어떻게 할지 생각해보자.

통찰력

돈 한 푼 없이, 미래를 정확히 예측하는 방법

누군가는 내 결정이 무모하다고 하겠지만, 나는 근거 없이 행동하는 사람이 아니다. 나는 지식이 운명을 송두리째 역전시킬 수 있다고 믿는다. 이성적이고 논리적인 사고를 발달시킴으로써 마음의 힘은 커진다. 평생 끊임없이 생각하고 지식을 추구하는 사람은 나이에 구애받지 않고 성장한다. 배움을 즐기는 사람들은 관찰과 경험을 통해 얻은 지식을 지혜로 승화시켜 실생활에 적용할 수 있다. 이들은 자신의 꿈을 실현하는 것을 넘어, 더 폭넓고 의미 있는 삶을 살 수 있다.

시계점에서 일할 때 나는 가난했다. 월급은 가족의 생계를 유지하고 동생들의 학비를 감당하기에도 빠듯했다. 그래서 중학교 과정을 독학하기로 했다. 새 교과서를 살 여유가 없어 중고 교과서를 사고, 다 읽은 책은 다시 팔아 새로운 중고 교과서를 샀다. 이렇게 비용을 절약하며 지식을 쌓았고, 인생에서 잊을 수 없는 기쁨을 만끽하게 되었다.

나는 시간을 최대한 활용하기 위해 여러 규칙을 정했다. 흥미 위주의 글 읽기, 오락 뉴스 보기, 타인과의 식사 등 여가 활동을 모두 배제했다. 일과가 끝난 후의 모든 시간은 오직 공부에 투자했다. 다른 이들이 학문적 성취를 위해 공부할 때, 나는 생존과 성공을 위해 분초를 아껴가며 지식을 훔치듯 습득했다.

젊었을 때 나는 겸손했지만, 내면에는 강한 자부심이 있었다. 다른 이들이 놀 때 나는 끊임없이 공부했기 때문이다. 그 결과 사람들이 제자리걸음을 할 때 나는 매일 조금씩 성장했다. 17~18세는 친구들과 어울려 놀기에 가장 좋은 나이였지만, 나는 고된 공부를 견디며 행복해했다.

나는 엄격한 자기 단련을 통해 내면의 강인함과 자신감을 키웠다. 이는 단순한 자기만족을 넘어, 언젠가 동료들을 뛰어넘을 수 있다는 확신으로 이어졌다. 내 학습은 단순히 중학교 교과서에만 국한되지 않았다. 중국의 고전 서적, 특히《논어》와《노자》등을 탐독하며 인간관계의 지혜와 철학적 통찰을 얻었다.

동시에 영어 공부에도 열중했다. 이런 꾸준한 학습이 예상치 못한 방향으로 내 인생을 바꿀 줄은 꿈에도 몰랐다. 그러던 중 한 영어 잡지에서 우연히 접한 플라스틱 제품에 관한 기사가 내 미래의 방향을 결정짓는 전환점이 되었다. 영어 잡지에는 서양권에서 플라스틱 산업이 성장하고 있다는 기사가 실려 있었다. 나는 곧 홍콩도 철에서 플라스틱으로 산업이 전환될 것이라고 직감했다.

1948년 홍콩에서 플라스틱 제품은 아직 사치품에 불과했다. 하지만 나는 이 산업의 잠재력을 간파했고, 몇 년 내에 치열한 경쟁이 시작되리라 예측했다. 시장 참여자가 늘어나면 경쟁의 결과로 가격이 내려가고, 결국 플라스틱 제품은 저렴한 대중 소비재가 되어 모든 가정에 들어갈 것이라 생각했다.

이런 생각을 하고 얼마 지나지 않아, 내가 철제 통을 판매하려 했던 호텔은 더 가벼운 플라스틱 통을 선택했다. 내 예측 정확히 들어맞는 사건이었다. 철물 산업은 점점 쇠퇴하고 있었고, 나는 더 이상 이 업계에 매달리지 않기로 결심했다.

플라스틱 산업은 성장 가능성이 큰 분야였다. 젊은 시절에 더 많은 도전을 해야 한다는 신념으로, 나는 함께 일해보자는 플라스틱 공장의 제안을 받아들였다.

플라스틱 공장에서 일하면서 나는 최신 지식과 비즈니스 동향을 끊임없이 탐구했다. 생산 분야 지식이 부족함을 깨닫고, 직접 공장 현장에 뛰어들어 모든 공정을 체험하며 실무를 익혔다. 나는 깨달았다. 지식은 운명을 바꾸는 강력한 도구라는 것을. 비즈니스 경쟁은 본질적으로 지식을 기반으로 한 전쟁이며, 지식의 창조와 효과적인 응용이 기업의 성패를 좌우한다.

"지식 없이는 운명을 바꿀 수 없다."

리카싱은 철에 이어 플라스틱이 대세가 되리라는 것을 직감했고, 이는 그가 플라스틱 회사에 취업하는 계기가 되었다. 이것이 단순한 우연일까? 그가 천재여서 가능했던 일일까? 아니다. 그는 끊임없이 책을 읽고, 창의적인 사람이 되기 위해 생각에 집중했으며, 영어 공부에 매진했다.

리카싱은 영어 잡지를 읽다가 플라스틱의 중요성을 홍콩의 다른 사람들보다 더 빨리 알아차릴 수 있었다. 이는 그의 평소 두 가지 원칙인 창의성 계발과 독서를 통해 쌓은 통찰력과 지식 덕분에 가능했다. 그가 세상의 흐름을 파악한 것은 결코 우연이 아니다. 오로지 배움과 책 덕분이었다.

당신은 최근 1년간 어떤 책을 읽었는가? 배움을 얻기 위해 모임에 참여하거나 강의를 들은 적이 있는가? 지금 당장 온라인으로 책 한 권을 구매하거나, 서점에 가보는 건 어떨까?

출 사 표

탈피

이분법적으로 세상을 바라본다는 것의 의미

내가 플라스틱 공장을 떠난 이유는 간단했다. 더 많은 가능성을 열어두고 싶었다. 나는 당시 출근 후 하루 동안 하는 일의 결과를 1분간 계산해보았다. 그 분석 결과, 현재 하는 일이 미래의 가능성을 제한한다는 것을 깨달았다. 예를 들어, 나는 1분간 플라스틱 생산에서 5개 제품을 생산하는 데 기여했다. 시간이 지나서 내가 발전하더라도, 내 기여는 10개 정도로 제한될 것이라고 보았다. 사업 구조상 내 영향력은 100개, 1,000개가 될 수 없다고 생각했다. 이러한 분석 끝에 나는 떠나기로 결심했다. 더 무한한 가능성을 원했기 때문이다. 그동안 쌓은 생산과 판매 경험을 바탕으로 나만의 사업을 시작하기로 했다. 플라스틱 산업은 무한한 잠재력을 지니고 있었고, 나는 이 새로운 분야에서 큰 성공을 거두고 싶었다.

나는 어릴 때부터 독립적인 사고와 결정을 즐겼다. 도전을 좋아하고, 더 나은 미래를 위해 꾸준히 노력해왔다. 그래서 창업이 나에게 무한한 가능성과 기회를 열어줄 거라 확신했다.

창업을 결심한 후, 우선 자본금을 모으기 위해 노력했다. 가족과 친구들에게 적은 금액이라도 투자해달라고 부탁했다. 내가 성공할 것이라 확신했기에, 그들은 기꺼이 투자해주었다.

자본을 확보한 후, 나는 플라스틱 공장을 설립했다. 최신 기술과 장비를 도입해 고품질 제품을 생산하기로 했다. 시장 조사를 통해 고객의 요구를 파악하고, 그에 맞는 제품을 개발했다. 또한 효율적인 판매 네트워크도 구축했다.

사업 초기의 어려움을 극복하고, 시장에서 인정받기 시작했다. 우리 사업의 근간은 품질과 신뢰였다. 나는 사업 철학에서 단두 가지만 지키고자 했다. 첫째, 고품질 제품을 일관되게 제공하는 것. 둘째, 고객과의 약속을 철저히 지키는 것이었다. 이 원칙을 지키자 사업이 궤도에 올랐고, 재정적인 성공도 자연스레 따라왔다. 그 결과 우리는 상당한 부를 축적하게 되었다.

인생에서 가장 소중한 것은 무엇일까? 젊음보다 더 귀중한 것이 있을까? 많은 사람은 가난과 돈이 없다는 이유로 도전을 미룬다. 얼마나 우스운 일인가! 사실, 당신 자신이 금광이다. 그러나 많은 이들은 이 사실을 외면하고, 자기 잠재력을 묻어두려 한다.

대다수 사람은 삶과 운명을 바꾸고 싶어 하지만, 실제로 행동에 옮기지 않는다. 두려움 때문이다. 실패에 대한 공포와 더 가난해질 수 있다는 불안감이 그들을 붙잡는다. 이러한 두려움은 결국 생각조차 하지 못하게 만들고, 사람들은 나름대로 노력했다고 자신을 위안한다.

그러다 보니 기대했던 성과가 나오지 않으면 쉽게 포기하며 정체된 삶을 벗어나지 못한다. 이는 진정한 노력과 도전이 아니다.

이런 말을 하면 '쉽게 말한다'거나 '모든 사람이 창업에 적합한 것은 아니다'라고 비판하는 이들도 있다. 하지만 이는 내 의도를 오해한 것이다. 창업하라는 말이 아니다. 나의 메시지는 편안한 자리에 안주하며 공허한 꿈만 꾸는 이들을 향한 것이다.

——————— Action Plan 06 ———————

"돈이 없다는 이유로 도전을 미루지 않는다."

새로운 도전에서의 실패가 꼭 나쁜 것만은 아니다. 인생사 새옹지마라고, 안 좋아 보이던 일이 오히려 극적으로 좋은 결과로 이어지는 경험을 해본 적 있을 것이다. 실패에는 항상 배움이 따라오고, 이는 내적 성장을 돕는다.

우리는 종종 성공과 실패를 이분법적으로 바라본다. 하지만 당신의 인생에서 큰 결심을 하고 실패해본 적이 있을 것이다. 당시에는 최악이라 생각했던 경험이 나중에 어떤 형태로든 도움이 된 적은 없었는가?

실패했던 경험을 한번 떠올려보자. 그 경험이 인생에 어떤 식으로든 도움을 준 점이 하나라도 있는지 곰곰이 생각해보자.

복리

큰 부는 하늘에 달렸고, 작은 부는 사람에게 달렸다

우리 가문은 오랫동안 '굶어 죽어도 장사하지 않는다'는 가훈을 지켜왔다. 당시의 시대적 제약과 전통 문화의 영향으로 상업 활동은 오랫동안 부끄러운 일로 여겨졌다. 이러한 인식은 고대 사회의 계급 구조에 뿌리를 두고 있다. 예를 들어, 상인은 고대 사회의 '사민(四民)'* 중 가장 낮은 계층에 속했다.

　가훈을 처음 깨뜨린 사람은 큰아버지였다. 그는 장사를 시작했지만, 고향 사람들에게 인정받지 못했다. 그럼에도 아버지와 나는 큰아버지의 도전 정신을 존경했다.

　아버지도 가훈의 압박 속에서 내적 갈등을 겪었다. 겉으로는 가훈을 따르는 척했지만, 여러 차례 장사를 시도했다. 아버지는 교사로 일하면서 상점의 회계를 돕기도 했고, 나중에는 가족 몰래 교직을 그만두고 큰아버지를 따라 인도네시아로 가 유리 제품을 팔기도 했다.

아버지의 사업이 성공했다면, 나는 부유한 집안의 아들로 자랐을 것이다. 물론 그 사업은 실패로 끝났다. 하지만 그 경험은 내 마음속에 '사업을 통해 큰 부를 이룰 수 있다'는 씨앗을 심어주었다.

사람의 꿈과 목표는 정적이지 않고 끊임없이 발전한다. 어린 시절의 순수한 꿈은 성장하면서 겪는 경험과 상황에 따라 점차 구체화하고 변화한다. 이 과정에서 두 가지 중요한 환경이 작용한다.

첫째는 자신의 이상과 목표에서 비롯되는 내적 환경이다. 둘째는 현실 생활에서 오는 외적 환경이다. 이 두 환경은 불가피하게 존재하며, 때로는 서로 충돌해 심리적 어려움을 안겨준다. 그러나 이러한 충돌은 반드시 부정적인 것이 아니다. 오히려 개인의 의지를 단련시키는 중요한 과정이라 할 수 있다. 이상과 현실 사이의 긴장을 조화롭게 해결해나가는 과정이 성장을 도와 목표 달성으로 이끌기 때문이다.

나 역시 이러한 과정을 겪었다. 어려운 세상의 시련을 겪으며 자신의 힘으로 운명을 바꾸겠다는 결심을 더욱 굳혔다. 찻집, 시계점, 철물 공장, 플라스틱 공장에서의 시행착오를 통해 완전히 독립

✳ '사민'은 일반적으로 고대 중국과 한국에서 사용된 사회 계층 구분 체계로, 선비(士), 농부(農), 공인(工), 상인(商)을 가리킨다.

해 창업할 수 있는 실력을 갖추게 되었다.

억만장자가 되기 위해서는 먼저 정신적으로 억만장자가 되어야 한다고 믿었다. 그래서 회사 이름을 신중히 고민했고, 결국 '청쿵(長江)'*으로 결정했다. 청쿵은 강의 이름이다. 작은 물줄기를 가리지 않고 받아들여 거대한 강이 된다. 근원은 작지만, 동쪽으로 흐르며 수많은 지류를 품어 대양을 이룬다. 청쿵플라스틱(長江塑膠) 공장도 작게 시작해 크게 성장할 것이다. 청쿵이라는 이름에는 거대한 흐름과 넓은 마음이 담겨 있다. 산업에 뜻을 둔 사람은 만 리 길을 항해하며 파도를 헤치고 나아가야 한다.

1950년 3월 15일, 청쿵플라스틱 공장은 첫 번째 플라스틱 장난감 권총 50개를 생산했다. 수량은 적었지만 감격의 눈물을 흘렸고, 밤에는 동료들과 함께 축하하며 술을 마셨다. 취기가 오른 나는 창업 팀에게 원대한 계획을 밝혔다.

"언젠가 우리 공장은 홍콩 최고가 될 것입니다. 여러분이 회사 이름처럼 청쿵의 물처럼 한 파도 한 파도 높이 치솟아 나아가길 바랍니다! 우리 회사는 계속 확장하고 발전할 겁니다. 여러분도 저와 함께 부유해질 거라 확신합니다!"

제품을 시장에 내놓은 후, 나는 가만히 있지 않았다. 찻집, 시계점, 철물 공장, 플라스틱 공장에서 그랬듯 나는 최전선에서 시장을 개척했다. 같은 판매원이지만, 남을 위해 일하는 것과 자신을 위해 일하는 것은 전혀 달랐다. 창업 초기엔 매일 최소 16시간씩 일했다.

매일 육체적으로는 힘들고 지쳤지만, 마음만은 항상 달콤했다.

나는 늘 높은 임금을 받지 못했다. 동료와 친구들은 내가 한 번도 사치스러운 모습을 보이지 않았다고 말한다. 대부분의 젊은 이가 먹고 입는 것에 신경 쓰지만, 나는 늘 값싼 패스트푸드를 먹고 단순한 옷을 입었다.

나는 월급 대부분을 어머니에게 드려 가정생활을 꾸려나가게 했다. 어머니는 재정 관리에 뛰어나서 가족의 생활을 알뜰히 유지하면서도 5만 홍콩달러*를 저축할 수 있었다.

청쿵플라스틱 공장의 첫 제품이 순조롭게 판매되면서 번 돈이 5만 홍콩달러를 훨씬 넘었다. 이는 내가 "일하는 것이 가장 느리지만 확실한 투자"라고 한 이유이기도 하다.

성공한 사람은 저마다의 성공 철학이 있다. 운이든, 실력이든, 지혜든 말이다. 그러나 나의 철학은 좀 다르다. '큰 부자는 하늘에 달렸고, 작은 부자는 사람에게 달렸다'라는 것이다. 즉, 작은 부자는 누구나 가능하다고 생각한다. 나는 인간의 운명이 '30%는 하늘이 정해주고, 70%는 자신에게 달렸다'라고 믿었다. 현재의 불만족스러운 상황을 모두 운이 없다고 탓할 순 없다.

일이 확실한 투자라는 사실은 누구나 알지만, 하고 싶은 일을 못한다고 해서 잘못된 것은 아니다. 누구에게나 직장에서의 '잠복

✻ 청쿵은 장강의 광둥어 발음이다. 양쯔강을 가리킨다.

기'가 필요하다. 큰 목표를 가진 이들에게 직장에서의 성과는 성공으로 가는 과정의 한 단계일 뿐이다.

하지만 많은 사람이 일하며 현실에 안주하거나, 실패를 두려워해 새로운 도전에 나서지 않는다. 나 역시 사업에서 예상을 훨씬 뛰어넘는 고생을 경험했다. 그럼에도 나는 운명을 바꾸겠다는 믿음을 포기하지 않았다. 잠복기가 있다고 믿었다. 나는 '더 일하기, 더 생각하기' 원칙만을 고수했다.

——— Action Plan 07 ———

"큰 부자는 하늘에 달렸고, 작은 부자는 사람에게 달렸다."

리카싱은 일을 대하는 태도 자체가 달랐다. 모든 의미 있는 삶을 산 사람들이 그렇듯, 리카싱은 주어진 일이 하찮아 보이더라도 완벽하게, 혹은 그 이상으로 수행하려 했다. 만약 그가 현대에 태어나 편의점 아르바이트를 하거나 배달 일을 한다면, 그 누구보다 부지런했을 것이다.

능동적으로 일해야 하는 이유는 단순히 사장을 위해서가 아니다. 자신을 위해서다. 리카싱이 말하듯 작은 부자가 되는 것은 하늘의 뜻이나 운이 아닌, 사람 자신에게 달려 있다. 당신도 살면서 주어진 일 외에 능동적으로 무언가를 해본 적이 있는가? 언제였는지, 그때 어떤 감정을 느꼈는지 떠올려보자.

＊ 우리나라 돈으로 환산하면 500만 원 정도다.

안정성

100세까지 절대 망하지 않는 원칙

나는 세계 최고의 부자는 아니지만, 단 한 번도 망하지 않았다는 특이한 이력이 있다. 나는 1950년에 사업을 시작해 오늘날까지 60년 넘게 수많은 풍파를 겪었다. 그 과정에서 나는 항상 부채와 대출 문제에 대해 매우 신중하게 접근했다. 청쿵그룹(長江實業)*은 낮은 부채 비율을 유지해왔다. 내가 보수적이다 못해 강박적인 경영 방식을 고수하는 이유는 창업 초기의 어려움과 그로부터 얻은 교훈에 있다. "가난한 사람 되기는 쉽지만, 가난한 사업을 하는 것은 어렵다." 이 말의 의미를 나만큼 깊이 이해하는 사람은 많지 않을 것이다.

가난한 개인으로 살아가는 것은 단순히 소비를 줄이면 된다. 가난한 상태에서 사업을 운영하는 것은 훨씬 복잡하다. 사업에서는 비용 절감이 쉽지 않으며, 예상치 못한 지출을 통제하기가 매우 어렵기 때문이다.

　가뭄이 들 때는 홍수를 대비해 배를 준비하는 것이 현명하다. 홍수가 들 때는 가뭄을 대비해 강물이 말라버릴 것을 생각해 자동차를 준비해야 한다. 이처럼, 회사가 이익을 내고 있다고 해서 파산의 위험이 없는 것은 아니다. 현금 흐름이 긍정적이어야 회사가 쉽게 무너지지 않는다.

　창업 초기, 자본금은 고작 5만 홍콩달러뿐이었다. 이는 사업을 시작하기에 턱없이 부족한 금액이었다. 비용을 최소화하기 위해, 청쿵플라스틱 공장의 위치를 샤오지완(宵箕湾)이라는 어촌이 있는 시골로 정했다.

　한 달이 넘는 시간 동안, 나는 홍콩섬에서 구룡까지 발로 뛰며 적합한 장소를 찾아다녔다. 끝없이 탐색한 끝에 선택한 곳은 샤오지완의 낡은 공장이었다. 이 '공장'이라 불리는 곳은 사실상 오래된 창고에 불과했다. 벽은 곳곳이 부서져 있었고, 지붕에는 금이 가 있었다. 이런 열악한 환경이 우리의 출발점이었다.

✳ 당시 청쿵그룹은 두 개의 주요 회사로 나뉜다. 하나는 청쿵실업으로 주로 부동산 개발과 투자 사업에 집중했다. 다른 하나는 청쿵공업유한회사로 제조업과 공업 부문을 담당하는 회사였다. 2015년 대규모 재편을 통해 청쿵그룹은 다시 두 개의 주요 회사로 재구성된다. 하나는 CK허치슨홀딩스로 비부동산 자산을 관리한다. 여기에는 인프라, 에너지, 통신, 소매, 항만 및 관련 서비스 등이 포함된다. 다른 하나는 CK에셋홀딩스로 주로 부동산 개발 및 투자, 호텔, 부동산 관리 및 항공 관련 서비스 등을 관리한다.

홍콩의 봄과 여름은 우기(雨期)로 악명 높다. 낡은 공장 지붕의 누수를 방지하기 위해, 나는 어쩔 수 없이 귀중한 자금을 수리비로 지출해야 했다. 플라스틱 장난감을 생산하는 압출기는 유럽과 미국에서 폐기된 1세대 플라스틱 장비를 중고로 산 것이었다. 현지 노동력을 구하기 어려워, 나는 중국에서 홍콩으로 온 난민들을 고용했다.

낡은 공장, 오래된 장비, 저임금 노동자를 활용하며 비용을 최소한으로 줄였다. 그럼에도 불구하고, 한동안 임금을 지급하지 못하는 어려운 상황에 부닥치기도 했다. 이 과정에서 나는 자금이 부족한 사업이 얼마나 힘든지 뼈저리게 체험했다.

어느 날, 나는 플라스틱 꽃 구매자로부터 어음 한 장을 받았다. 신용을 중시하는 나는 구매자가 약속대로 어음을 이행할 것이라 믿고, 이를 바탕으로 원료 공급업체에 다시 어음을 발행해 결제했다. 계획대로라면 구매자의 대금이 내 계좌에 입금되면, 나는 공급업체에 대한 어음을 이행할 수 있었다.

그러나 불행히도, 구매자가 제때 대금을 지급하지 않았다. 약속을 지키기 위해 나는 다른 곳에서 자금을 마련하려 애썼다. 당시 심각한 자금난에 시달리고 있어 여러 곳에서 돈을 모았지만, 필요한 금액을 채우지 못해 절망적인 상황이었다.

나는 평소에 남는 동전과 지폐를 시계 상자에 모아두는 습관이 있었다. 신기하게도 이 동전들이 부족한 금액을 채우는 데 결정적인 도움이 되었다. 이 시계 상자는 지금까지도 내가 소중히 보관하고 있으며, 이를 볼 때마다 회사의 재무 상황을 철저히 점검해야 한다는 교훈을 되새긴다.

그 후 나는 1956년부터 은행에 즉시 현금화할 수 있는 자산을 예치하는 습관을 길렀다. 이렇게 하면 어떤 위기가 닥쳐도 두려워할 필요가 없다.

1997년 아시아 금융 위기 이전, 홍콩 경제는 여러 해 동안 고속 성장을 이어왔다. 1994년에서 1995년 사이, 홍콩 정부는 부동산 가격을 억제하기 위한 일련의 조치를 취했다. 이 기간에 은행도 대출 금리를 여러 차례 인상했다. 홍콩 부동산 시장은 침체됐고, 주택 가격은 최저점을 기록했다.

이러한 시장 환경에서, 부동산 개발을 주요 수입원으로 삼는 청쿵실업은 재무 전략을 적극적으로 조정하여 장기 대출을 크게 줄이고, 자산 회수에 주력했다.

1996년, 홍콩 경제가 점차 회복되면서 부동산과 주식시장이 전면적인 호황을 맞았다. 청쿵실업의 유동 자산과 순자산도 많이 증가했지만, 나는 눈앞의 이익에 현혹되지 않았다. 나는 여전히 원래의 선형 성장 속도를 유지하며 대규모 부채를 지지 않았다. 1997년 하반기, 아시아 금융 위기가 발생했을 때, 청쿵실업의 자산 부채 비율은 단 12%에 불과했고, 유동 자산은 여전히 부채보다 훨씬 많았다. 이는 금융 위기의 충격을 성공적으로 막아냈다.

2009년 세계 금융 위기가 발생했을 때도 나는 같은 전략을 사용했다. 2007년부터 나는 중화권 주식을 점차 매각하여 최소 수백억 홍콩달러의 자금을 회수했다. 2008년 초, 내 회사는 보유하고 있던 부동산과 건물들을 급히 매각했다. 2009년 11월, 나는 베이징에서 투자한 첫 번째 별장 프로젝트를 최소 5.7% 할인된 가격에 매각했다. 이러한 과감한 매각은 "손에 돈이 있으면 마음이 불안하지 않다"는 내 철학을 반영한 것이다.

이상은 풍부하지만 현실은 냉혹하다. 남을 위해 일하는 것과 자신을 위해 일하는 것은 전혀 다르다. 자신을 위해 일할 때는 자신의 돈을 벌지만, 그 돈은 자신의 피땀으로 번 돈이다. 이상은 원대하게 세우되, 항상 발을 단단히 디뎌야 하며, 자신을 사업하는 가난뱅이로 만들지 말아야 한다.

사업은 자신의 능력에 맞춰 위험을 균형 있게 조절해야 한다. 순탄한 길만 있을 수는 없다. 과거 나는 사업을 경영하며 많은 정치적, 경제적 변동을 겪었다. 세상에 항상 승리하는 장군은 없다. 다만 군대의 최고 책임자라면 반드시 퇴로를 생각해야 한다. 작은 나라의 통수권자가 2만 명의 정예병을 가졌다면, 다른 성을 점령하기 위해서는 두 배인 4만 명이 필요하다. 전쟁 중에는 예기치 못한 상황이 늘 발생하기 때문이다. 만약 패배해 후퇴하게 된다면, 평소보다 두 배 이상의 병력으로 방어해야 한다.

그래서 나는 각 프로젝트가 직면할 수 있는 최악의 상황을 끊임없이 연구하며, 대부분의 시간을 실패를 대비하는 데 쓴다.

Action Plan 08

"손에 돈이 있으면 마음이 불안하지 않다."

사람들은 사업이나 투자에서 종종 욕심을 부려 일확천금을 노린다. 물론 5번 연속 성공할 수도 있다. 하지만 90%의 승률이라도 문제가 될 수 있다. 5번 연속 큰돈을 벌어들이더라도 10%의 실패 확률 때문에 모든 돈을 잃는다면, 재기 불능 상태에 빠져 10년 혹은 평생 복구가 불가능할 수 있다.

리카싱은 초기 사업에서의 시행착오를 통해 보수적인 자금 운용 철학을 세웠고, 이는 그의 평생 동안 지켜온 원칙이 되었었다. 사업에 실패한 사람들은 공통적으로 자신을 과신해 역량 이상의 투자를 하다 문제를 겪는다.

이제 자신을 돌아보자. 과도한 투자를 한 적이 있는가? 그렇지 않다면, 앞으로 과신을 방지하기 위해 어떤 안전장치를 마련할지 생각해보자.

위기

절체절명의 위기를 돌파하는 법

나는 슈퍼맨으로 태어나지 않았다. 당신이 쉽게 상상하기 힘든 모든 시련과 고난을 경험했다. 청쿵플라스틱 공장의 첫 번째 제품이 순조롭게 판매된 후, 주문이 연이어 들어왔다. 노동자를 많이 채용해 3교대로 24시간 생산에 매달렸다. 하지만 예상치 못한 반품 위기가 찾아왔다. 절체절명의 위기를 맞이했다.

구식 기계와 미숙한 작업자가 만든 제품에 문제가 생겼다. 고객이 제품 인수를 거부하고 손실 보상을 요구했다. 나의 등골은 서늘해졌다. 불과 며칠 만에 내 삶은 정점에서 나락으로 떨어졌다. 창고에 쌓인 반품 장난감 더미를 보며 나는 수천 개의 화살을 맞은 기분이었다. 고객들은 매일 보상을 요구하며 찾아왔지만, 수입이 없어 돈을 줄 수 없었다.

청쿵플라스틱은 '부실채권'으로 입방아에 올랐고, 은행은 대출금 회수에 나섰다. 친척과 친구들도 빚을 갚으라고 닦달했다. 공장은 한시도 평온할 수 없었다. 직원들은 공황 상태에 빠져 회사의 미래와 생계를 걱정했다. 평소 침착했던 나도 예외는 아니었다.

나는 이성이 흔들리기 시작했고, 사사건건 직원들을 질책했다. 집에 돌아와서는 걱정하는 어머니를 보고 참았던 화를 터뜨렸다. 사업에 손실이 생길 수밖에 없다는 걸 알고는 있었지만, 충격은 컸다. 특히 한때, 나에게 한없이 호의적이었던 고객들이 빚쟁이처럼 돌변한 것이 가장 힘들었다. 보상을 요구하고 질책하는 그들의 태도가 심적으로 큰 부담이 되었다.

나는 찬찬히 평정심을 되찾고자 했다. 먼저 사기를 회복하는데 주력했다. 모든 직원에게 이번 일이 내 업무상 실수라 고백하고, 부당하게 질책했던 직원들에게 공개 사과했다. 떠난 직원들에게도 복귀 가능성을 열어두었다. 마지막으로 나는 직원들과 같은 배를 타겠다고 약속했다.

나는 체면을 지키기보다 현재 상황을 아주 상세하고 구체적으로 말하는 게 낫다고 생각했다. 상대방이 오해하고 심리적으로 불안해하는 것보다, 모든 상황을 총정리해서 상대에게 알리는 게 낫다고 판단했다. 팀 내부가 안정된 후, 나는 고객, 공급업체, 은행에도 진심으로 사과하며 회사 상황을 솔직히 밝혔다. 그들은 대체로 내 진심을 알아주었다. 그들은 모두 사업 파트너였고, 청쿵플라스틱 공장이 문을 닫으면 그들에게도 손해였다.

공급업체들은 상환 기한을 연장하고 원자재를 계속 공급해주었다. 하지만 새로운 원자재 공급가의 70퍼센트를 선지급해야 했다. 은행도 연체 상환 기한을 조정했지만, 신규 대출은 이루어지지 않았다. 일부는 더 적극적으로 채무 상환을 요청하기도 했다. 나는 한 명씩 직접 사과하며 최대한 많은 이해를 구했다.

솔직함은 직원들과 공급업체, 그리고 은행으로부터 신뢰를 얻는 계기가 되었다. 그들 입장에서도 회사가 망하는 것보다 잘되는 것이 좋았다. 상대방이 불안해하는 이유는 단지 정보의 비대칭 때문이었다. 나는 상대방이 상황을 이해하기만 하면, 나를 공격하기보다는 오히려 조력자가 될 수 있다고 생각했다.

실제로 상황을 솔직하게 말하자, 그들은 오히려 우리를 배려하기 시작했다. 더불어 주변 사람들의 도움으로 1955년 위기를 극복할 수 있었다. 평범한 삶을 원하면 평범한 좌절을, 최고를 원하면 가장 큰 고통을 겪게 된다. 세상은 공평하다.

고통스러운 경험을 통해 나는 플라스틱 제품의 품질을 끌어올리는 것만으로는 충분하지 않다는 것을 깨달았다. 시중에는 너무 많은 공장이 있었고, 장난감 공장만 300개나 되었다. 차별화가 필요했다. 나는 국제 시장으로 눈을 돌렸다.

1957년 봄, 나는 직접 이탈리아로 가서 플라스틱 꽃 시장을 조사하고 돌아왔다. 플라스틱 꽃을 회사의 핵심 사업으로 삼기로 하고, 회사명을 청쿵공업유한회사로 변경했다. 본사도 홍콩섬 동부에 있는 노스포인트로 이전했다.

우리는 앞에 어떤 풍경이 펼쳐질지, 생명의 강이 어디로 흘러 갈지 알 수 없다. 하지만 그 과정에서 '어려움을 극복하면 기회를 얻는다'는 처칠의 말을 이해하게 될 것이다.

--------- Action Plan 09 ---------

"가장 어려운 때가 성공에 가장 가까운 때다."

리카싱은 일생일대의 위기를 맞이한다. 사실상 부도가 나도 이상하지 않은 상황이 었다. 리카싱은 잠시 흥분하여 직원들을 닦달하고 화를 내지만, 곧 정신을 차리고 모두에게 공개적으로 사과하며 상황을 설명한다.

그는 직원들뿐만 아니라 은행, 고객, 납품업체 등에도 현재의 어려운 상황을 솔직히 이야기하고 사과한다. 이는 의사결정 측면에서 탁월한 선택이었다. 만약 상황을 회피하고 도망갔거나 직원들을 탓했다면, 오늘날 홍콩 최고의 부호인 리카싱은 존재하지 않았을 것이다.

당신은 연애, 일, 사업 등에서 위기 상황을 겪은 적이 있는가? 그 당시 리카싱과 같은 솔직함 전략을 취했다면, 결과가 어떻게 달라졌을지 생각해보자.

기회

인생의 시련은 레몬주스 전략으로

인생은 구사일생이다. 위기를 넘기면 또 다른 위기가 찾아온다. 나는 플라스틱 꽃으로 위기를 기회로 바꿨고, 이 제품은 동남아와 남아시아에서 인기를 얻었다. 언제나 인생이 그렇듯, 성공이 눈앞이라 느낄 때 또 다른 사건이 발생했다.

홍콩 신문에 나를 비방하는 글이 실렸다. 내 경력을 헐뜯으며 신뢰하지 말라는 내용이었다. 그들은 나를 그저 찻집 종업원 출신에 불과한 무식자 취급했다. 시계점 수습생과 철물 공장 판매원을 거쳐 플라스틱 산업의 성장세를 타고 소규모 작업장을 연 운 좋은 사람. 플라스틱 꽃을 들고 다니며 홍보하는 전문성 없는 사람으로 깎아내렸다.

처음에는 화가 났지만, 곧 마음을 가라앉혔다. 비난은 성공의 증거이며, 경쟁자들이 우리를 무너뜨리려 한다는 사실을 깨달았다.

그러나 작은 기업도 평판 관리가 중요하다. 경쟁자의 비방을 방치하면 회사에 큰 타격을 줄 수 있다. 나는 해당 신문의 편집장에게 연락해 논리적으로 반박했다.

"청쿵플라스틱 공장의 제품은 모두 시장에서 인정받은 우수한 품질을 자랑합니다. 우리는 과거에 제품 문제로 실수를 한 적이 있지만, 같은 실수를 반복하지 않을 것입니다. 귀사가 실제 조사 없이 근거 없는 기사를 게재하는 것은 매우 무책임한 행위입니다. 이는 소비자를 오도하고 심각한 결과를 초래할 수 있습니다. 이에 대한 책임을 반드시 물을 것입니다."

일반적으로 누군가를 적이라고 생각하면 외면하기 마련이다. 하지만 나는 자신이 있었기에 오히려 상대방을 초대했다. 보통 이런 상황에서는 소송을 하거나 비난의 말을 쏟아내곤 한다. 나의 이런 특이한 태도에 신문사들은 호기심을 가졌다. 신문사를 설득해 공장 견학을 제안했다. 편집장은 취재진을 보내 우리 회사를 취재하게 했고, 사과 기사를 실었다. 이는 훌륭한 광고 기사가 되었다. 나는 언론을 활용해 경쟁자를 견제하고 무료 홍보까지 한 셈이다. 덕분에 우리 제품은 국내에서 더욱 인기를 얻었다.

하지만 경쟁자들의 공세는 계속됐다. 플라스틱 꽃의 주요 시장은 아시아가 아닌 유럽과 미국이었다. 외국 무역회사들이 대외무역을 독점하며 유럽과 미국의 판매망을 통해 막대한 이익을 챙기고 있었다. 그러나 그들은 우리에게는 턱없이 낮은 가격으로만 상품을 매입했다. 우리의 노력으로 만든 제품으로 그들만 부를 축적하고 있었던 것이다. 이러한 불공정한 상황의 전모를 파악하기까지 시간이 걸렸지만, 이제 우리는 새로운 도전에 맞서야 했다.

우연히 《플라스틱》 잡지를 보다 홍콩산 플라스틱 꽃이 유럽과 미국 시장에서 큰 인기를 끌고 있다는 것을 알게 됐다. 독점 판매권을 가진 홍콩 무역회사는 이를 철저히 숨겼다. 나는 내 제품의 판매 국가, 대리점, 가격 구조, 유통 경로, 소비자 반응 등을 전혀 알지 못했다. 한마디로, 나는 무역 회사의 의지에 끌려다니며 가격과 생산량을 결정했다.

실제로 해외 도매업자들은 중간상 없이 홍콩 제조업체와 직거래를 원했다. 이를 알게 된 나는 외국 구매자들과 직접 협상을 시작했다. 샘플을 보여주고 합리적인 가격을 제시해 많은 해외 주문을 확보했다. 동시에 홍콩 최고의 플라스틱 전문가들을 영입했다. 또한 새로운 샘플을 지속해서 출시해 주문이 끊이지 않게 했다. 글로벌 시장 진출 후 회사는 안정을 찾았다. 1958년에는 플라스틱 꽃으로 100만 홍콩달러* 이상의 순이익을 달성했다. 누구나 인생에서 넘기 어려운 순간이라고 생각하는 때가 있다. 그럴 때 이 말을 떠올려보라. "삶이 레몬을 던져줄 때, 당신은 그것을 레몬주스로 만들 수 있는 사람이다."

'가장 어두운 순간'이란 실제로는 존재하지 않을 수도 있다. 성공으로 가는 길에서 가장 힘든 일은 대개 강력한 경쟁자들로 인해 생겨난다고 여긴다. 하지만 이러한 두려움의 상당 부분은 실체 없는 환상일 수 있다. 내가 창업했을 때, 큰 외국 무역회사에 비하면 우리 회사는 자금과 유통망이 '계란으로 바위 치기'만큼 열세한 상황이었다. 하지만 나는 경쟁자의 압박에 굴하지 않고, 돌파구를 찾아냈다. 마오쩌둥의 말처럼 "모든 반동파는 종이호랑이에 불과하다". 세상을 완벽히 장악한 경쟁자는 없으며, 두려움에 사로잡힌 자신만 있을 뿐이다.

─────── Action Plan 10 ───────

"삶이 레몬을 던져줄 때, 당신은 그것을 레몬주스로 만들 수 있는 사람이다."

리카싱의 여정은 위기의 연속이었다. 그는 플라스틱 꽃으로 기회를 만들어 동남아와 남아시아에서 성공을 거뒀다. 홍콩 신문에 비방 기사가 실렸을 때, 그는 이를 논리적으로 반박하고 공장 견학을 제안해 사과 기사를 받아냈다. 놀랍게도 이 비방 기사는 오히려 훌륭한 광고 효과를 내며 제품의 인기를 높이는 계기가 되었다. 우리는 종종 비판이나 부정적인 상황에 직면하면, 왜 나에게 이런 일이 벌어졌는지 세상을 원망하곤 한다. 하지만 리카싱이 적을 설득하여 공장 견학을 시켰듯이, 우리도 적이나 위기에 감정적으로 대응하기보다는 직면하고 해결책을 찾아보자. 마주한 역경을 레몬이라 생각하고 그것을 레몬주스로 만들어보는 건 어떨까?

✳ 원화(KRW)로 약 1억 원에 해당한다.

변화

완벽하게 완성된 요리도 일주일 후면 썩는다

1958년, 청쿵회사가 플라스틱 산업에서 급부상하며, 나는 '플라스틱 꽃의 왕'이라 불렸다. 대중은 내가 이 분야에 계속 매진할 거라 예상했다. 하지만 내 생각은 달랐다. 그 해, 나는 대다수가 부정적으로 보던 부동산 분야에 진출했다.

나는 매일 90% 이상의 시간을 오늘의 일이 아니라, 미래를 상상하는 데 사용한다. 세상은 무상하고 변화무쌍하다. 시대의 흥망성쇠와 기술 혁신은 사회의 역동성을 보여준다. 우리는 계속 앞으로 나아가지 않으면 시대를 따라잡을 수 없다.

모든 제품은 수명 주기가 있어 극성기를 지나면 쇠퇴한다. 플라스틱 산업도 예외는 아니다. 우리 회사의 성공에 따라 많은 이들이 플라스틱 산업에 뛰어들었고, 플라스틱 꽃을 생산하는 공장이 우후죽순 생겨났다. 나는 이 번성하는 산업의 미래 위기를 예감하고, 수익성 높은 플라스틱 꽃 사업을 과감히 포기했다. 대신 플라스틱 장난감 개발과 부동산 분야에 진출했다.

예상대로 얼마 후 플라스틱 꽃 판매가 부진해졌고, 후발 공장들은 큰 손실을 봤다. 그때 나는 이미 부동산에서 수천만 홍콩달러를 벌고 있었다. 내가 주목한 부동산 업계는 당시 침체기였다. 홍콩의 땅값은 70%, 집값은 30% 하락했다. 많은 사업가가 부동산을 피했지만, 나는 홍콩의 인구가 많고 토지가 적어 부동산 침체는 일시적일 것으로 판단했다.

1958년, 나는 북각*에 12층짜리 산업 건물을 세우기 위해 토지를 샀다. 1960년, 나는 차이완에 또 다른 산업 건물을 세웠으며, 두 건물의 총면적은 3만 6,300평에 달했다. 몇 년 후, 내가 산 땅의 가치는 수백 배로 올랐다.

현명한 사람은 때에 따라 변화하고, 지혜로운 사람은 상황에 맞춰 대응한다. 내가 청쿵플라스틱 공장을 설립한 것은 한국 전쟁이 발발한 시기였다. 서방의 대중국 경제 제재로 홍콩의 중계무역이 타격을 입었지만, 곧 가공 산업으로 전환해 번영을 이뤘다. 정부는 새 산업 정책을 수립해 홍콩 경제를 중계무역에서 가공무역 중심으로 전환했다. 자원과 시장이 제한적인 홍콩의 가공 산업은 원료와 시장을 해외에서, 노동력은 현지에서 조달해 부가가치를 창출

---

* 번화한 홍콩의 산업 지구

했다. 홍콩의 산업화는 섬유·의류를 시작으로 플라스틱, 장난감, 금속제품, 시계 조립 등 다양한 분야로 확대되며 경제의 새로운 축이 됐다.

내가 플라스틱 산업에 뛰어든 것은 이런 홍콩 경제의 변화에 부응한 것이었다. 플라스틱 제품 가공은 진입장벽이 낮아 소규모 사업자에게 적합했지만, 대규모 성장에는 한계가 있었다. 플라스틱 꽃 생산은 초기 자본 축적 수단일 뿐이었고, 회사에는 더 큰 기반이 필요했다. 부동산은 그 선택지 중 하나였으며, 내 궁극적 목표는 다각화된 기업 집단을 구축하는 것이었다.

사람이 자신의 성취에 만족하고 앞으로 나아가지 않으면, 실패는 눈앞에 있다. 많은 이들이 처음에는 고군분투하지만, 조금 성과가 나오면 자만하고 게을러져 결국 실패한다. 그들은 넘어지면 다시 일어서지 못한다. 좋은 때는 너무 좋게 보지 말고, 나쁠 때는 너무 나쁘게 볼 필요 없다.

———————— A c t i o n P l a n 1 1 ————————

"현명한 사람은 때에 따라 변화하고, 지혜로운 사람은 상황에 맞춰 대응한다."

리카싱은 플라스틱 사업으로 성공을 거둔 후, 부동산 사업으로 전환했다. 플라스틱 사업은 경쟁자가 많아져 이득을 내기 어렵다고 판단했고, 부동산 시장은 가치가 반토막이 났지만 저평가되어 있어 기회가 있다고 보았다.

이처럼 성공을 위해선 지속적인 변화가 필요하다. 사업에서는 '피벗'이라는 말로 정의할 만큼, 변화는 너무나 흔한 일이다. 당신은 한 가지 일에만 몰두하여 십 년 넘게 같은 일을 반복하고 있지는 않은가? 나이가 들면 모든 게 귀찮아지면서 더 이상 변화를 주고 싶어 하지 않게 된다. 하지만 세상에 작은 뜻이라도 이루고 싶다면, 변화를 시도해보는 건 어떨까?

거창할 것 없다. 내일부터 작게라도 평소와 다른 일을 해보자. 출근 교통편을 바꿔보는 것은 어떨까? 평소에 버스를 탔다면 자전거를 타거나 걸어서 돌아와 보자. 새로운 배움을 위해 요가나 요리 교실에 등록해보는 것도 좋은 선택이다.

세 번째 단어

신 뢰

속임수

속임수와 신뢰의 방정식

사업가들에게 떠도는 말이 하나 있다.

"신용 없이는 상업을 이룰 수 없고, 어려움 없이는 상업을 이룰 수 없으며, 재치 없이는 상업을 이룰 수 없다."

나는 작은 사업을 하는 사람들이 속임수를 쓰는 것을 본 적 있지만, 큰 거래를 하는 사람이 신뢰를 무시하는 것을 본 적 없다. 신뢰가 있는 사람이 꼭 착하다는 뜻은 아니다. 하지만 신뢰는 속임수보다 장기적으로 이득을 줄 수밖에 없다. 따라서 큰 거래를 하는 사람의 신용은 높을 가능성이 매우 크다.

나는 어릴 때 가정 형편이 어려워 초등학교조차 다니지 못했다. 그래서 성공하기 위해 열심히 공부하고 일하는 것 외에도 사람됨을 매우 중시했다. 내 생각에 인품, 즉 신용이 가장 강력한 카드였다. 내가 창업에 성공할 수 있었던 가장 중요한 이유는 신용을 지켰기 때문이다.

만허(万和) 플라스틱 회사를 떠날 때, 나는 진심으로 사장에게 약속했다.

"지금까지 저를 아끼고 보살펴주셔서 감사합니다. 이제 독립하지만, 제가 할 수 있는 건 여기서 배운 기술과 관리 개념으로 비슷한 제품을 만드는 것뿐입니다. 이해해주시길 바랍니다. 하지만 약속드리겠습니다. 저는 절대 만허의 고객을 빼앗지 않겠습니다."

하지만 전 직장에서 최고의 영업사원으로서, 회사 인맥의 대부분은 내가 쌓은 것이었고, 그 고객들은 내 인품을 매우 좋아했다. 그래서 내가 창업했다는 소식에 옛 고객들이 많이 찾아왔다.

어느 날, 내가 직원들과 홍콩의 낡은 공장에서 땀을 뻘뻘 흘리며 일하고 있을 때, 갑자기 손님이 찾아왔다. 이 옛 친구는 내가 사장으로서 온몸이 더러워진 채 기계 밑에서 일하는 모습을 보고 매우 놀랐다. 이전에 그가 봤던 나는 언제나 단정하고 예의 바른 모습이었는데, 이제 사장이 되어 오히려 더러워진 모습을 보니 쉽게 받아들이지 못했다. 나 역시 놀랐다. 창업을 매우 조용히 했고, 명함을 뿌리거나 소문을 낸 적이 없었기 때문이다. 어떻게 옛 고객이 찾아왔는지 의아했다.

찾아온 이상, 나는 그를 매우 열정적으로 맞이했다. 하지만 다른 창업자들처럼 자신의 열악한 상황을 숨기려 하지 않았다. 밖에서 커피를 마시며 대화를 나누는 대신, 나는 옛 고객을 내 초라한 공장으로 안내하여 현재의 진행 상황을 하나하나 설명했다. 그는 "어차피 모든 회사에서 생산하는 플라스틱 제품은 비슷하니 그냥 너의 제품을 사겠다"고 말했다.

나는 이 제안을 거절했다.

"호의는 감사하지만, 그렇게 할 수 없습니다. 저는 전 직장과 협약을 맺었고, 그들의 고객을 빼앗을 수 없습니다."

친구는 내 고지식함에 웃음을 터뜨렸다.

"네가 말하지 않으면, 전 회사 사장이 어떻게 알겠어? 게다가, 대부분의 신생 사업체는 옛 고객을 통해 성장한 거야, 그렇지 않니?"

분명 이 업계의 대다수가 그렇게 했지만, 나는 나다. 나는 약속을 항상 지켰고, 이전에 나에게 실적을 안겨준 협력 파트너들도 그 점을 잘 알고 있었다. 홍콩의 사업 세계는 그리 크지 않다. 만약 내가 한 번의 거래를 위해 신뢰를 잃는다면, 누가 나와 다시 협력하려고 하겠는가? 그리고 나는 이전 회사의 고객을 빼앗아서는 절대 멀리 갈 수 없다는 것을 잘 알고 있었다.

이후 다수의 옛 고객들이 나를 찾아와 거래를 희망했지만, 나는 모두 거절했다. 창업 초기의 젊은 사업가에게 찾아온 사업 기회는 얼마나 큰 유혹인가! 당시 나는 겨우 22세였고, 배경도 자금도 생산 경험도 없었으며, 동종 업계의 경쟁은 치열했다. 이 시점에서 인맥의 중요성은 말할 필요도 없었지만, 나는 유혹을 견디고 이를 물리쳤다. 많은 직원이 나를 고지식한 사장이라며 비난했지만, 나는 마음을 굳게 먹었다. 차라리 제품이 창고에 쌓이는 한이 있어도, 플라스틱 업계에서의 좋은 평판을 망치지 않겠다고 결심했다.

내 의도와는 달리 상황이 전개되었다. 내가 옛 고객을 거절한 이야기가 퍼지면서, 옛 직장도 내 정직함을 칭찬했다. 이는 나에 대한 신뢰를 더욱 높이는 결과를 낳았다.

"리카싱은 사업에 원칙이 있는 사람이다"는 평판이 퍼지면서 새로운 기회들이 열렸다. 옛 고객의 소개로 만허 플라스틱의 고객이 아닌 회사들도 주문하기 시작했다. 신뢰를 중시하는 내 원칙 덕분에 창업 초기에 고객 확보에 들일 시간을 크게 절약할 수 있었고, 덕분에 많은 에너지를 창업의 내부 업무에 집중할 수 있었다.

한 사람이 한 번 신뢰를 잃게 되면, 다른 이들은 그와 다시 교류하거나 거래하기를 꺼리게 된다. 사람들은 신뢰할 수 있는 이를 찾지, 신뢰를 잃은 이를 찾지 않는다. 일시적인 사업 손실은 나중에 만회할 수 있지만, 신뢰를 잃으면 어떤 일도 할 수 없다. 단, 신뢰를 중시하는 사업가는 결코 손해 보지 않는다.

"신뢰는 단기적 손실을 감수하더라도 장기적 성공을 가져온다."

리카싱은 자신을 키워준 플라스틱 회사를 떠날 때, 사장에게 이런 약속을 한다. "플라스틱 사업을 해보려 합니다. 하지만 한 가지는 꼭 약속드리겠습니다. 절대 이익을 빼앗거나 피해를 주지 않을 것입니다."

이런 약속을 일반 사람들이 지키기는 매우 어렵다. 대부분은 결국 자신의 이익을 위해 어떻게든 합리화하고 부정을 저지르게 된다. 하지만 리카싱은 늘 그렇듯 본성과 달리 장기적 관점으로 사고한다.

당신의 인생에서 단기적 이익보다 신뢰를 더 중요하게 여긴 경험이 있는가? 그 신뢰는 이후에 어떤 결과로 돌아왔는지 한 번 떠올려보자. 좋은 결과든 나쁜 결과든 상관없다.

폭리

검소함과 인색함의 차이는 무엇일까?

나는 알아주는 절약가다. 매우 검소하지만, 그렇다고 인색하지는 않다. 인색한 사람은 다른 이의 이익을 탐내기 좋아한다. 인색함의 유래에 대해 여러 이야기가 있는데, 가장 유명한 것은 이렇다. 옛날 재물을 목숨처럼 여기는 부자가 절에 가서 향을 피우다 문에 칠해진 금가루를 긁어갔다고 한다. 이에 따라 '인색하다'는 표현이 생겼다.

사람들이 인색한 이를 싫어하는 이유는 무엇일까? 그들이 남을 위해 돈 쓰기를 꺼리면서도, 자신의 이익은 얻으려 하기 때문이다. 반면 절약은 미덕이라 하는데, 이는 절약하는 사람이 자신에게는 엄격하지만 타인에겐 그렇지 않기 때문이다. 일부 절약하는 이들은 실제로 타인에게 매우 관대하다. 나도 그런 사람이다.

나는 플라스틱 꽃으로 성공했다. 어떤 이들은 그때 내가 더 강경했다면 더 많은 돈을 벌었을 거라고 말한다. 희소한 물건은 높은 가격에 팔 수 있기 때문이다. 새 제품이 시장 공백을 메울 때 높은 가격을 책정하는 건 어느 산업에서나 흔한 일이다.

나는 홍콩에서 최초로 플라스틱 꽃을 만들었다. 독점 노선을 택해 일시적 폭리를 취하려 했다면, 그리 어렵지 않았을 것이다. 당시 이탈리아산 플라스틱 꽃은 홍콩에서 고가 사치품으로 팔렸고, 영국계 백화점 레인 크로포드(Lane Crawford)가 독점으로 유통했다. 내가 레인 크로포드보다 약간 낮은 가격을 책정했다면, 많은 부유층 고객을 빼앗아 큰돈을 벌 수 있었을 것이다.

실제로 많은 유통업자들이 내 플라스틱 꽃에 매우 긍정적이었다. 외관상 이탈리아산과 거의 차이가 없었기 때문이다. 플라스틱 제품의 기술적 한계는 크지 않아 품질 차이가 미미했고, 가장 큰 매력은 신기함이었다.

하지만 나는 폭리를 취하는 길을 택하지 않았다. 대신 합리적인 가격 정책을 선택해 일반인도 구매할 수 있게 했다. "원가에 25%를 더한 것이 내 가격이고, 나는 언제나 이 가격을 유지할 것이다." 이것이 내 초기 사업 관점이었다. 정직한 가격은 '희소성에 따른 고가' 정책보다 상업계가 더불어 살기 위한 규칙에 더 부합했다. 7을 갖는 것이 합리적이고, 무리하면 8을 챙길 수 있다면 나는 6을 취했다.

이탈리아산 플라스틱 꽃을 유통할 수 없던 현지 유통업자들은 경쟁적으로 내 제품을 유통하길 원했다. 돈을 지급하고 예약금을 걸면서까지 그랬다. 어떤 이들은 권리를 사기 위해 예약금으로 50%까지 지급했다. 이 유통업자들의 유통망과 규모는 다양했다. 일부는 나에게 유통 채널과 규모에 따라 공급 가격에 차이를 두라고 제안했지만, 나는 이를 거절했다.

나는 플라스틱 제품으로 성공했을 뿐만 아니라, 차오저우(潮州)* 출신 동향인들도 이 분야에서 부를 쌓을 수 있도록 이끌었다. 20세기 50~60년대, 차오저우 상인들의 플라스틱 공장은 홍콩 시장의 거의 절반을 차지했다.

1973년, 중동 전쟁으로 전 세계적 석유 위기가 발생해 각종 산업이 영향을 받았다. 홍콩의 플라스틱 원료는 전적으로 수입에 의존했고, 가격이 급등했다. 많은 공장이 원료 부족으로 생산을 중단했고, 일부는 폐쇄됐다. 원료 투기꾼들은 이 기회에 가격을 크게 올려 이익을 챙겼다.

이때 나는 이미 부동산 투자로 전환했지만, 앞장서서 수백 개의 플라스틱 공장들이 연합하여 원료 회사를 설립하도록 이끌었다. 이를 통해 투기꾼들을 피하고 해외에서 직접 원료를 수입하게 했다. 나는 청쿵회사의 재고 원료에서 4.5톤을 빼내 시장 가격의 절반 이하로 멈춰 선 회원 공장들을 지원했다. 해외 수출업체에서

---

* 중국 광둥성의 동쪽 해안가에 위치한 도시다. 역사적으로 중요한 상업 중심지였다.

직접 원료를 구매한 후, 청쿵의 할당량인 90.7톤의 경질 플라스틱 원료도 나누어주었다. 시장이 없으면 나도 없다.

나는 프랭클린의 한 마디를 매우 좋아한다. "시간은 돈이고, 신용은 돈이다." 신용과 성실은 모두 돈을 벌 수 있는 투자다.

——————— A c t i o n   P l a n   1 3 ———————

"검소함은 미덕이나, 인색함은 폐단이다."

리카싱을 여러 번 만난 적이 있는 펑룬은 그의 극단적인 절약에 관해 이렇게 썼다. "리 선생님은 평범하고 절약하는 사람이다. 한 벌의 정장을 8~10년 동안 입고, 구두가 낡으면 버리지 않고 고쳐 신는다. 그의 집도 호화 저택이 아닌, 1962년 결혼할 때 산 오래된 집이다. 3,100 홍콩달러 상당의 시티즌 시계를 10년째 차고 있다. 안경도 10년 이상 사용하며, 도수가 바뀌어도 렌즈만 교체할 뿐 안경테는 그대로다."
현대 사회에서 우리는 종종 '소비'를 통해 자아를 표현하고 사회적 지위를 나타내려 한다. 당신의 소비 습관은 어떠한가? 사람들에게 만만히 보이지 않기 위해 과소비를 한 적이 있는지 한 번 떠올려보자.

신용

내뱉은 말에 담긴 진정한 의미

내 작은아들 리쩌카이는 공개적으로 이렇게 말한 적이 있다.

"저는 아버지에게서 많은 것을 배웠습니다. 가장 중요한 것은 어떻게 정직한 사업가가 되는가입니다. 아버지가 저와 형에게 가장 많이 하신 말씀은, 만약 다른 사람의 신뢰를 얻고 싶다면, 약속을 중시해야 하고, 약속하기 전에 반드시 자세히 검토하고 고려해야 한다는 것입니다. 일단 약속하면 끝까지 책임져야 하고, 도중에 어려움이 있더라도 반드시 약속을 지켜야 하기 때문입니다."

이는 내가 평생 지켜온 원칙이며, 자녀들에게도 이를 가장 중요한 가치관으로 전수했다. 신뢰와 약속을 지키는 것은 단순히 사업의 성공을 위한 전략이 아니라, 인생의 근본 원칙이 되어야 한다.

사업을 할 때, 말 한마디 한마디가 중요하다. 약속은 반드시 지켜야 한다. 그렇지 않으면 무시당하고 결국 실패한다.

사업을 하는 것과 사람을 대하는 것은 똑같다. 대인관계에서 약속을 중시하고 정직하며 신뢰를 지키는 사람은 사업에서도 신용을 지킬 줄 안다. 일부 소규모 사업자들은 약속이 중요하지 않다고 여기고 물건만 팔면 된다고 생각한다. 이는 매우 잘못됐다. 아무리 작은 사업이라도 신용 없이는 성공할 수 없다.

일회성 거래만 추구하면 결국 사업이 끊기고 망하며, 상업계에서 설 자리를 잃는다. 약속은 함부로 하는 게 아니다. 말로 한 약속도 반드시 지켜야 하며, 이것이 신뢰를 지키는 것이다.

약속 이행이 상업계에서 미덕으로 여겨지는 이유는 말은 쉽지만 실천이 어렵기 때문이다. 사람은 보통 어려운 상황이나 상대방이 의구심을 가질 때 쉽게 약속한다. 이때 한 약속이 안정제가 될지 시한폭탄이 될지는 전적으로 당사자의 후속 행동에 달려 있다.

신뢰는 행동으로 보이는 것이지, 말로 하는 게 아니다. 어려운 상황일수록 기업의 신뢰도가 보인다. 나는 플라스틱 꽃으로 홍콩과 동남아 시장을 열었고, 다음 목표는 북미 진출이었다. 당시 미국과 캐나다는 발달한 자본주의 국가로 세계 소비 총액의 4분의 1을 차지했다. 북미 시장 확보는 막대한 수입을 가져다줄 것이 분명했다.

북미 시장 주문을 얻기 위해 나는 당시로선 혁신적인 방법을 선택했다. 바로 옐로 페이지*를 통해 북미 각 무역회사에 DM(Direct Mail) 잡지를 보내는 것이었다. 결국 큰 무역상사와 연결됐다. 이 회사는 북미 최대 생활용품 무역회사로, 강력한 실력과 미국, 캐나다 전역의 판매 채널을 갖고 있었다. 내가 꿈꾸던 대규모 고객이었다.

이 회사는 내가 생산한 플라스틱 꽃 샘플과 가격에 매우 만족했다. 그들은 협력을 확정하기 전에 청쿵공장을 방문해 조사하길 원했다.

"리 선생님, 일주일 후에 저희 구매 매니저가 홍콩에 도착할 예정입니다. 귀사를 방문한 후, 다른 제조업체를 둘러볼 때 리 선생님께서 동행해주실 수 있을까요? 가능하신지 여쭙고 싶습니다."

상대방의 해외 전화는 두 가지 메시지를 전달했다. 첫째, 우리는 당신에게 일주일의 준비 시간을 주겠다. 가장 좋은 것을 보여주길 바란다. 둘째, 우리는 당신을 선택할지 확실하지 않다. 비교 후에 결정하겠다. 나는 즉시 대답했다.

"네, 문제없습니다! 일주일 후 귀사 직원의 홍콩 방문을 환영합니다!"

이는 천재일우의 기회였고, 홍콩 독점 공급업자가 되는 유혹은 정말 컸다. 나는 확실한 약속을 했지만, 그 대가는 무거웠다. 일주일 안에 홍콩의 모든 경쟁사를 능가해야 했다. 품질은 문제가 아

✱ 과거에 널리 사용된 상업용 전화번호부다. 일반 전화번호부인 화이트 페이지와 달리, 옐로 페이지는 노란 종이에 인쇄되어 기업과 서비스 제공업체의 정보를 담고 있다. 이 책자는 업종별로 정보가 분류되어 있어, 사용자가 원하는 기업이나 서비스를 쉽게 찾을 수 있었다.

니었지만, 규모가 문제였다. 당시 홍콩에는 몇몇 대형 플라스틱 회사들이 있었고, 이들은 모두 외관상 크고 훌륭해 보였다. 반면 청쿵 공장은 완전한 소규모 작업장이었다.

고객과 약속한 이상, 나는 전화를 끊자마자 회의를 열고 계획을 발표했다. 일주일 내에 생산 규모를 외국 고객이 만족할 만한 수준으로 확대해야 했다.

당시 나는 규모 있는 산업 빌딩을 건설 중이었지만, 완성되지 않아 당장의 문제를 해결할 수 없었다. 시간을 절약하기 위해 긴급히 중개인을 통해 공장을 임대했다. 가장 크고 화려한 산업 빌딩의 표준 공장을 보자마자 임대 계약을 맺고 이전을 시작했다.

나와 전 직원이 함께 구 공장 정리, 장비 이전 및 신규 구매, 신 공장 개조, 장비 설치 등을 진행했다. 7일 동안 하루 3~4시간만 자며 고군분투했다. 바쁜 와중에도 나는 매일 엄격한 일정표를 따랐고, 모든 작업을 명확히 분배했다.

약속한 날, 나는 여유롭게 직접 공항에 가서 고객을 맞이하고 일주일 만에 이전을 마친 신 공장으로 안내했다. 모든 생산 과정과 샘플 전시실을 보여주자 고객은 감탄했다.

"리 선생님, 처음엔 홍보 책자가 과장된 건 아닌가 걱정했어요. 이렇게 현대적인 장비와 큰 규모, 잘 관리된 모습을 보니 정말 놀랍습니다. 전화에서 약속하신 그대로네요!"

"우리의 플라스틱 꽃 가격이 저렴하다고 해서 생산 능력이 떨어지는 것은 아닙니다. 대량 주문에도 끊임없이 공급하겠다고 약속드렸고, 반드시 지키겠습니다!"

고객이 계약 논의를 제안하자, 나는 먼저 다른 플라스틱 회사들을 보여주겠다고 했다. 그러나 고객은 "필요 없습니다. 당신이 바로 우리가 원하는 이상적인 독점 공급업자입니다"라고 했다.

사실 정보에 밝은 북미 대기업은 내 일주일간의 '행동'에 대해 어느 정도 들어 알고 있었을 것이다. 게다가 새 공장은 경험 많은 전문가라면 현장에서 바로 알아볼 수 있다. 그들이 나를 선택한 이유는 실행력과 약속을 지키는 성품을 높이 평가했기 때문이다.

이후 이 회사는 청쿵의 대규모 고객이 되어 매년 수백만 달러의 주문을 넣었다. 또한 이를 통해 캐나다 제국 상업 은행과의 우호적 관계를 형성해, 향후 해외 진출의 기반을 마련했다.

함부로 약속하지 말아야 하며, 약속하면 끝까지 책임져야 한다. 사업을 하는 것은 사람을 대하는 것과 같아야 한다. 신뢰와 의리를 지켜야 한다. 자신이 한 말과 약속을 반드시 지켜야 한다. 좋은 신뢰를 쌓으면, 성공과 이익은 자연스럽게 따라온다.

"자신이 한 말과 약속을 반드시 지켜야 한다."

리카싱에게는 일주일이라는 짧은 시간이 주어졌다. 그는 이 기간에 최선을 다해 준비해야 했고, 동시에 경쟁업체들과의 비교에서 우위를 차지해야 했다. 더불어 바이어들의 요청에 따라 다른 제조업체 방문에 동행해야 했는데, 이는 그의 공정성과 정직성을 시험하는 것이기도 했다. 리카싱은 이 모든 상황에서 말뿐만 아니라 행동으로 자신의 신용을 입증했다.

우리도 살면서 큰 약속을 하게 되고, 때로는 그 약속을 지키지 못할 때가 있다. 불편하겠지만 그런 순간들을 한 번 떠올려보자. 그리고 약속을 지키지 못했을 때 어떻게 대처하고 생각했는지 돌이켜보자.

호의

'책임 묻지 않기' 전략

일의 성공은 의리와 이익의 균형에 달려 있다. 한 거래에서 자신만 이익을 보고 상대가 전혀 이익을 얻지 못한다면, 그런 거래는 절대 해서는 안 된다. 사업가는 이익을 균형 있게 나누어야만 장기적인 협력 관계를 유지할 수 있다.

일이란 협력 게임이며, 협력을 통해서만 돈을 벌 가능성이 생긴다. 협력에는 세 가지 주요 전제가 필요하다.

첫째, 양측이 협력할 수 있는 이익이 있어야 한다.

둘째, 협력할 의사가 있어야 한다.

셋째, 양측이 공유하고 함께 번영할 계획이 있어야 한다.

이 중 하나라도 없으면 협력은 지속될 수 없다. 이익을 먼저 양보하고 타협을 통해 발전을 추구하면, 단기적으로는 최대 이익을 얻지 못할 수 있지만, 장기적으로는 더 큰 이익을 얻을 수 있다.

나는 슈퍼맨이 아니라, 큰 손해를 기꺼이 감수할 수 있는 사람이다. 기꺼이 손해를 감수하는 사람은 결국 손해를 보지 않는다.

인생에서 한두 번의 기회를 잡으면 충분하다. 작은 이익을 탐내는 사람은 결국 큰 이익을 얻지 못한다. 마음이 좁은 사람은 큰 세상을 품을 수 없다. 인연을 소중히 여겨야 이어갈 수 있다.

이 원칙들은 내 사업 철학의 핵심이다. 단기적인 이익보다는 장기적인 관계와 신뢰를 중시하는 것이 결국 더 큰 이익으로 이어진다는 것을 나는 경험을 통해 깨달았다.

사업을 하다 보면 어떤 상황도 발생할 수 있다. 창업 초기, 나는 한 무역회사로부터 큰 주문을 받았다. 팀 모두가 기뻐하고 있을 때, 갑자기 통제할 수 없는 이유로 외국 고객이 계약을 취소한다는 통보를 받았다.

초기 창업 회사에서 한 건의 주문은 매우 중요하며, 생사의 갈림길이 될 수도 있다. 이미 대량의 제품을 생산하고 인력과 물력을 투입한 상태에서 갑작스러운 주문 취소는 큰 타격이었다. 일반 사람들은 어떻게 할까? 계약 이행을 요구하거나 손해 배상을 청구했을 것이다.

하지만 나는 그렇게 하지 않았다. 상대방이 자발적으로 보상을 제안했음에도 거절했다. 비록 그 보상금이 매우 필요했지만 말이다.

상대방의 보상을 받지 않는 것은 상대방이 나에게 빚을 지게 하는 것과 같다고 생각했다. 나는 장기적인 관계와 더 큰 거래를 위해 때로는 당장 손실을 감수하는 전략을 택했다. 이는 다른 사업가들과 다른 점이다. 때로는 당장 이익을 희생하는 것이 더 큰 장기적 이익을 가져온다.

물론 상황은 내 예상대로 흘러가지 않았다. 나는 오랫동안 기다렸지만, 그 유럽 무역 회사는 다시는 청쿵에서 플라스틱 장난감을 주문하지 않았다.

그러나 몇 년 후, 내가 플라스틱 꽃 사업으로 전환했을 때, 낯선 미국인이 갑자기 찾아와 협력을 요청했다. 알고 보니 그 유럽 무역회사가 추천한 것이었다. 나는 '성공을 위해 수단과 방법을 가리지 않는다'는 것에 절대 동의하지 않는다. 그렇게 하면 잠깐의 이익을 얻더라도 오래 가지 못한다.

만약 업계 동료가 도움이 필요할 때, 능력이 있다면 적극적으로 도와주는 것이 현명하다. 어려운 상황에서 사람을 도와주면 좋은 관계와 평판을 얻어 무한한 혜택을 받을 수 있다. 나와 협력한 사람들은 대부분 큰 이익을 얻었고, 자연히 점점 더 많은 사람이 나와의 협력을 원하게 되었다.

"때로는 당장의 이익을 희생하는 것이 더 큰 장기적 이익을 가져온다."

리카싱은 사업 초기에 한 무역회사로부터 일방적인 주문 취소를 받았다. 작은 회사에 이런 취소는 치명적이어서 파산 위기에 처할 수 있었다. 상대 회사가 자발적으로 손해 배상을 제안했지만, 리카싱은 괜찮다고 말하며 오히려 신뢰를 얻었다. 몇 년이 지나도록 호의를 베푼 회사로부터 보상이나 재계약은 없었다. 그러나 결국 호의를 받은 회사가 리카싱의 회사를 다른 곳에 추천하여 이익을 얻게 되었다. 장기적 투자가 성공한 것이다.

우리는 살면서 호의를 베풀어도 돌아오지 않는 경험을 하게 된다. 사실 가장 중요한 건 '호의를 베풀면 되돌려줄 사람'을 골라내는 능력이다. 당신은 작은 호의가 큰 호의로 돌아왔던 경험이 있는가? 30초 정도 눈을 감고 생각해보자.

보증

어리석은 정직함의 기술

나는 가만히 있어도 투자하겠다는 사람들이 줄을 선다. 반면 대부분의 사람들은 투자를 받기 위해 모든 노력을 기울여도 이루어지지 않는다. 왜 이런 현상이 벌어지는 것일까? 나는 지금보다 열 배나 더 많은 자금을 가지고 있어도, 더 많은 사업을 감당할 수 없을 것이다. 그런데도 많은 사람이 나를 찾아와 투자를 하려는 이유는 모두 신뢰를 지켰기 때문이다.

나는 창업한 지 얼마 되지 않아 '품질 문제' 위기를 맞았다. 사람들이 나를 도와주기는커녕, 공급업체, 은행, 직원 모두가 몰아세워 한때 절망에 빠질 뻔했다.

그때 어머니는 내게 '일적'과 '이적'의 이야기를 들려주었고, 이는 나에게 큰 깨달음을 주었다.

내 고향에 개원사라는 절이 있었다. 그곳에는 원적이라는 법명을 가진 주지가 살고 있었다. 원적은 나이가 많아 적합한 후계자를 찾고 싶어 했다. 후보는 그의 두 제자인 일적과 이적이었다.

어느 날, 원적은 두 제자를 불러 말했다.

"너희에게 각각 한 자루의 쌀을 주겠다. 이 쌀을 심어 내년 가을에 누가 더 많은 쌀을 수확하는지 보겠다. 수확이 많은 자가 나의 후계자가 될 것이다."

다음 해 가을이 되었을 때, 일적은 가득 찬 쌀자루를 들고 왔지만, 이적은 빈손으로 왔다. 원적은 이적을 후계자로 임명했다. 사람들이 의아해하자, 원적은 말했다.

"내가 일적과 이적에게 준 쌀은 모두 끓는 물에 익힌 것이었다. 이적은 정직한 사람이므로 그가 후계자가 되어야 한다."

나는 어머니가 해준 이야기에서 진정성이 세상의 근본임을 깨달았다. 신뢰를 바탕으로 하면 어떤 위기도 극복할 수 있다는 것이다. 나는 즉시 고객, 직원, 은행에 자신의 경영 실수를 인정하고, 그로 인해 피해를 입은 점을 고백했다. 그러자 직원들은 위기 속에서도 나와 함께 남았다. 원료 공급업체는 지급 기한을, 은행은 대출 상환 기한을 연장해주었다. 덕분에 위기를 무사히 넘길 수 있었다.

이 사건은 나에게 솔직함의 놀라운 힘을 처음으로 깨닫게 해주었다. 《한비자》에는 "교묘한 속임수보다 어리석은 정직함이 낫다. 오직 정직함만이 사람들의 마음을 얻을 수 있다"는 말이 있다.

나를 사업의 정상에 올려놓은 것도 바로 이 솔직함이다. 당시 나는 플라스틱 꽃으로 홍콩과 아시아 시장을 열었고, 명성이 높아졌지만 실질적으로는 적은 이익만을 얻고 있었다. 나는 유럽과 미국 시장에 도전하기로 결정했다. 유럽의 한 대형 유통업체를 목표로 정했을 때, 문제가 발생했다.

이 대형 유통업체는 청쿵의 다양한 플라스틱 꽃 제품을 높이 평가하며 우리 회사를 직접 방문했다. 초라한 공장을 본 그들은 놀라움을 감추지 못했다. 나는 그들에게 청쿵의 유럽과 미국 총판이 되어줄 것을 제안했다. 그들은 기꺼이 동의했지만, 한 가지 조건을 내걸었다. 청쿵이 강력한 기업가나 산업 회사를 보증인으로 세워야 한다는 것이었다.

보증인을 어디서 구할 수 있을까? 대기업에는 그저 형식적인 일이겠지만, 나에게는 큰 난관이었다. 보증인은 청쿵이 계약을 이행하지 못하거나 부채를 갚을 능력을 잃었을 때 그 위험을 떠안아야 하기 때문이다.

아무리 고민해도 보증인을 찾을 수 없었다. 그 순간 가장 의지할 수 있는 사람은 외삼촌이었다. 그러나 중남시계는 스위스 브랜드 시계의 독점 유통권을 획득한 후 급격히 확장했고, 홍콩, 중국, 동남아시아, 한국 등지에 지점을 두고 있었다. 그 자체로 여러 위기를 겪고 있었기 때문에 나에게 보증을 서주기에 적합하지 않았다.

나는 이를 이해했고, 플라스틱 꽃의 시장 전망과 유럽 시장에서의 인기를 고려할 때 보증이 필요 없다고 생각했다.

약속된 마지막 날, 나는 대형 유통업체가 묵고 있는 호텔을 찾아가, 디자이너들이 며칠 밤을 새워 새로 개발한 몇 가지 시제품을 그들 앞에 내놓았다. 그러고는 솔직하게 말했다.

"저는 백지에서 시작한 작은 사업가입니다. 현재 홍콩의 대출 정책은 우리 같은 기업에는 열려 있지 않습니다. 제가 가진 자본은 저의 제품과 신용뿐입니다. 현재 우리는 보증인을 찾을 수가 없습니다."

상대방은 웃으며 말했다.

"리카싱 당신이 가장 큰 보증입니다. 리 선생님의 진정성이 바로 신용이자, 무한한 가치를 지닌 보증이라고 생각합니다. 우리의 협력이 영원했으면 합니다!"

이 대형 유통업체의 전폭적인 지원으로 청쿵의 플라스틱 꽃은 마침내 유럽과 미국 시장에 성공적으로 진출했다.

"정직함은 주변 사람들의 마음을 열고 신뢰를 쌓는 데 도움이 된다."

리카싱은 거짓말이나 과장을 하지 않는다. 상황을 담담히 설명하고, 상대방의 잠재적 이득을 꾸밈없이 이야기한다. "비록 내 상황이 이렇지만, 지금까지 이런 성과를 냈고, 결국 당신에게 이득이 될 가능성이 있으니 고려해주십시오." 상대방이 이치에 맞다고 판단하면 동의할 확률이 높아진다. 이런 전략으로 많은 사람의 마음을 얻었다.

당신도 지금 원하는 게 있는데 눈치 보며 말하지 못하고 있지는 않은가? 오늘 당장 솔직하게 요구해보는 건 어떨까? 단, 상대방에게 어떤 이득이 될지도 함께 말하는 게 핵심이다.

예를 들면 이렇다.

"이번에 책을 발행하게 됐는데, 당신의 채널로 홍보하고 싶어요. 솔직히 지금은 마케팅 비용을 지불할 여력이 없습니다. 무리한 부탁인 줄 압니다. 하지만 성공하면 5%의 지속적인 이익을 드리겠습니다. 큰돈은 아니겠지만, 시도해보고 싶었어요. 거절해도 괜찮으니 편하게 말씀해주세요. 솔직하게 말해야 후회 없을 것 같아 연락드렸습니다."

자, 이제 당신이 원하는 것을 이런 방식으로 지인에게 제안해보는 건 어떨까?

잠 재 력

발전

인생에서의 무부채 전략이 갖는 장기적 의미

사람들은 언제부턴가 나를 '플라스틱 꽃의 왕'이라 불렀다. 창업 8년 만에 청쿵의 자본금이 1,000만 홍콩달러*를 돌파했다. 이때 나는 플라스틱 산업을 계속할지, 새로운 산업을 찾을지 고민했다.

나는 청쿵을 운영하면서 공장 문제로 항상 고민했다. 홍콩의 산업화로 공장 수요가 크게 늘었다. 공장을 지을 공간은 부족했고, 적절한 공간을 찾는 것도 쉽지 않았다. 자본금이 충분해지자 우리만의 공장을 갖기로 결심했다. '우리가 직접 부동산 사업을 하자.' 이 결정은 단순한 공간 확보가 아닌, 사업의 안정성과 성장을 위한 전략적 선택이었다.

부동산 사업을 시작하면서 나는 '사전 분양' 방식이 주류임을

---

* 1996년 당시 환율을 기준으로 1,000만 홍콩달러(HKD)는 약 10억 5,000만 원(KRW)에 해당한다.

발견했다. 이는 1954년 홍콩 상업계 지도자 허잉퉁(何鴻燊)**이 고안한 방식이다. 이 방식은 다음과 같다. 첫째, 토지 매입 후 은행에 담보로 대출을 받는다. 둘째, 건물 착공 전 분양금을 받아 공사를 한다. 셋째, 완공 후 주택 판매나 임대로 대출을 상환한다.

부동산 개발업자는 토지를 매입하고, 그 토지를 은행에 담보로 맡겨 대출을 받는다. 그런 다음 건물 착공 전에 분양금을 받아 공사를 시작하고, 완공 후 주택을 판매하거나 임대해 대출을 상환하는 방식이다. 개발업자는 주택 가격의 10~20%만으로 수억 달러 규모의 프로젝트를 운영할 수 있다.

나는 사전 분양 방식이 은행에 과도히 의존하게 만들 수 있다고 판단했다. 그래서 신중한 시장 진입과 안정적인 발전을 위해 내가 직접 돈을 들여 건물을 짓기로 결정했다. 다행히 나는 플라스틱 산업에서 10여 년 동안 선두를 유지했고, 그 수익으로 부동산 사업에 수천만 달러를 투자할 수 있었다.

나는 북각과 차이완에 산업 빌딩을 건설했다. 두 건물의 총면적은 3만 6,300평에 달했다. 건물이 완공된 후, 판매와 임대 사이에서 고민했다. 판매는 빠른 자금 회수와 높은 수익을 가져온다. 반대로, 임대는 안정적이지만 적은 수익을 제공한다. 나는 홍콩 경제

** 그는 홍콩의 주요 부동산 개발자 중 한 명이다. 그가 운영하는 펑잉퉁 그룹은 부동산, 건설, 호텔, 레스토랑, 해운, 금융 등 다양한 분야에서 활약했다.

가 계속 발전해 미래에는 더 많은 공간이 필요할 것이라 판단했다. 또한 홍콩의 제한된 땅과 무한한 수요로 부동산 가치가 계속 상승할 수밖에 없다고 예측했다. 결국 건물을 보유하고 임대만 하기로 결정했다. 이는 안정적인 임대 수입과 장기적인 가치 상승을 동시에 얻을 수 있는 전략이었다.

1961년 6월, 내 고향 친구인 은행가 랴오바오산(廖保山)이 예금자의 예금을 대규모로 부동산 개발에 투자했다. 이를 알게 된 예금자들이 예금을 인출하는 사태가 발생했다. 랴오바오산은 자금의 큰 압박을 견디지 못하고 갑작스럽게 뇌출혈로 사망했다. 차오저우 상인들 중 입지전적 인물이었던 랴오바오산을 나는 깊이 존경했다. 이 사건을 통해 나는 부동산 업계의 위험을 더욱 깊이 인식하게 되었다.

이후 나는 안정적인 발전 전략을 고수했다. 한편으로는 새로운 산업 지역과 기존 산업 지역에서 계속해서 토지를 구입하고 공장을 건설했다. 가능한 한 은행 대출 의존도를 최소화하고, 일부 건물은 완전히 자체 자금으로 건설했다. 다른 한편으로는 기존 플라스틱 사업을 성실히 유지하여 모든 하위 회사가 좋은 경영 상태와 수익을 유지하도록 했다.

내 안정적인 경영 방식은 지금 보면 당연해 보이지만, 당시에는 큰 압박과 유혹을 견뎌야 했다. 1962년 홍콩 정부가 1966년부터 새 건축 규정을 시행한다고 발표하자, 많은 개발업자가 그 전에 미친 듯이 건물을 지었다. 은행의 적극적인 지원으로 토지와 건물 가격이 밤낮으로 상승하는 기형적인 호황 시장이 나타났다. 이로 인해 많은 투기자가 생겨났다.

이런 상황에서 내 신중한 방식은 '보수적'이라고 평가받았고, 기회를 놓친다는 비난도 받았다. 좋게 보면 '소심하다', 나쁘게는 '바보 같다'는 평가도 있었다.

유혹과 비난에도 불구하고 나는 항상 냉정을 유지했다. 오늘의 부동산 시장이 좋다고 해서 당장 많은 토지를 사들여 매매 이익을 얻으려 하지 않는다. 나는 전체적인 상황을 본다. 주택 대출 상황, 시민들의 소득과 지출, 나아가 세계 경제 전망까지 고려한다. 홍콩 경제는 세계 각지와 국내 정치 기후의 영향을 받기 때문이다. 그래서 중요한 결정을 내리기 전, 관련된 모든 사람과 신중하게 상의한다. 하지만 일단 방침을 결정하면 더 이상 바꾸지 않는다.

부동산 열풍 속에서도 나는 은행 대출에 의존하지 않고 자체 자금으로 건물을 짓고 임대만 하는 경영 방식을 고수했다. 이 고집은 곧 보상받게 되었다.

1965년 1월, 밍더은행(Ming Tak Bank, 明德银号)의 파산을 시작으로 홍콩 전역의 은행들이 예금 인출 사태를 겪었다. 은행업계 전체가 큰 위기를 맞았고, 이는 부동산 시장에도 영향을 미쳤다. 은행에 의존하던 부동산 개발업자들은 자금이 끊기고 가격이 폭락하면서 큰 타격을 받았다. 업자들이 줄줄이 파산했다.

그러나 나는 이 대위기 속에서도 거의 영향을 받지 않았고, 손실도 미미했다.

'발전 중에도 신중함을 잊지 않고, 신중함 속에서 발전을 잊지 않는다'는 내가 평생 신봉해온 사업 철학이다. 지금까지도 모든 하위 그룹은 보수적인 회계 방식을 채택하고 있으며, 그룹 전체의 현금 흐름을 매우 중시한다. 50년대부터 '무부채 경영' 방식*을 사용해 왔고, 이는 반세기 동안 이어지고 있다.

---

* 리카싱의 무부채 방식은 외부에서 돈을 빌리지 않고, 자신의 자본과 현금 흐름으로 사업을 운영하는 전략이다. 이를 통해 재정적 안정성을 유지하고, 경제적 불확실성에도 유연하게 대응할 수 있다.

"발전 중에도 신중함을 잊지 않고, 신중함 속에서 발전을 잊지 않는다."

적당히 성공한 사람들은 '한방'으로 성공했다며, 투자든 사업이든 과감히 하라고 조언한다. 하지만 이는 100년을 내다보았을 때 좋지 못한 방법이다. 한 번이라도 삐끗하면 모든 것이 물거품이 되기 때문이다. 그들이 말하는 '한방'에 대한 조언은 파산하기 전에 떠들던 말일 수 있다.

리카싱의 위대한 점은 단순히 홍콩 최고의 부자라서가 아니다. 그가 부를 95세까지 유지하고 있다는 점이다. 리카싱이 이야기하는 신중한 발전은 어떤 개념이라 생각하는가? 본인 삶에 3개월간 적용한다면, 어떤 것이 있을지 생각해보자.

시기

결정적 순간을 읽어내는 눈

실패에는 일정한 법칙이 있다. 모든 실패 요인을 줄이는 건, 성공으로 가는 기초다.

1966년 은행 예금 인출 사태로 홍콩 부동산 시장이 침체되었고, 문화 대혁명으로 인해 대규모 이민이 발생하면서 경제 상황은 더욱 악화되었다. 나는 전쟁의 위협을 느끼며 상황을 주의 깊게 보고 있었다.

'중앙 정부가 무력을 통해 홍콩을 차지할 것'이라는 소문에 홍콩 사람들은 공포에 휩싸였다. 제2차 세계대전 이후 첫 대규모 이민이 시작되었다. 부유한 이민자들이 부동산을 헐값에 팔았고, 새 건물들도 수요가 없었다.

부동산 투자자들은 자금을 회수해 다른 업종으로 전환했다. 시장은 매물은 많고 구매자는 적어 가격이 하락했고, 개발업자와 건설업자들은 어려움에 처했다. 부동산 시장 불황 속에서 나도 걱정이 많았다. 어린 시절 전쟁의 파괴력을 경험했기에, 전쟁이 일어나면 모든 발전이 무의미해질 것이라 생각했다. 나는 계속해서 사태의 전개를 주시했다.

몇 달 후, 본토 상황이 안정되자 나도 차분해졌다. 홍콩이 본토의 유일한 대외 무역 통로이기에 중앙 정부가 전쟁 대신 안정을 유지할 것이라 결론 내렸다. 그리고 사람들이 버리는 것을 취하기로 결정했다. 플라스틱 공장과 기존 부동산 수익을 모두 투자해 부동산을 매입했다. 해외 이주자들이 급히 내놓은 좋은 건물들을 헐값에 샀고, 건설비가 저렴할 때 많은 고층 빌딩을 세웠다. 완공 후에도 매각하지 않고 임대만 하며 천천히 자금을 회수했다.

다른 이들이 부동산을 팔 때, 나는 모든 돈을 부동산에 투자하고 건설을 진행했다. 많은 이들이 내가 '바보짓'을 한다고 생각하며 실패를 예상했다. 나는 이에 대해 반박하지 않고 웃으며 말했다. "여러분이 대규모로 매각하면, 나는 대규모로 매입할 겁니다! 나중에 후회하지 마세요!"

1970년, 홍콩 경제와 부동산 업계가 회복되면서 부동산 가격이 계속 상승했다. 내 소유 부동산은 2,273평에서 9,836평으로 4배 이상 증가했다. 자산 가치와 연간 임대 수입도 급증했다. 많은 부동산을 보유한 덕에 나는 위기 속에서 오히려 큰 이익을 얻었다.

외부 사람들은 내가 비범한 행운을 가진 것인지, 도박처럼 큰

판을 벌여 운 좋게 이긴 것인지, 혹은 미래를 예측할 수 있는 능력이 있는지 궁금해했다. 그러나 나만이 이것이 행운과는 무관하다는 것을 알고 있었다. 내 결정은 최신 정보를 종합해서 내린 합리적 의사결정이었다.

시기를 잡을 수 있는지 여부는 기업의 발전 속도와 밀접한 관련이 있다. 시기를 잡으려면 먼저 정확한 자료와 최신 정보를 파악해야 한다. 시기를 잡을 수 있는지는 평소의 발걸음이 적절한 때에 힘을 발휘하여 경쟁자보다 앞서 나갈 수 있는지에 달려 있다. 시기를 잡는 핵심은 자신과 상대방을 아는 것이다.

지식의 가장 큰 역할은 통찰력과 판단력을 향상시키는 것이다. 어떤 사람들은 직관에 따라 행동하는 것을 좋아하지만, 직관은 신뢰할 수 있는 나침반이 아니다. 시대는 계속 진보하므로, 우리는 지속해서 최신 정보를 습득해야만 한다.

"시기를 잡으려면 먼저 정확한 자료와 최신 정보를 파악해야 한다."

매일 아침 신문을, 밤에는 책을 읽는 그의 일과는 세상을 이해하는 눈을 키워주었다. 특히 대기업의 연차 보고서를 읽으며 투자 기회를 발견하고, 기업의 재무 전략과 자원 관리 방식을 배웠다. 이런 끊임없는 학습 정신은 그에게 마치 '천리안'과 같은 통찰력을 주어 미래를 예측하고 부를 쌓을 기회를 포착하게 해주었다.

매일 조금씩 시간을 내어 관심 분야의 최신 정보를 습득하는 것이 어떤 변화를 가져올까? 직업이나 관심사와 관련된 전문 자료를 정기적으로 읽는다면 어떤 새로운 시각을 얻을 수 있을까?

오늘 당장에라도 최신 정보를 얻는 방법을 하나 고안하고 시도해보자. 잡지나 신문을 구독해도 좋고, 온라인 구독 서비스를 신청해도 좋다. 단 1개라도 좋으니 새로운 시도를 해보자.

기회

샴페인을 터뜨리지 말고, 책상에 앉아라

나는 갑작스럽게 재산이 두 배가 되더라도 담담하다. 반대로 갑자기 폭삭 망하더라도 마찬가지로 담담하다. 이는 내가 감정이 없어서가 아니다. 순간적으로 재산이 늘어나거나 줄어드는 것이 이치적으로 볼 때 나에게 아무 영향을 주지 않는다고 생각하기 때문이다. 기회를 포기하는 사람은 자신이 포기한 것이 기회인지 모른다. 반대로, 기회를 추구하는 사람은 기회가 곧 올 것임을 알고 있다. 좋은 해에는 과도하게 낙관하지 않고, 나쁜 해에는 과도하게 비관하지 않는다. 이것이 우리 그룹의 투자 원칙이다.

1971년 6월, 나는 청쿵실업(長江實業)을 설립하고, 부동산 업계에 본격적으로 뛰어들었다. 첫 회의에서 나는 포부에 찬 목소리로 말했다.

"우리는 홍콩랜드(Hongkong Land, 怡和系置地公司)를 목표로 삼

아야 합니다. 그들의 성공 경험을 배우는 것뿐만 아니라, 우리는 그 규모를 넘어서는 것이 목표입니다."

홍콩랜드는 1889년 설립 이후 반세기 넘게 발전해왔다. 부동산뿐 아니라 호텔, 식음료 판매까지 사업을 확장하여 아시아 태평양 14개국에 진출해 있었다. 전 세계 업계 순위에서 상위 3위 안에 들었고, 홍콩에서는 확실한 1위였다.

반면 당시 내가 설립한 청쿵부동산은 겨우 9,836평*의 부동산을 소유한 작은 회사에 불과했다. 많은 사람이 '작은 개미가 큰 코끼리를 흔들겠다는 것이 아닌가'라며 의문을 제기했다.

이러한 의문에 대해 나는 이미 많은 생각을 해왔다. '오래 번성하면 반드시 쇠퇴한다'는 아버지의 가르침을 깊이 이해했다. 홍콩랜드를 연구한 결과, 지난 10년간 그들의 성장이 그리 만족스럽지 않았음을 알았다. 후발주자들이 홍콩랜드를 앞설 기세를 보였고, 그 대체자가 청쿵이 될 수 있다고도 생각했다.

창업 초기, 내 손에는 5만 홍콩달러밖에 없었지만, 현재의 규모로 성장한 것이 자신감을 높여주었다. 인력, 자금, 지식을 집중 투입하면 홍콩랜드를 능가할 수 있다고 믿었다. 회의에서 나는 이렇게 말했다.

"우리는 큰 포부와 목표를 가져야 합니다. 그래야 압박과 동기

---

* 축구장 4.55개의 축구장 크기와 같다.

가 생깁니다. 홍콩랜드의 기반인 중구는 이미 한계에 도달했습니다. 우리는 발전 가능성이 큰 저렴한 지역과 신흥 도시에서 확장할 생각입니다. 자금이 충분해지면 홍콩랜드와 정면으로 맞설 것입니다."

나는 홍콩랜드를 정면에서 들이박는 무모한 수를 두지 않았다. 그 대신 '시골을 포위하여 도시로 진입하는' 전략을 세웠다. 그러나 자체 자금만으로는 발전 속도가 너무 느렸다. 은행에 의존하지 않으려 했기에 새로운 방법을 고민했다.

나는 쩡궈판(曾国藩)의 말을 좋아했다.

"선비가 공부할 때, 첫째는 뜻을 가져야 하고, 둘째는 식견을 가져야 하며, 셋째는 끈기를 가져야 한다. 뜻이 있으면 결코 하류에 머물지 않고, 식견이 있으면 학문에 끝이 없음을 알게 되어 만족하지 않으며, 끈기가 있으면 이루지 못할 일이 없다."

나는 부동산 업계의 리더인 홍콩랜드를 능가하겠다는 목표를 세웠고, 이를 달성하기 위해 주식시장을 통한 대규모 자금 조달 방법을 구상했다.

1969년 이전, 홍콩의 모든 주식 거래는 홍콩증권거래소를 통해 이루어졌다. 홍콩증권거래소의 회원은 주로 외국인이나 영어에 능통한 고급 중국인들이었고, 상장 기업도 주로 외국 대은행이었다. 상장 조건이 매우 까다로워 오랫동안 상장을 거부당한 중국 대기업이 수두룩했다.

어려움이 많았지만, 나는 돌파구를 찾기 위해 노력했다. 1972년 7월 31일, 청쿵실업을 청쿵홀딩스유한회사(Cheung Kong Holdings Limited)**로 개명하고, 전문가의 도움을 받아 상장 신청서와 필요한 모든 서류를 준비하여 거래소에 상장을 신청했다.

1969년에서 1972년 사이에 홍콩에는 기존 홍콩증권거래소 외에 원동거래소, 금은증권거래소, 구룡증권거래소가 설립되어 네 개의 거래소가 공존하는 상황이 되었다. 1972년, 중국과의 외교 관계 개선으로 홍콩 주식시장은 대규모 상승장을 맞았다. "주식을 들고 있으면 현금이 필요 없다"는 소문이 돌며 투자자들이 앞다퉈 주식시장에 뛰어들었다.

이러한 호황 속에서 청쿵홀딩스유한회사는 주식시장에 상장되었고, 상장 후 24시간도 되지 않아 주가가 두 배 이상 상승했다. 이는 회사의 시가총액이 두 배 이상 증가했음을 의미했다. 소식이 전해지자 청쿵의 직원들은 환호하며 샴페인을 터뜨렸다.

주가 상승에도 나는 특별히 기뻐하지 않았다. 이는 주식시장 호황의 결과일 뿐, 청쿵의 실력을 증명하는 것이 아니라고 생각했다. 투자자들의 진정한 신뢰와 사랑을 얻으려면 회사의 미래 실적

** 청쿵실업은 원래 1950년대에 설립된 회사의 이름이다. 이 회사는 부동산 개발 및 투자 활동을 했다. 청쿵홀딩스유한회사라는 이름은 1972년에 청쿵실업이 개명된 이름이다. 이는 회사가 다양한 사업 영역으로 확장하고 더 큰 규모로 운영하기 위한 전략적 결정의 일환이었다.

과 주주 혜택이 중요하다고 여겼다. 따라서 모은 자금을 더욱 신중하고 안정적으로 부동산 사업 발전에 사용했다.

시간이 지나며 부동산 사업을 지키는 것이 점점 어려워졌다. 홍콩 주식시장의 투기 열풍이 강해지면서 부동산 개발업자들이 너나없이 본업을 제쳐두고 부동산을 담보로 대출받아 주식에 투자했다. 심지어 평범한 노동자들도 보석을 팔고 가업을 매각하며 주식 시장에 뛰어들었다. 이러한 광풍 속에서도 나는 유혹에 흔들리지 않고 본업에 충실했다.

1973년 3월, 홍콩 주식시장이 대폭락을 겪었다. 이후 1년 9개월 동안 91.5%나 하락하여 세계 최대의 약세장을 기록했다. 이로 인해 홍콩은 대규모 경제 불황을 겪었고, 공장들이 우후죽순으로 문을 닫았다.

나는 또 한 번 주식시장의 붕괴를 피했다. 홍콩 상장 인맥을 활용하여 1973년 초 런던 증권거래소에, 1974년 6월에는 밴쿠버 증권거래소에 상장했다.

'뜻을 가지고, 식견을 갖추고, 끈기를 가져야 한다.' 쩡궈판의 말을 나는 '원대한 목표를 세우고, 실행 전략을 수립하며, 유혹에 흔들리지 않고, 한 걸음씩 나아간다'고 해석했다. 내 안정적인 발전 전략 덕분에 청쿵홀딩스유한회사는 홍콩과 해외 주식시장에서 충분한 자금을 모았고, 이는 청쿵의 확장을 위한 든든한 기반이 되어 내 사업이 날아오를 수 있게 해주었다.

"과도하게 낙관하지 않고, 과도하게 비관하지 않는다."

리카싱은 본질에 집중한다. 자신의 회사 주식 가치가 2배로 뛰었을 때, 직원들은 샴페인을 터뜨렸다. 하지만 리카싱은 담담한 모습을 보인다. 본질적으로 회사의 가치가 상승한 것은 아니기 때문에, 그저 일시적이라 보았던 것이다. 결국 많은 사람이 주식에 투자할 때, 리카싱은 본질에 집중하여 현재 주식이 과대평가 되었음을 느끼고 본일 일에 집중했다.

우리는 종종 본질을 바라보기보단 사람들의 말이나 유행에 휩쓸려 투자나 미래의 직업을 결정한다. 본질을 꿰뚫는 통찰력을 갖기 위해선 어떻게 해야 할까? 이 책에는 이미 정답이 나와 있다. 리카싱의 통찰력은 어디서 온 것인지, 다시 한 번 정답을 떠올려보자.

강적

다윗이 골리앗의 머리를 부순 방법

상대가 거대한 적이면 어떻게 해야 할까? 방법은 심플하다. 홍콩 부동산 업계 1위인 홍콩랜드 시선에는 우리가 없었다. 우리가 주로 도심 외곽과 신흥 도시에서 개발하고, 임대 수익 중심의 사업 모델을 채택했기 때문이다. 이러한 사업 모델은 홍콩랜드가 수십 년 전에 이미 익숙하게 다루던 방식이었고, 청쿵은 여전히 추격자의 위치에 있었다. 1977년, 우리와 홍콩랜드가 정면 대결할 기회가 찾아왔고, 홍콩랜드는 이때서야 우리를 경계하기 시작했다.

그해 홍콩 지하철 회사가 중환 역과 금종 역 지하 구간 건설 입찰을 공고했다. 이 두 역은 노선 중 가장 중요하고 승객이 많은 정거장으로, 홍콩에서 가장 번화한 상업 중심지에 위치했다. '지왕(地王)' 프로젝트는 최고의 입지였다.

이 땅을 확보하고 성공적으로 개발하면, 막대한 이익뿐만 아니라 회사의 신뢰성과 명성도 크게 높일 수 있었다. 나는 이것이 우리 회사가 도약할 수 있는 중요한 기회로 보았다.

공개 입찰 후, 홍콩 지하철 회사는 30개 이상의 재단 및 부동산 회사로부터 신청을 받았다. '부동산 황제' 홍콩랜드가 낙찰받을 가능성이 가장 높았다. 홍콩랜드는 오랜 업계 선두자리와 실력, 인지도, 그리고 정부와의 깊은 유대관계 덕분에 유리한 위치에 있었다.

우리 청쿵이 이 입찰에 참여할지, 참여한다면 승산이 얼마나 될지 고민했다. 나는 외부에 자신감 있는 모습을 보였지만, 내심 불안했다.

몇 날 며칠을 밤새워 프로젝트와 관련된 모든 자료를 연구했다. 평소 아내를 존중해 일을 집에 가져오지 않았지만, 이번엔 그 원칙을 깨고 밤낮으로 연구에 몰두했다.

입찰에 참여한 홍콩랜드, 스와이어 프로퍼티즈(Swire Properties) 등 대형 부동산 회사들은 청쿵보다 훨씬 강했다. 우리는 당시 중소 부동산 회사에 불과했다.

그러나 이들 대형 회사들은 다소 거만한 태도를 보였다. 특히 홍콩랜드는 언론 인터뷰에서 "입찰 결과가 최고의 답이다"라고 말하며 자신감을 드러냈다. 이는 그들이 프로젝트를 얻을 것이라 확신한다는 의미였다.

나는 홍콩랜드의 이런 자만심이 약점이 될 수 있다고 판단했다. 그들이 협력 파트너를 제대로 연구하지 않을 것이라 생각했고,

이것이 우리가 파고들 수 있는 기회라고 봤다.

경쟁자 연구 후, 나는 프로젝트 자체를 파고들었다. 지하철 회사가 홍콩 정부로부터 이 땅을 살 때 있었던 분쟁을 발견했다. 정부는 땅의 가치를 2.5억 홍콩달러로 평가하며 전액 현금 지불을 요구했다. 지하철 회사는 일부 현금과 주식으로 지불하려 했지만 거부당했고, 결국 은행 대출로 땅을 구입했다.

이 정보를 통해 나는 지하철 회사의 자금난을 파악했다. 따라서 그들이 협력 파트너를 선택할 때 현금 유동성 문제 해결을 최우선으로 고려할 수밖에 없다고 생각했다. 더 큰 이익을 얻는 건 그들에게 다음 문제라고 추측했다.

이러한 분석을 바탕으로 나는 청쿵의 입찰서에 몇 가지 매력적인 조건을 제시했다.

- 지하철 회사의 토지 대금을 보충하고, 건설 비용을 전액 현금으로 제공한다. 이는 지하철 회사가 건설 비용을 전혀 부담하지 않아도 됨을 의미했다.
- 두 정거장 위에 종합 상업 빌딩을 건설하고, 완공 후 판매 수익을 지하철 회사와 청쿵이 51:49로 나눈다. 이는 기존의 50:50 방식을 깨고 지하철 회사에 더 유리한 조건을 제시한 것이다.
- 전체 프로젝트는 청쿵이 계획하고 지하철 회사가 승인하며, 완공 후 관리는 지하철 회사가 주도하고 청쿵은 동의하에 참여

한다.

　이러한 제안은 지하철 회사의 현금 문제를 해결하면서도 그들에게 더 많은 이익과 통제권을 주는 것이었다. 이는 상대방의 필요를 정확히 파악하고 그에 맞춘 전략적 접근이었다.

　내가 제시한 조건은 건설 비용 부담, 더 많은 이익과 관리 권한을 상대방에게 주는 것이었다. 이는 지하철 회사에 매우 매력적일 수밖에 없었다.

　너무 많은 양보로 손해가 되지 않느냐는 의문에 나는 이렇게 답했다. "자신의 이익에만 집착하지 말아야 합니다. 서로 보완하며 협력하면 더 큰 이익을 가져다줄 것입니다."

　나에게 이러한 큰 양보는 한 번의 공격으로 홍콩랜드를 완전히 물리칠 수 있는 기회였다. 동시에 이익도 얻고 청쿵의 명성을 높일 수 있는 가치 있는 선택이었다.

　1977년 4월 5일, 홍콩 언론은 이런 제목으로 입찰 결과를 보도했다. '청쿵이 홍콩랜드를 물리치고 우체국 부지를 차지하다.'

　홍콩 전체가 우리 회사에 주목했고, 부동산 업계는 큰 충격을 받았다. 이로 인해 우리는 처음으로 도심에 진출했고, 존재감과 실력이 새로운 수준으로 올라섰다.

　많은 이들이 우리의 승리를 운이나 내 '천리안' 덕분이라고 생각했다. 하지만 진실은 단순했다. 거대한 기업 그룹의 지도자라면 반드시 기업 내부에 견고한 기반을 다져야 한다. 공격에 나서기 전에 반드시 방어를 준비하고, 모든 전략을 실행하기 전에 이 점을 명심해야 한다. 공격에 나설 때, 100% 이상의 능력을 확신해야 한다. 다시 말해, 원래 100의 힘으로도 성공할 수 있지만, 200의 힘을 쌓아야 공격에 나서지, 단순히 운에 맡기지 않는다.

방향을 정하면 전력을 다해 전략적으로 도전하자. 후회 없이. 집중하는 사람은 무엇이든 성취할 수 있다. 이는 진심이 금석을 움직인다는 의미다.

──────── A c t i o n P l a n 2 0 ────────

"공격에 나서기 전에 반드시 방어를 준비한다."

입찰은 사실상 불 보듯 뻔한 결과를 가지고 있었다. 1위 홍콩랜드의 승리가 뻔했다. 홍콩랜드는 오로지 자신의 명성에 기대어 기존에 하던 방식을 고수했다. 리카싱은 내심 두려웠지만, 항상 그래왔듯 2법칙, 근면과 창의성 두 가지를 준비했다. 상대보다 더 준비했으며, 상대보다 더 연구하고 생각했다. 그 결과, 작은 기업에 불과했던 리카싱의 회사는 입찰에서 승리하게 된다.

당신도 인생을 살다가 거대한 적을 맞이한 적이 있는가? 그때 당시 어떤 생각을 하고 어떤 전략을 취했었는지 떠올려보자. 그리고 리카싱의 생각에 비춰, 자신이 그 당시에 무엇을 했다면 더 좋았을지 반추해보자.

장인

선두를 따라잡기 위하여

우리 가문의 가훈이자 청쿵의 구호는 '정교한 사업과 인내심'이다. 이는 마치 10년 동안 나무를 심어 100년의 울창한 숲을 만드는 것과 같다. 큰 사업을 일구기 위해서는 세세한 부분까지 주의를 기울이고, 무엇보다 인내심을 갖는 것이 중요하다.

1981년, 부동산 시장이 과열되었을 때의 일화는 이 원칙이 실제로 어떻게 적용되었는지를 보여준다. 당시 나는 황푸 조선소의 옛 부지를 살까 말까 고민했지만, 28억 홍콩달러라는 부담스러운 가격 때문에 결정을 미뤘다. 인내심을 갖고 2년을 기다렸다. 그 이후, 부동산 시장이 침체기에 접어들었을 때 홍콩 정부와 협상을 통해 3.9억 홍콩달러에 부지를 손에 넣을 수 있었다. 이 3년간의 인내는 놀라운 결과를 가져왔다. 24억 홍콩달러라는 엄청난 금액을 절약할 수 있었던 것이다.

사람들은 내 사업 방식을 직설적이지만 공격적이지 않고, 전략적이라고 평한다. 핵심은 충분한 인내심과 신뢰에 있다. 투자의 핵심은 최적의 진입 시점을 포착하는 것이다. 이는 마치 사냥하는 매와 같다. 매처럼 인내심 있게 기다리다 먹잇감이 나타나면 번개 같이 덮쳐서 잡는 것, 이러한 능력을 갖추어야만 진정한 투자 고수가 될 수 있다.

가후 산장 프로젝트에서 나는 10년간 정교한 계획을 세웠다. 가후 산장은 원래 톈수이웨이(天水圍) 마을로 불렸으며, 신계 위안랑 북쪽에 위치해 있으며, 좁은 선전만을 사이에 두고 선전 서구와 맞닿아 있다. 1978년, 청쿵은 허치슨 왐포아와 공동으로 톈수이웨이의 토지를 구매했다. 1979년 하반기에 중국 자본의 화룬(China Resources Holdings)이 프로젝트 대부분의 지분을 인수하여 공동으로 톈수이웨이를 개발하기로 했다. 당시 이 프로젝트에서 화룬은 51%를 차지하고, 청쿵은 12.5%를 차지했다. 화룬은 15년 안에 이곳을 50만 인구를 수용할 수 있는 신도시로 만들 계획이었다.

처음에는 최대 주주인 화룬이 주도하여 개발했지만, 화룬은 홍콩의 게임 규칙에 익숙하지 않아 이 거대한 계획이 좌초되었다. 전체 프로젝트는 먹기에는 맛이 없고 버리기에는 아까운 '계륵(鷄肋)*'과 같은 상태가 되었고, 화룬은 곤란한 상황에 처했다.

이때 나는 침착하게 상황을 지켜보며 매년 다른 주주들로부터 지분을 매입했다. 1988년까지 나는 화룬 외의 49% 지분을 확보하여 화룬과 동등한 두 명의 주주 중 하나가 되었다. 1988년 12월, 청쿵과 화룬은 협정을 체결하여 나는 화룬에게 최대한 양보하는 대신 프로젝트의 개발과 판매를 주도할 권한을 얻었다. 화룬은 이 협정에 대해 매우 만족했고, 텐수이웨이 프로젝트는 순조롭게 진행됐다.

1991년까지 프로젝트가 모두 완료되어 가후 산장은 홍콩 최대의 민간 주택 단지가 되었고, 화룬과 청쿵 모두 큰 이익을 얻었다. 이 프로젝트를 통해 나는 화룬이라는 협력 파트너를 얻게 되었고, 중국 자본 기업들과의 우호적인 관계를 구축하게 되었다. 이는 매우 귀중한 가치였다.

이 프로젝트에서 나는 '십 년을 갈고 닦은 칼'이라는 표현에 걸맞은 인내심을 발휘했다. 큰일을 이루려면 조급해서는 안 되며, 충분한 인내심과 신뢰를 가지고 사업 기회를 기다리고 창출해야 한다.

20세기 80년대, 나는 여러 대규모 주택 단지를 개발하거나 완성했다. 이 프로젝트들은 모두 최적의 시기에 맞춰졌다. 부동산 시장이 침체되었을 때 나는 남들이 버린 부동산을 저렴하게 매입하

✱ 계륵은 삼국지에 나오는 조조의 말에서 유래한 표현으로, '닭의 갈비뼈'를 뜻한다. 먹기에는 양이 적고 버리기에는 아까운 상태를 비유하는 말로, 현대에는 어중간하거나 애매한 상황을 표현할 때 자주 사용된다. 이 고사성어는 가치는 크지 않지만 완전히 포기하기 어려운 것들을 지칭할 때 쓰인다.

고, 시장이 회복될 때 대규모 건설을 시작했으며, 프로젝트가 완료되면 자금을 회수했다. 부동산 시장이 호황일 때는 건물을 임대하거나 판매하여 장기적인 수익을 얻었다. 내 프로젝트 건물은 일반적으로 단계적으로 출시되었고, 각 단계의 분양은 시장 변동에 따라 수량, 가격, 층수를 유연하게 조정하여 최대 이익을 보장했다. 이러한 일련의 작업은 외부에서 보기에 신기할 정도로 정확하고 신속하게 이루어졌다. 나는 단지 남들보다 조금 더 노력했을 뿐이다.

경쟁이 치열한 세상에서는 조금 더 노력하면 조금 더 많이 얻을 수 있다. 마치 올림픽 단거리 달리기와 같다. 1등이 승리하지만 2등, 3등과의 차이는 미미하다. 조금 더 빨리 달리면 승리하는 게 당연지사다.

1990년 6월 말, 청쿵의 시가 총액은 281.28억 홍콩달러로 홍콩랜드의 216.31억 홍콩달러를 넘어 부동산 업계의 선두에 섰다. '홍콩랜드를 넘어서겠다'는 목표를 달성했다.

"10년 동안 나무를 심어 100년의 울창한 숲을 만든다."

리카싱이 강조하는 철학 중 하나는 인내심과 정교함이다. 당신은 현재 하는 일 혹은 꿈에 대해서 어떤 생각을 갖고 있는가? 단순히 '정교해야지'라는 말은 아무 의미 없는 결심이다. 본인이 하는 일에서 어떻게 성장할 것인지, 성장을 위해서 어떤 부분의 칼을 미세하게 깎을 것인지 고민해야 한다.

당신은 자신이 잘하는 일에서 어떤 정교함을 갖추고 있다고 생각하는가? 그 정교함을 업그레이드하기 위해, 내일 당장 무엇을 해야 한다고 생각하는가?

협 력 과
상 생

상생

골동품 구매와 인생의 차이점

드라마에서 흔히 보는 장면이 있다. 경매장에서 누군가가 계속 가격을 올리며, 1, 2, 3 카운트다운 속에서 얼굴이 붉어지고 땀을 흘리며 떨면서 결국 더 높은 가격을 부른다. 이는 전 재산을 잃거나 심한 경우 심장마비로 목숨까지 잃는 비극으로 이어진다.

경매 입찰자는 경쟁, 군중, 과시, 자극 추구 등 다양한 심리와 마주한다. 나 역시 입찰 과정에서 고뇌를 겪었지만, 항상 잘 대처할 수 있었다. "승리를 확신하거나, 우아하게 물러서라"가 내 신조였다. 이를 어떻게 해냈을까?

골동품을 사려는 심리를 가져서는 안 된다. 골동품은 유일무이하며, 놓치면 다시 가질 수 없다. 하지만 사업은 다르다. 회사나 토지를 매입하는 경우 이 기회를 놓쳐도 다음에 더 나은 선택이 있다. 집착할 필요가 없다.

나는 토지를 경매할 때 사전 분석을 철저히 하고 최고 낙찰가를 정했다. 입찰가가 이를 넘으면 현장 분위기가 뜨겁든, 경쟁자가 도발하든, 주변에서 부추기든 주저 없이 물러났다.

한번은 기자가 어떻게 중도에 물러날 수 있었는지 물었다. 나는 유머러스하게 답했다.

"내 마음에 계산이 있기 때문이다. 사업은 이윤을 위한 것이지, 경쟁을 위한 게 아니다. 이익이 있으면 참여하고, 없으면 물러난다. 당신들은 내가 한 손을 들고 싶으면 다른 손으로 충동적인 손을 억누르는 장면을 못 봤을 것이다."

나도 부정적 감정을 가졌지만, 이를 통제했다. 경매장뿐 아니라 모든 사업 현장에서 자제력을 발휘했다. 다른 이와 다투지 않았다. 사업의 목적은 이윤이지 경쟁이 아니다.

1977년, 홍콩 부동산 업계의 큰 사건이 내 주목을 끌었다. 워프홀딩스(The Wharf Holdings Limited)는 홍콩의 대형 외국 기업 중 하나인 자딘 메디슨(Jardine Matheson)의 자회사로, 상당한 자산을 보유했다. 그해 워프홀딩스는 화물 사업을 이전하며 빈 땅을 상업 빌딩으로 개발했다. 이는 나에게 큰 영감을 주었다.

하지만 워프홀딩스는 상업용 부동산으로의 전환에 어려움을 겪었다. 자산으로 빌딩을 짓고 임대만 하는 방식으로 자금 회수가 지연되며 재정 위기에 처했다. 이를 해결하고자 대량의 채권을 발행해 현금을 확보했다. 그러나 이는 회사의 부채를 늘리고 신용도를 낮추며 주가 폭락을 초래했다.

나는 여러 번 상상했다. 내가 워프홀딩스의 상업 부동산 개발을 주도했다면, 상황이 완전히 달라졌을 것이다. 청쿵 기업 상장후, 나는 건물의 매각과 임대에 신중하고 유연한 원칙을 고수했다. 자금이 넉넉하면 임대하고, 회수가 필요하면 신속히 매각했다.

1977년 말부터 1978년 초까지 나는 워프홀딩스의 주가가 낮을 때 소액 투자자들로부터 2,000만 주를 조용히 사들였다. 이는 전체 주식의 18%였다. 대주주인 자딘 매디슨이 20%를 보유하고 있어, 조금만 더 노력하면 그들과 대등하게 경쟁할 수 있었다. 그러나 워프홀딩스의 주가가 갑자기 급등했다. 이는 민감한 투자자들의 참여와 자딘 매디슨의 고가 매수 때문이었다.

이때, 세계 선박왕 바오위강(包玉剛)*이 워프홀딩스에 눈독을 들였다. 1977년, 그의 글로벌 해운 그룹은 총적재량 1,347만 톤으로 세계 1위였다. 그는 해운 경기 침체를 예상하고, 새로운 산업에 투자하기 위해 워프홀딩스의 부동산 자산에 관심을 두었다.

한편 바오위강의 투자 배후인 HSBC 은행의 지도자 마이클 샌드버그(Michael Sandberg)는 나에게 이 싸움에서 물러날 것을 권했다. HSBC는 바오위강의 주요 지원자로, 둘의 사이는 아주 밀접했

---

* 중국계 홍콩인 사업가로, 현대 해운업의 거물로 널리 알려져 있다. 세계해운(World-Wide Shipping)이라는 그의 회사를 통해 글로벌 해운업계를 주도했다.

다. HSBC의 개입으로 상황은 더욱 복잡해졌다.

결국 HSBC 주도로 나와 바오위강이 만났다. 나는 바오위강에게 내가 보유한 워프홀딩스 주식 1,000만 주를 매각하고 싶다고 밝혔다. 바오위강은 이를 흔쾌히 받아들였다. 내 주식을 매입함으로써 그는 자딘 매디슨과의 경쟁에서 우위를 점할 수 있었다.

나는 워프홀딩스의 주식을 계속 보유하면 HSBC, 자딘 매디슨, 바오위강과 적대 관계가 될 수 있음을 알았다. 경쟁에서 이겨도 큰 상처를 입을 수 있음을 깨닫고 현명하게 물러났다. 주식을 30여 위안에 매각해 수천만 위안의 이익을 얻었고*, 바오위강과 마이클의 감사 인사를 받았다.

많은 이가 역경은 이겨내지만, 급류에서 물러나기는 어려워한다. 특히 성공한 사람들이 그렇다. 그들은 항상 성공해왔기에 자존심이 세고, 승부욕이 강해 후퇴할 줄 모른다. 나는 집착하지 않고 후퇴할 줄 알았기에 승리할 수 있었다. 대장부는 물건을 들 수 있고 놓을 줄도 알아야 한다. 많은 이들이 역경은 극복하지만, 호황 속에서는 쉽게 빠져나오지 못한다. 영원한 사업은 없고, 오직 이익을 내는 사업만 있다. 포기할 때를 알아야 한다.

＊ 당시 환율을 고려하면, 우리나라 화폐로 약 3,000원에 주식을 매각해 10억 원의 수익을 올린 셈이다.

"골동품을 사려는 심리를 가져서는 안 된다."

대장부는 물건을 들고 놓을 줄 알아야 하며, 사업에서도 적절한 때에 포기할 줄 알아야 한다. 경매나 사업에서 경쟁과 군중의 압박 속에서도 이익이 없으면 물러나는 것이 중요하다. 워프홀딩스 사례에서, 리카싱은 주가가 오르자 주식을 매각하여 이익을 얻고 적대 관계를 피했다. 성공한 사람일수록 집착하지 않고 급류에서 물러나는 것이 어려운데, 리카싱은 이를 잘 실천했다. 사업의 목적은 이윤이지 경쟁이 아니다.

당신은 오래 준비한 프로젝트가 더는 가치가 없다고 판단되면 과감히 접을 수 있을까? 또는 열심히 공부한 전공이 적성에 맞지 않다면 새로운 길을 찾을 용기가 있을까? 심리학에선 이를 매몰비용의 오류라고 표현한다. 인간은 투자한 것에 대해 이성적으로 판단하지 못하고 감정적으로 판단을 내려 더 큰 손실을 보곤 한다. 지금 내 삶에서 '포기해야 할 것이지만, 투자해온 노력과 시간이 많아 망설이는 것'은 무엇일지 생각해보자.

협력

소인은 과거의 상처로 평생 주위만 살핀다

작은 상처를 받고 난 뒤, 일평생 그 상처로 세상을 바라보고 조심성을 갖는 사람들이 있다. 우리는 인생에서 악인도 만나고 상처를 받는 일을 겪곤 한다. 하지만 그 경험은 확률적으로 발생한 일일 뿐이다. 대인이라면, 상처는 상처일 뿐 무시하고 객관적으로 상황을 판단해야 한다.

인수합병은 보통 강한 기업이 약한 기업을 매수하는 것을 말한다. 큰 물고기가 작은 물고기를 잡아먹듯이 말이다. 하지만 내가 청쿵실업으로 허치슨 왐포아를 인수한 건 그 반대였다. 나는 자산 6.93억 홍콩달러의 청쿵실업으로 자산 62억 홍콩달러의 허치슨 왐포아를 인수했다. 이 인수로 사람들은 나를 중국 최고의 상인이라 치켜세웠고, 언론은 나에게 '슈퍼맨'이라는 별명을 붙여줬다. 어떻게 된 걸까?

허치슨 왐포아는 홍콩에서 두 번째로 큰 영국 기업이었다. 2차 세계대전 이후, 허치슨 왐포아는 급속도로 확장되었으며, 황푸 조선소, 왓슨스 등의 대기업과 많은 비상장 소기업을 거느렸다. 전성기에는 360개의 회사를 통제했고, 해외 회사만 해도 84개에 달했다. 1970년, 허치슨 왐포아의 경영진은 부동산 산업이 번성하리라 보고, 보유한 항구와 조선소를 이전해 그 땅을 개발하기로 했다.

하지만 1973년, 주식시장이 큰 타격을 입고, 세계적인 석유 위기와 홍콩 부동산 시장의 대폭락이 이어졌다. 과도한 투자와 무거운 짐으로 허치슨 왐포아는 자금난에 빠져 2년 동안 약 2억 홍콩달러의 손실을 입었다. 1975년 8월, HSBC 은행은 1.5억 홍콩달러를 투자해 허치슨 왐포아의 최대 주주가 되었다. 하지만 회사법과 은행법에 따르면, 은행은 비금융 업무에 종사할 수 없다. 채권 은행은 상환 능력을 상실한 기업을 접수할 수 있지만, 경영이 정상 궤도에 오르면 원래 소유자나 다른 기업에 매각해야 한다. 장기적으로 해당 기업을 소유할 수는 없다.

나는 워프홀딩스 싸움에서 물러날 때 HSBC의 마이클 샌드버그에게 호의를 베풀었고, 그는 "나중에 어려움이 생기면 도울 것"이라 약속했다. 허치슨 왐포아를 인수하려 할 때 나는 마이클 샌드버그에게 연락했다. 그는 "조건이 적합하다면, HSBC는 주식 매각 시 청쿵실업에 최선의 기회를 줄 것"이라 답했다.

허치슨 왐포아에 중국은 물론 외국 상인들이 두루 관심을 보였지만, HSBC는 청쿵실업을 선택했다. 언론은 그 이유를 "리카싱이라는 이름 석 자 때문"이라고 전했다. 마이클은 회의론자들에게 이렇게 말했다.

"은행은 자선 단체도, 정치 기관도, 영국인 클럽도 아닙니다. 은행은 은행일 뿐입니다. 은행의 존재 목적은 이익 창출입니다. HSBC에 돈을 벌어줄 수 있는 사람이 바로 HSBC의 파트너입니다."

마이클이 허치슨 왐포아를 내게 넘긴 건 단순한 교분 때문이 아니라 HSBC의 이익을 최우선으로 했기 때문이다. 그는 내 이름이 HSBC와 허치슨 왐포아의 이익을 보장한다고 믿었다.

나는 청쿵실업의 사업 범위와 규모를 꾸준히 확장해왔다. 더평(德丰), 리평(利丰), 홍콩전력(HK Electric, 港灯) 등 오래된 회사들과 협력하기도 했다. 이후 부동산 회사를 세워 샤틴 역 부지까지 획득했다. 부채에서 회복 중인 허치슨 왐포아에겐 신뢰할 수 있는 경영자가 필요했다. 1979년 9월 25일, 청쿵실업은 주당 7.1 홍콩달러에 HSBC의 허치슨 왐포아 주식 9,000만 주를 인수했다. HSBC는 내가 20% 계약금만 내면 나머지는 2년 후 지급하도록 허락했다. 이는 허치슨 왐포아의 이익으로 잔금을 치를 수 있게 해준 것이다.

일부 영국인들은 마이클의 이 거래를 배신으로 여겼지만, 결과는 달랐다. 1979년 허치슨 왐포아의 연간 순이익은 2.31억에서 3.32억 홍콩 달러로 늘었다. 1983년엔 11.67억 홍콩달러에 달했다. 나는 5년 만에 회사 이익을 5배 이상 늘렸다. 1989년엔 순이익

30.3억, 비경제적 이익 30.5억 홍콩달러로 1978년보다 10배 이상 증가했다. HSBC도 우선주로 상당한 이익을 얻었다.

나는 선한 인연이 좋은 결과를 가져온다고 믿었다. 단기적 이익보다 신뢰와 품질을 중시했고, 덕분에 많은 사람의 협력을 얻었다. 물론 나쁜 사람도 경계해야 하지만, 그들은 소수에 불과하다. 작은 문제로 큰 기회를 놓치거나, 모든 이를 의심해서는 안 된다. 지나친 경계는 오히려 고립을 낳아 실패로 이어질 수 있다.

──────── Action Plan 23 ────────

"더 많은 인연을 맺으면 더 많은 도움을 받을 수 있다."

인생을 살다 보면, 상처를 입기 마련이다. 한 번 상처를 받게 되면, 인간은 비슷한 속성을 지닌 것을 피하게 된다. 이는 심리학에서 말하는 휴리스틱에 불과하며, 판단 오류를 만들어낸다.

리카싱은 인간의 본성을 일찍이 파악하고 있었다. 사람들은 일부 악덕한 사람을 경험하면, 그 이후 인간에 대한 불신을 갖게 되어 현명한 판단을 할 수 없게 된다고 생각했다. 사람들은 과도한 조심성으로 일생일대의 기회를 놓치곤 한다. 하지만 리카싱은 '악덕한 경험은 악덕한 경험일 뿐, 그 사건이 모든 경우의 수를 대변하는 건 아니다'라는 생각을 갖고 있었다. 그 덕에 사람들을 신뢰할 수 있었고, 본인도 신뢰받을 수 있었다.

인생을 살면서 심리적으로 상처받거나 사기를 당한 적이 있는가? 그 경험 때문에, 과도하게 조심성이 생긴 사례가 있는지 떠올려보자.

화합

적의 목을 치는 대신 돈을 빌려준 이유

경쟁자가 위기에 처했을 때 목을 치는 건 상식이다. 역사적으로도 그렇다. 사람들은 나에게 이상하다는 듯 묻는다.

"경쟁자가 위기에 있을 때 목을 치지 못할망정 왜 도와줍니까?"

협력 파트너와의 화합은 당연하지만, 나는 경쟁자에게도 먼저 손을 내민 적이 많다. 워프홀딩스 사건에서 나는 바오위강에게 유리한 조건을 제시해 승리를 도왔다. 이로 인해 자딘 매디슨이 손해를 봤지만, 곧 새로운 협상 기회가 찾아왔다. 이번엔 홍콩전력이 중심이었다.

홍콩전력은 홍콩 제2의 전력 그룹으로, 필수 산업이라 많은 기업의 관심을 받았다. 1982년 4월, 홍콩랜드는 시세보다 31% 높은 약 28억 홍콩달러에 홍콩전력을 인수했다.

홍콩랜드는 이 좋은 기회를 제대로 활용하지 못했다. 당시 홍콩랜드 경영진은 과도한 확장을 추진했다. 홍콩전력 외에도 전화회사를 대규모로 인수하고, 47.5억 홍콩달러를 들여 중환지구에 '거래 광장' 프로젝트를 계획했다. 이로 인해 홍콩랜드는 현금을 빠르게 소진하고 160억 홍콩달러의 부채를 지게 되었다.

본래 홍콩랜드에게 부채는 큰 문제가 아니었다. 부동산 경기 호황과 모기업 자딘 매디슨의 풍부한 자본, 그리고 중구의 좋은 위치 덕분에 홍콩랜드가 돈을 벌지 못할 이유가 없었다.

하지만 1982년 9월, 상황이 급변했다. 마거릿 대처의 베이징 방문 때 덩샤오핑이 1997년 홍콩 반환을 확언하면서, 홍콩 사람들의 국가에 대한 신뢰가 무너졌다. 일부 외국인들이 이민을 선택했고, 자금 유출로 환율이 급락했다. 홍콩인들도 앞다투어 홍콩달러를 팔고 외화를 사들였다. 게다가 유럽, 미국, 일본 등의 경제도 침체되면서 홍콩 경제에 먹구름이 드리웠다. 부동산 경기 침체로 홍콩랜드는 재고가 쌓이며 처음으로 파산 위기를 맞았다. 1983년에는 한 회계 연도에 13억 홍콩달러의 손실을 기록해 자본 잠식 상태에 이르렀다.

홍콩랜드는 자딘 매디슨의 주력 회사였기에, 이 위기는 곧 모기업에도 영향을 미쳤다. 심각할 때는 자딘 매디슨의 연간 이익이 80%나 급감하기도 했다.

당시 홍콩랜드의 유일한 출구는 자딘 매디슨이 홍콩에서 보유한 비핵심 사업을 매각하는 것이었다. 그중 하나가 홍콩전력이었다. 홍콩전력은 20억~30억 홍콩달러의 거래였고, 이 정도 금액을 마련할 수 있는 사람은 많았다. 그러나 신속하게 현금을 준비할 수 있는 사람은 드물었다.

홍콩랜드의 요구는 단순했다. 현금! 그들은 급히 현금이 필요했고, 이런 상황에서 홍콩랜드를 잘 알고 자금이 풍부한 내가 최적의 선택이 되었다.

1985년 1월, 홍콩랜드의 CEO 사이먼 케스윅(Simon Keswick)은 직접 사람을 보내와 홍콩전력 주식 매각을 협상했다. 16시간의 회담 끝에, 허치슨 왐포아는 29억 홍콩달러를 투입해 홍콩랜드의 홍콩전력 지분 34.6%를 인수하기로 결정했다. 이후의 발전 계획도 신속히 확정했다.

거래에 현금 29억 홍콩달러가 필요했지만, 나는 홍콩랜드의 급한 사정을 이해하고 신속히 지급했다. 원래 2월 23일이던 지급일을 2월 1일로 앞당겼다. 홍콩랜드는 감사의 뜻으로 22일치 이자 1,200만 홍콩달러를 지급하려 했으나, 홍콩랜드의 현금 필요성을 고려해 400만 홍콩달러만 받았다.

이후에도 이렇게 큰 수표를 한 번에 발행해본 적이 없었다. 다른 사람을 돕고 홍콩전력을 얻을 수 있어 가치 있는 거래였다.

사람들은 이 거래를 잘 이해하지 못했다. 대부분은 경쟁자가 어려울 때 비웃거나 더 공격을 하여 큰 타격을 주는데, 대체 왜 돕느냐며 말이다.

나는 항상 상업적 이익을 고려하지만, 상대를 원수로 여기지 않는다. 상호 이익을 추구하며, 경쟁과 합병은 불가피하지만 화합을 중시한다.

이 거래로 나는 큰 이익을 얻었다. 홍콩의 전력 공급을 책임지게 되었고, 발전소 이전으로 대규모 주택 단지 개발 토지를 확보했다. 개인 신용도 크게 향상했다.

1986년, 나는 내가 보유한 홍콩전력 그룹 주식의 10%를 매각하기로 결정했다. 거래 협상 중, 회사가 곧 회사 이익이 두 배로 증가했다는 호재를 발표할 것이란 소식이 들려왔다. 주변에서는 발표 후 매각하면 더 높은 가격을 받을 수 있다고 조언했다. 그러나 나는 원래 계획을 고수했다.

신용은 나에게 가장 중요한 가치다. 약속 이행이 금전적 이익보다 더 중요했기 때문이다.

"구매자에게도 이익을 남겨두자. 그래야 향후 주식 배정이 수월해질 것이다. 돈을 더 버는 것보다 좋은 신용을 유지하는 게 더 중요하고 어렵다."

나는 단순한 이상주의자가 아니다. 손해 보는 장사나 무익한 일은 하지 않는다. 나는 원한이 있을지라도 경쟁자가 위기에 처했을 때 의롭게 돕는다. 신용을 최우선으로 여기기 때문이다. 나는 어떤 상업적 경쟁에 직면하든, 얼마나 큰 타격을 입든, 결코 의지를 잃지 않고 항상 화합을 중시한다.

홍콩에서는 매년 이익의 일정 비율을 이사회 구성원들에게 보너스로 지급한다. 이 규정에 따르면 나는 10여 개가 넘는 회사의 회장이나 이사를 맡음으로써 수천만 홍콩달러의 성과금을 받을 수 있었을 것이다. 그러나 실제로 나는 모든 성과금을 청쿵실업의 회계에 넣고, 연간 5,000 홍콩달러만 상징적으로 받았다. 이 5,000 홍콩달러는 1980년대 초 청소부의 연봉에도 턱없이 못 미치는 금액이다.

나는 자발적으로 이익을 나누어 타인의 신뢰를 얻었고, 이는 더 많은 사업 파트너와 미래의 시장 기회로 이어졌다. 매년 수천만 홍콩달러의 성과급을 포기하고 이익을 주주들과 나누어, 회사 주주들의 호감을 얻었다. 이로 인해 사람들은 청쿵실업의 주식을 신뢰하게 되었다. 심지어 내가 다른 회사의 주식을 매입할 때 투자자들이 자발적으로 따라오는 현상이 생겼다. 이는 하나의 투자 트렌드가 되었다.

사업은 본질적으로 협력의 과정이며, 협력을 통해서만 발전할 수 있다. 내 발전 역사를 보면, 협력에서 항상 큰 이익을 얻지는 못했다. 때로는 명확한 보상이 없더라도 다른 사람이 필요로 할 때 기꺼이 도왔다.

다른 사람과 협력할 때, 대부분은 '내가 어떤 이익을 얻을 수 있을까?'라고 생각한다. 하지만 항상 상대방을 이용하려 한다면 크게 성공할 수 없다. 아무도 그런 사람과 어울리고 싶어 하지 않기 때문이다. 올바른 사고방식은 '내가 그에게 어떤 이익을 줄 수 있을까?'다. 이렇게 생각하면 빠르게 원하는 것을 얻을 수 있다.

사업을 하는 것은 큰 돈을 벌기 위해서다. 하지만 방법만 알면 돈은 언제든 벌 수 있다. 그러나 우정은 돈으로 살 수 없다.

나는 사람들을 성공으로 이끄는 일을 많이 했다. 누군가는 이 일들을 어리석은 짓으로 보지만, 청쿵실업이 오늘날까지 발전할 수 있었던 것은 내 '어리석음'과 무관하지 않다. '돈을 같이 벌자'는 철학은 강력한 비즈니스 네트워크를 형성하고 다양한 협력 기회를 창출했다.

경쟁은 피할 수 없다. 그렇지만 화합을 귀하게 여기는 태도를 잃어서는 안 된다. 경쟁하더라도 상대방의 이익을 배려해야 한다. 그래야만 상대방이 기꺼이 협력할 의사를 가지게 되고, 다음번 협력도 기대할 수 있다.

───── **Action Plan 24** ─────

"경쟁은 피할 수 없지만, 화합을 귀히 여기는 태도를 버려서는 안 된다."

모든 인간은 원시부족 상태에서 진화했다. 원시부족은 수백만 년 동안 전쟁을 지속했으며, 적이 보이면 어떻게든 무너뜨리고 괴롭히고 싶은 게 인간 본능으로 자리 잡았다. 하지만 리카싱은 항상 그랬듯, 본능을 거스르는 행동을 한다. 적이라 할지라도, 오히려 화합하려 노력하고, 화합에 대한 평판이 오히려 장기적으로 더 큰 이득으로 돌아온다고 생각했다.

누구든 살다 보면, 적이나 라이벌을 마주할 때가 생긴다. 적과 화합을 하며 이득을 경험한 적이 있는가? 있다면, 그 경험이 삶에 어떤 영향을 주었는지 생각해보자. 화합한 적이 없다면, 화합할 경우 어떤 상황이 되었을지 상상해보자.

영속

백전불패보다 중요한 가치

아인슈타인은 프린스턴대학교 사무실 문에 이런 말을 걸어두었다. "계산할 수 있는 모든 것이 중요한 것은 아니며, 중요한 모든 것이 계산될 수 있는 것은 아니다."

홍콩엔 나 외에도 또 한 명의 리씨 재벌, 리자오지(李兆基)가 있다. 우리의 재산은 막상막하지만, 그는 비교적 낮은 자세로 산다. 그는 아들 이름을 리카싱(李家诚)이라 지었는데, 내 이름 리카싱(李嘉诚)과 한 글자 차이다. 이 일은 항상 사람들을 의아하게 했고, 누군가는 리자오지가 나를 일부러 놀리는 거라 생각했지만, 사실은 달랐다.

'두 리씨'의 가장 유명한 갈등은 미라마르 호텔(Miramar Hotel) 인수 경쟁이다. 1985년, 미라마르 호텔 창업자 양즈윈(杨志云)이 세상을 떠나며 호텔을 다섯 아들이 공동 관리하게 했다. 하지만 아들들의 목표가 달라 결국 호텔을 팔기로 했다. 1993년, 양씨 형제들의 갈등이 절정에 달했고, 미라마르 호텔 매각 소식이 홍콩에 퍼졌다.

나는 롱즈젠(荣智健)과 손잡고 인수를 시도했다. 사람들은 내가 인수전에서 손쉽게 승리할 거라 생각했다. 1993년 6월 5일, 청쿵실업과 중타이(中泰)가 각각 절반의 지분을 가진 새 재단이 미라마르 호텔에 공식 인수 제안을 했다.

사실 미라마르 호텔의 한 대주주가 먼저 협상을 제안했다. 이 주주는 상당한 지분을 갖고 있었다. 사람들이 이 대주주가 미라마르 호텔 이사장 양빙정(杨秉正)일 거라 추측했다. 그러나 양빙정이 나서서 모든 이사들이 청쿵실업, 중타이와 합의하지 않았다고 선언했다. 이는 나에게 큰 망신을 줬고, 양빙정이 곧바로 사과했다. 이 사건으로, 사람들은 내게 접촉한 주주가 미라마르호텔 이사장 허티엔(何添)임을 알았다. 허티엔의 지분은 양씨 가문보다 적었다. 즉, 나는 핵심 인물 양빙정과의 소통에 실패했고, 미라마르 호텔 인수는 아직 불투명했다.

하지만 예상대로 양빙정이 리자오지를 끌어들이며, 결국 리자오지의 헨더슨랜드(Henderson Land Development Company Limited)에 주당 17 홍콩달러에 미라마르 호텔 지분을 매각했다.

누구도 리자오지가 공개적으로 나와 맞설 거라 상상하지 못했다. 우리 둘은 좋은 친구 사이였다. 같은 해에 태어나 홍콩에서 사업을 확장했고, 여러 성공적인 프로젝트를 함께 진행했다. 차이점이라면 그는 부유한 가정에서 태어나 아버지에게서 많은 재산과 사업 경험을 물려받았다. 반면 나는 스스로 경험을 쌓아야 했다.

우리의 우정은 상업적 협력에서 시작됐다. 1970년대 말, 우리는 청유통(鄭裕彤), 궈더성(郭得胜)과 함께 홍콩의 샤틴 퍼스트 시티를 개발해 400억 홍콩달러의 큰 수익을 올렸다. 이는 홍콩 네 개의 대가문이 함께한 유일한 사례다. 1980년대 중반엔 캐나다에서 '만박호원(万博豪园)' 프로젝트를 함께 개발했다. 이는 캐나다 역사상 가장 큰 부동산 프로젝트로, 총투자액이 200억 홍콩달러를 넘었고 큰 성공을 거뒀다. 미라마르 호텔 인수 직전에도 우리는 가조타이(嘉兆台)라는 고급 부동산 프로젝트를 함께 진행했다.

이번에 리자오지가 개입해 내 계획을 무산시킨 것은 홍콩 시민들 사이에서 논란이 되었다. 당시 미라마르 호텔의 평가 가치는 150억 홍콩달러였고, 많은 이들이 내가 150억 홍콩달러를 잃었다거나, 우리가 원수가 됐다고 말했지만, 사실은 달랐다.

나는 투자에 골동품을 사듯 집착하지 않으며, 실제로 미라마르 호텔의 14% 주식을 인수해 이익을 얻었다.

또한, 리자오지와 내가 철천지 원수이며, 홍콩 최고 부자 자리를 놓고 암투를 벌인다는 말은 더욱 근거 없다. 외부의 말대로라면, 그가 내 사업을 가로챘다 해도 이는 정상적인 일이다. 상업계는 전쟁터 같아서 영원한 적도, 영원한 친구도 없기 때문이다.

사실 '가로챘다'보다 '양보했다'가 더 맞다. 미라마르 호텔의 호텔과 부동산은 홍콩의 황금 위치에 있어 분명 '큰 이익'을 줄 자산이었다. 그런데 왜 내가 가격을 올리며 치열하게 경쟁하지 않았을까? 리자오지의 개입은 감정적으로 이해할 만했다.

처음엔 리자오지가 내 체면을 고려해 개입할 생각이 없었다. 양씨 가문이 리자오지를 찾아온 후에야 개입을 결심했다. 미라마르 호텔 창립자 양즈윈과 리자오지는 깊은 교분이 있었다. 둘은 홍콩에서 함께 금 거래를 했고, 나중에 각자의 길을 가며 홍콩 최고 부자가 됐다. 양즈윈의 부인은 미라마르 호텔이 나보다 리자오지에게 인수되길 더 원했다. 또, 리자오지의 친구 펑징시도 양즈윈과 같은 해에 세상을 떠났다. 펑징시와 리자오지는 함께 신훙지 부동산을 창립한 인연이 있다. 두 친구가 잇따라 떠난 건 리자오지에게 큰 충격이었다. 옛 친구의 가족이 도움을 요청했을 때, 그는 여러 관계 때문에 난감한 상황이었지만 거절하기 어려웠을 것이다.

발전 측면에서 보면, 양빙정은 조상의 사업이 해체되는 것을 원하지 않았고, 미라마르 호텔이 리자오지에게 인수되기를 바랐다. 나는 부동산 사업가로서 호텔의 미래를 보고 투자하려 했지, 미라마르란 이름 자체엔 관심이 없었다. 반면, 양즈윈의 아들들은 아버지 업적의 해체를 원치 않아 그의 친구 리자오지를 찾아갔다. 리자오지는 미라마르 호텔 절반 지분을 인수하며 이름을 바꾸지 않겠다 약속했다. 그래서 지금까지도 미라마르 호텔 이름은 그대로다.

나는 수십 년간 사업하며 항상 순탄히 성공했지만, '백전불패'

에 집착하지 않았다. '불패 신화'를 지키려 소모적인 경쟁에 빠지지 않았다. 꼭 해야 할 사업은 없으며, 감정과 이치 모두에서 친구 리자오지의 행동은 이해할 만했다. 한 번의 경쟁보다 우리의 우정을 더 소중히 여겼다. 사람들이 우리를 '겉으로만 친한 척한다'라고 말할 때, 우린 이미 웃으며 만나 앙금을 풀었다. 친구들이 떠나며 우리는 우정의 소중함을 더 깨달았다. 리자오지가 양즈윈을 위해 한 일은 나라도 똑같이 했을 것이다.

미라마르 호텔 사건 이후에도 나와 청쿵실업은 계속 번창했다. 경쟁은 중요하지만, 무정무의할 만큼 중요하진 않다. 상업은 이성을 추구하지만, 감성을 무시하지 않는다.

Action Plan 25

"진정한 성공은 돈이나 지위가 아니라, 당신이 얼마나 많은 사람의 삶에 긍정적인 영향을 미쳤는지에 달려 있다."

리카싱과 리자오지는 미라마르 호텔 인수 경쟁에서 갈등을 빚었으나, 이는 사업적 이해관계일 뿐이었다. 리자오지가 인수에 나선 이유는 창립자 양즈윈과의 깊은 교분과 그의 가족의 요청 때문이었다. 리카싱은 친구와의 우정을 존중하며 경쟁에서 물러났다.
리카싱은 항상 성공해왔지만, '백전불패'에 집착하지 않고 우정을 소중히 여겼다. 이런 태도는 역시 홍콩 내에서 신뢰를 얻어 더 큰 자산으로 돌아오게 된다.

당신이 만약 리카싱의 상황이었다면 어떤 판단을 했을 것 같은가? 리카싱은 친구의 사정을 듣고 인수를 양보한다면, 이익을 포기하는 것뿐만 아니라 홍콩 내에서 백전불패 이미지가 깨질 수 있는 상황이었다. 자신의 명예가 실추되더라도, 친구의 사정을 위해 희생했을 것 같은가?

여섯 번째 단어

포 용

인맥

작은 시냇물이 모여 장강이 된다

"높은 뜻을 품고, 중간 정도의 인연을 맺으며, 낮은 복을 누려라. 높은 곳을 택하여 서고, 평탄한 곳을 찾아 거하며, 넓은 곳으로 나아가라."

내 사무실에는 좌종당(左宗棠)*이 쓴 이 시구가 항상 걸려 있다. 상인에게 인간관계는 무형의 자산이며, 재원을 결정한다. 좋은 인연을 많이 맺을수록 더 큰 사업을 할 수 있고, 재원이 끊임없이 흘러들어온다.

젊고 혈기왕성할 때의 나는 혼자서 모든 것을 해내고자 했다. 극도로 경쟁적이어서 무슨 일을 하든 남들을 뛰어넘고자 했다. 더 빠르고 효율적으로 일하려 노력했다. 그래서 남을 위해 일할 때도

---

* 청나라 말기의 유명한 정치가이자 군사 전략가

협업을 꺼렸다.

고객 관계와 판매 실적은 뛰어나 관리직에 올랐지만, 솔직히 동료들과의 관계는 좋지 않았다. 대부분의 젊은이들처럼 '내 일만 잘하면 돼, 복잡한 인간관계는 상관없어'라고 생각했다. 그러나 창업을 하면서 혼자의 힘만으로는 한계가 있음을 깨닫게 되었다. 아무리 능력 있는 사람도 '무소불능의 사람'이 될 수 없고, 되어서도 안 된다는 걸 알게 됐다.

창업 초기, 나는 난민 출신 노동자들을 고용했다. 인건비가 저렴했고, 직장 생활을 할 때 친밀한 관계를 쌓은 동료가 많지 않아 창업을 도와줄 사람이 없었기 때문이다. 공장을 설립할 때 나를 따랐던 이들 대부분은 초등학교 교육밖에 받지 못한 사람들이었다. 이로 인해 여러 문제가 발생했는데, 창업 초기의 '품질 문제' 사건은 인력의 낮은 질적 수준을 여실히 드러냈다.

이후 나는 회사명을 '청쿵'으로 변경했다. 그 의미는 깊다. 청쿵이란 이름은 장강이 작은 시냇물을 가려서 받지 않는다는 도리에서 비롯되었다. 이런 넓은 도량이 있어야 작은 시냇물을 받아들일 수 있고, 작은 시냇물이 모여야 장강이 된다. 이러한 포용력은 자신의 교만함을 누그러뜨리고, 다른 이의 장점을 인정하며 그들의 도움을 받게 한다. 결국 포용력이 전부다.

회사명 변경과 함께, 출신 배경을 가리지 않고 능력 있는 인재를 영입했다. 우리 회사에는 큰 재능을 가진 중신, 재능 있는 여성들, 전문 관리자, 재무 전문가, 젊은 엘리트 등 다양한 배경과 전문성을 가진 인재들이 있다. 허치슨 왐포아의 전 CEO 사이먼 머레이(Simon Murray)는 이를 '리씨 상업 제국의 내각'이라 불렀으며, 노년층, 중년층, 청년층의 장점과 동서양의 특성을 조화롭게 결합한 효과적인 협력 모델이라고 평가했다.

나는 내 '내각'에 대해 상당히 자부심을 가지고 있다. 나는 슈퍼맨이 아니다. 청쿵은 모두가 합심하여 노력한 결과다. 내 주변에는 300명의 훌륭한 장수들이 있으며, 그 중 100명은 외국인이고, 200명은 젊고 유능한 홍콩 사람들이다.

'장강의 뒷 물결이 앞 물결을 밀어내면, 앞 물결은 해변에 널브러지게 된다'라는 속담이 있다. 많은 사업가가 사업을 크게 확장한 후 즐기는 일은 '맷돌에서 당나귀를 없애는 것', 즉 토사구팽이다. 창업 공신들을 도태시키는 것이다. 그렇다면 나는 어떻게 했을까?

초기 추종자들은 학력과 전문성이 부족했지만, 그들에겐 내가 가장 중시하는 자질, 바로 충성심이 있었다. 나는 회사에 신선한 피를 수혈하면서도, 이 원로들을 포기하지 않았다. 유망한 젊은이들은 해외로 보내 연수를 시켰고, 직업 교육 수준이 낮은 직원들을 위해 야간 학교를 개설했다. 회사를 오래 다닌 직원이나 이제 갓 들어온 직원 모두 이러한 조치를 반겼고, 그들의 애사심을 높였다.

나는 결코 혼자 싸우지 않았고, 자신을 외톨이로 만들지 않았다. 아들 리쩌컹이 청쿵실업을 맡았을 때 나는 말했다.

"회사는 개인이 아닌 조직이 운영하는 것이다. 우리는 겸손하면서도 자부심 강한 팀을 만들어야 한다. 우리는 경제 조직으로서의 책임을 다하면서도, 끊임없이 사회에 봉사하고 기여해야 한다. 이것이 내가 너에게 바라는 것이며, 네가 나에게 해야 할 약속이다."

──── Action Plan 26 ────

"자만심이 없지만 자부심이 있는 팀을 만들어야 한다."

미국의 《포춘》 잡지는 리카싱에 대해 이렇게 평했다. "리카싱은 전문 경영 인재의 도움을 받아 자신의 큰 목표를 달성하는 것을 매우 중요시한다." 빠르게 성공하고 싶다면 반드시 자신만의 팀을 가져야 한다.

한번 생각해보자. 당신의 팀이나 회사가 더 '광활하게 흐르기' 위해서는 어떤 '작은 물줄기'들을 받아들여야 할까? 팀이 있다면 주위를 둘러보고, 인재 3명을 떠올려 장점을 생각해보자. 그리고 이후에 들어올 인재를 모집하기 위해, 어떤 전략이 있어야 할지 생각해보자.

귀인

귀인 없이 상승한 자는 없다

큰일을 성취할 기회는 귀인을 만나는 데 있다. 좋은 인격은 귀인을 만나게 돕고, 큰일을 성취할 기회를 준다.

상인에게 최고의 인맥은 내부적으로 팀의 지원을, 외부적으로 귀인의 도움을 받는 것이다. "귀인이 도와주면 하늘이 돕는 것과 같다"는 말처럼 귀인의 중요성은 말할 필요도 없다.

귀인은 기회를 가져다주고, 많은 시행착오를 피하게 하며, 더 많은 귀인을 소개해준다. 마이클 샌드버그는 허치슨 왐포아를 인수할 때 중요한 역할을 한 내 귀인 중 한 명이다. 언론에서는 그를 '리카싱 성공의 배후'라고 부르기도 한다.

마이클은 HSBC 역사상 가장 과장되고 논란이 많은 회장 중 한 명이기도 하다. 한때 홍콩에 상주했던 조 스터드웰(Joe Studwell)의 책《아시아의 대부들》에서는 마이클을 이렇게 묘사했다.

"마이클 샌드버그는 화려하고 논란이 많았지만, 결정적인 순간에 리카싱을 도왔던 인물이다. 그의 도움 덕분에 리카싱은 허치슨 왐포아를 성공적으로 인수할 수 있었다."

"HSBC 은행의 기준에 따르면, 그는 겉만 번지르르한 사람이며, 탐욕스럽다고 말한다. 그는 스코틀랜드 사람으로, 인색하고, 돈을 좋아하며, 고집스럽고 말수가 적다. 친구도 많지 않고 그와 교제하기가 매우 어렵다. 말을 너무 강하게 하면 그를 화나게 하기 쉽고, 너무 부드럽게 하면 아첨한다고 생각하며 진실성이 없다고 여긴다. 오직 사실 그대로 말하고 약간의 유머를 더해야만 그가 당신을 인정할 것이다."

많은 사람이 말하길, 마이클과 친구가 되는 것은 매우 어렵다고 한다. 나는 플라스틱 공장을 운영할 때 마이클을 알게 되었다. 당시 내 영어 실력이 좋지 않았기 때문에 내 아내 장웨밍(張月明)이 통역을 맡았다. 후에, 상업적인 무대에서 우리는 여러 번 협력하고 서로 도와주며 긴밀한 관계를 맺게 되었다.

1986년 마이클이 기사 작위를 받고 은퇴하여 영국으로 돌아가 귀족 생활을 시작했을 때, 나는 정성껏 준비한 선물로 감사한 마음을 표현했다. 나는 마이클에게 HSBC 본사 건물의 모형을 선물했는데, 이는 1미터가 넘는 순금으로 만들어진 것이었다.

한 명의 중요한 인물과의 만남은 새로운 인맥 네트워크에 진입하는 것을 의미한다. 각 네트워크는 새로운 기회가 될 수 있다.

다양한 인맥에 들어가는 중요한 열쇠는 여러 인맥을 넘나드는 사람들을 만나는 것이다. 리예광(李業廣)이 바로 그런 귀인이었다.

리예광을 나의 전속 변호사로 알고 있는 경우가 많다. 사실, 리예광은 단순한 변호사가 아니다. 후관리로(胡关李罗) 법률사무소의 파트너인 리예광은 홍콩의 20여 개 상장 회사의 이사직을 맡고 있으며, 이들 회사의 상장 총액은 홍콩 전체 상장 총액의 4분의 1에 해당한다.

리예광은 홍콩 증권거래소 이사회 의장으로서, 많은 부호의 고문 역할을 했다. 그의 인맥은 매우 넓었으며, 홍콩의 유명 인사들이 그의 인맥에 포함되어 있었다. 예를 들어, 금은회 창립자 후한후이, 주식시장의 대부 리푸자오, 그리고 항생은행의 의장 리궈웨이가 있다. 나는 리예광을 매우 중요하게 여겼고, 리예광 역시 내가 다양한 인맥을 형성하는 데 많은 도움을 주었다. 또한, 리예광은 나와 함께 청쿵실업의 다양한 확장 계획을 실현해왔다.

영국 출신의 증권 전문가 마누엘 판 길리난(Manuel V. Pangilinan)도 내가 다양한 인맥을 형성하는 데 중요한 역할을 한 인물이다. 그는 여러 차례 청쿵실업의 주식 인수 전쟁에 참여했으며, '리카싱의 주식 중개인'으로 불렸다. 하지만 마누엘 판 길리난은 내 회사 소속이 아니었으며, 여러 차례 내가 제안한 이사직을 거절했다. 비록 급여는 받지 않았지만, 그는 적극적으로 청쿵실업의 구조, 주식 자금 조달, 주식 투자 결정에 참여했다.

1988년 말, 마누엘은 그의 친구 림 시오 리옹(Liem Sioe Liong)*
과 함께 파이낸스 회사인 퍼스트 퍼시픽(First Pacific)을 설립했다. 자
금 문제는 모든 스타트업의 가장 큰 문제였는데, 이에 대해 나는
즉시 퍼스트 퍼시픽을 도와주겠다고 제안했다. 마누엘과 림은 각
각 퍼스트 퍼시픽의 35% 지분을 보유했으며, 나머지 지분은 내가
초대한 18명의 상업계 거물들이 보유했다. 이 상업계 거물들 역시
마누엘에게 도움을 받았기 때문에 내 초대를 흔쾌히 받아들였다.
이들은 나와 마찬가지로 회사에 직접 참여하거나 정치에 관여하지
않았고, 그저 마누엘 판 길리난을 응원하고 지원하는 역할을 했다.

18명의 상업계 거물들의 적극적인 협력 덕분에 퍼스트 퍼시
픽은 급속히 성장했다. 퍼스트 퍼시픽은 '퍼스트 퍼시픽 인베스트
먼트'를 분사하여 설립했다. 1992년까지 이 그룹의 연간 수익은 6
억 6,800만 홍콩달러에 달했다.

퍼스트 퍼시픽 그룹이 상업계의 작은 거인으로 성장한 후, 나
를 포함한 투자자들은 자신이 보유한 지분을 자발적으로 줄이려
했다. 우리의 목적은 분명했다. 마누엘과 림의 지분을 안전한 수준
에 도달하게 하는 것이었다. 내가 퍼스트 퍼시픽에 투자한 것은 전
적으로 비영리 목적이었으며, 이를 통해 나는 장부상의 이익보다
더 가치 있는 것을 얻었다. 그것은 바로 마누엘이 증권계에서 가진

---

* 인도네시아에서 가장 부유한 사업가 중 한 명으로, 살림 그룹(Salim Group)의 설립자

영향력이었다.

90년대에 나는 증권사와 여러 차례 협력하여 기업 상장, 주식 매각, 자금 조달 등을 추진했다. 이 과정에서 나는 퍼스트 퍼시픽을 재무 고문으로 적극 활용했다. 두 회사를 상장시킨 마누엘은 일관되게 내 브레인 역할을 했다. 그의 전폭적인 지원 덕분에 내 사업은 날개를 달았고, 나는 주식시장에서 강력한 영향력을 행사할 수 있었다. 내 가장 빛나는 전선은 주식시장이었으며, 내 초인적인 지혜가 가장 잘 드러나는 장소도 주식시장이었다.

순수하게 혼자 하는 사업은 없다. 경제의 매력은 바로 이런 복잡한 인간관계의 얽힘에 있다. 내 성공의 중요한 비결 중 하나는 좋은 사람들을 끌어들이고, 다양한 인맥을 쌓아 이를 잘 활용한 것이다. 이러한 관계를 통해 나는 더 큰 성공을 이룰 수 있었다.

—————— Action Plan 27 ——————

"당신이 만나는 모든 사람으로부터 배워라. 각자가 당신에게 무언가를 가르칠 수 있다."

업계 관계자들은 리카싱의 성공 비결은 그의 뛰어난 인간관계 능력에 있다고 말한다. "오랜 세월 동안, 그는 충성스러운 비즈니스 파트너들과 함께했습니다. 경쟁이 치열한 상업 세계에서 장기적이고 안정적인 우정을 쌓는 것은 매우 어렵지만, 그는 해냈습니다."

리카싱은 인재를 보는 눈이 뛰어나며, 젊은 시절 만난 천재들을 알아보고 관계를 유지하는 힘이 있었다. 그 관계는 수십 년이 지나, 더 큰 힘을 발휘했다. 리카싱이 사람을 보는 눈을 기르기 위해, 어린 시절 어떤 노력을 했을 거라 생각하는가? 단순한 타고남 외에, 리카싱이 다른 사람과 다르게 생각한 것은 무엇인지 생각해보자.

변 신

사장과 리더의 차이

중국에는 '지인선치(智人善治)'라는 말이 있다. 직원 관리는 사실 간단한 일일 수 있다. 도덕적으로 훌륭한 사람에게 그의 능력을 최대한 발휘할 기회를 주면 된다.

우리 회사에는 30년 이상 근무한 직원들이 많다. 이들은 중요한 임무를 맡고 있으며, 대부분 퇴직 전까지 회사에 남는다. 이는 내가 단순한 사장이 아닌 리더로서 역할했기 때문이다. 리더는 사람들을 이끌고, 그들의 잠재력을 끌어내는 사람이다.

나는 종종 스스로에게 묻는다. '팀의 사장이 되고 싶은가, 아니면 리더가 되고 싶은가?' 일반적으로 사장이 되는 것은 훨씬 간단하다. 사장의 권력은 지위에서 나오며, 이는 운이나 노력, 전문지식 덕분이다. 반면, 리더가 되는 것은 더 복잡하다. 리더의 힘은 인간적인 매력에서 나온다. 리더는 사람들이 자발적으로 열심히 일하도록 한다. 하지만 사장은 사람들을 지배하며, 직원들은 스스로를 작게 느끼게 된다.

1984년, 나는 캐나다인 조지 알프레드 헨치(George Alfred Hench)에게 직접 전화를 걸었다. 당시 조지는 내가 직접 전화를 걸어올 줄은 상상하지 못했던 듯하다. 전화를 끊기 전에 나는 "월요일이 당신의 생일이군요. 미리 생일 축하드립니다!"라고 말했다. 바로 이 축하의 말 한 마디가 조지의 결심을 확고하게 했고, 그는 2주 후에 홍콩으로 날아와 허치슨 왐포아 그룹에서 14년간 함께 일했다. 그 후로도 나는 이러한 '봄바람이 비를 부드럽게 내리는' 방식으로 유능한 외국인 인재들을 영입했다.

마빈 청(Marvin Cheung) 역시 이와 같은 방식으로 영입했다. 그는 경쟁사에서 일하다가 퇴사 후 엔지니어링 회사를 창업했었다. 하지만 그의 능력을 높이 평가해 그의 회사를 인수하면서까지 영입했다.

일부 사장들은 유능하고 능력이 뛰어나지만, 마음이 좁아서 능력을 가진 인재를 포용하지 못한다. 자신보다 뛰어난 인재를 고용하면 성공을 이룬 후 그들을 도태시키는 경우가 많다. 리더는 달라야 한다. 나는 유능한 인재를 포용하고, 그들에게 중요한 역할을 맡긴다. 한번은 10억 달러 규모의 거래 결정권을 매니저에게 완전히 위임했다. 매니저는 잠깐 충격을 받았다고 한다. 그 어떤 회사에서도 관리자가 이렇게 대담하게 권한을 위임하는 경우는 없었기 때문이다.

성공적인 관리자는 '백락(伯樂)*'이 되어야 한다. 자신보다 뛰어난 인재를 발굴하고, 그들이 능력을 최대한 발휘하도록 돕는 것이 중요하다. 내 원칙은 대담한 권한 위임, 전폭적인 신뢰, 존중과 포용이다.

나는 단순한 사장이 아닌 진정한 리더가 되고자 노력했다. 그 결과, 팀원들이 자발적으로 노력하고 함께 성장하는 문화를 만들어낼 수 있었다.

---

* 중국 고대 인물 손양의 별칭으로, 평범해 보이는 말에서도 명마의 잠재력을 알아보는 뛰어난 안목을 가졌다고 전해진다. 현대에는 숨겨진 인재를 발견하고 육성하는 탁월한 능력을 가진 사람을 비유적으로 이르는 말.

Action Plan 28

"리더십은 누군가를 시켜서 하게 하는 기술이 아니라, 누군가가 하고 싶어 하도록 만드는 예술이다." – 드와이트 아이젠하워

리더의 힘은 인간적인 매력에서 나온다. 리더는 사람들이 자발적으로 열심히 일하도록 한다. 하지만 사장은 사람들을 지배하며, 직원들은 스스로를 작게 느끼게 된다.

당신이 소속된 집단이 있다면, 그곳의 리더는 어떤 사람이라 생각하는가? 리더는 모든 일을 본인이 다 하려고 하는가? 그렇다면 사장이다. 위임하고 사람들에게 동기부여를 하는가? 그렇다면 리더다. 당신은 훗날 어떤 사람이 되고 싶은지 생각해보자. 정답은 없다.

선행

직원이 나가면, 공장은 풀로 뒤덮인다

나는 똑똑한 사람이 아니다. 나는 직원들에게 두 가지 방법을 사용한다. 만족스러운 급여와 보너스를 주고, 그들이 자녀를 양육할 수 있는 능력을 갖추도록 돕는다. 우리 직원들은 은퇴하는 날까지 헌신적으로 일한다. 회사가 직원들을 소중히 대하니, 직원들 역시 회사의 입장에서 생각하며 일한다.

비즈니스 실전 프로그램 《중국에서 승리하라》의 한 에피소드에서, 게스트가 창업자들에게 꿈만 공유하고 부는 공유하지 말라고 했다. 직원들이 배은망덕하여 힘을 기르면 떠나기 때문에, '큰 그림'만 그려주고 실제 돈은 줄 필요가 없다고 했다.

이 주제가 반향을 일으킨 이유는 많은 소규모 사장들의 속마음을 대변했기 때문이다. 이런 생각을 가진 사장들이 소규모에 머무는 이유일 것이다. 진정으로 성공한 기업가들은 반대의 견해를 가진다. 그들은 어려운 시기에도 직원들을 후하게 대한다.

코카콜라 CEO를 역임했던 로베르토 고이주에타(Roberto Goizueta)는 "직원들은 코카콜라의 심장과 영혼"이라고 했다. 미국 철강왕도 "직원이 회사의 가장 큰 자산이며, 직원들이 헌신할 때 회사도 헌신해야 한다"고 말했다. 나도 직원들을 '가장 소중한 자산'으로 여긴다. 직원들을 데리고 가고 공장을 남기면 곧 공장은 잡초로 덮일 것이다. 공장을 가져가고 직원들을 남기면 곧 더 나은 공장을 갖게 될 것이다.

창업 초기부터 내 곁을 지켰던 저우첸허는 이렇게 말했다.

"그때는 모두의 급여가 높지 않았다. 백여 홍콩달러 정도였고, 조건은 매우 열악했다. 현재의 젊은이들은 상상할 수 없을 것이다. 리 선생님은 우리와 똑같이 열심히 일했기에 아무도 불평하지 않았다. 어떤 이들은 리 선생님이 사장이라 자신을 위해 일했다고 할 수 있지만, 리 선생님은 자신의 이익을 줄이더라도 항상 우리를 가족처럼 챙겼다."

창업 초기, '품질 문제'로 경영 위기를 맞아 직원을 해고해야 했을 때 매우 마음이 아팠다. 직장을 잃는 것이 생계 수단을 잃는 것과 같다는 것을 잘 알고 있었기에, 내 경영 실수로 사람들이 실직하게 된 것에 대해 깊은 죄책감을 느꼈다. 경영 상황이 호전되자, 나는 돌아오고자 하는 직원을 가장 먼저 불러들여 중요한 역할을 맡겼다. 이들은 이전보다 더욱 열심히 일했다.

투자 방향을 부동산과 주식시장으로 전환한 후에도, 시대에 뒤떨어진 플라스틱 꽃 생산을 유지했다. 이는 오래된 직원들의 생계를 위한 것이었다. 청쿵빌딩이 임대된 후 플라스틱 꽃 공장은 문을 닫았지만, 나는 오래된 직원들을 빌딩 관리 업무에 배치했다.

기업은 가족과 같다. 오래된 직원들은 기업의 공로자이며, 이러한 대우를 받을 자격이 있다. 이제 그들이 나이 들었으니, 후배로서 그들을 돌보는 의무를 다해야 한다. '포기하지 않고, 버리지 않는다'는 원칙에 따라 오래된 직원들을 기업의 공로자로 여기며, 그들의 생계 유지를 돕는 것이 당연했다.

새로 합류한 직원들에게도 똑같이 자애롭고 관대하게 대했다. 유능한 인재들을 선발해 해외 연수를 보냈고, 회사가 모든 비용을 부담했다. 질병이나 퇴직한 직원들에게도 큰 관심을 기울였다. 예를 들어, 10년 넘게 나와 함께한 회계사가 녹내장으로 병가를 냈다. 회사의 의료비 한도를 모두 사용한 상태에서 그는 큰 압박을 느꼈다. 이를 알게 된 나는 그에게 말했다.

"당신의 치료를 계속 지원하겠습니다. 부인의 직장이 불안정하다면, 우리 회사에서 일할 수 있게 하겠습니다. 이렇게 하면 당신은 수입과 생계를 걱정하지 않아도 됩니다."

이후 이 회계사는 의사의 권유로 뉴질랜드에서 치료를 받게 되었다. 나는 계속해서 그를 챙겼고, 신문에서 녹내장 치료에 관한 기사를 발견할 때마다 비서에게 지시해 그 회계사에게 보내도록

했다.

나는 퇴사하는 직원들을 위해 직접 송별회를 열고, "회사의 문은 항상 열려 있다"고 말한다. 직원이 퇴사하는 것은 우리가 충분히 기회를 제공하지 못했기 때문이다. 그들이 더 나은 직장을 찾기를 바란다.

내가 수십 년 동안 비즈니스 세계에서 성공을 거두는 것은 인재에 대한 따뜻한 마음과 무관하지 않다. 당신이 다른 사람에게 잘해주면, 그들도 당신에게 잘해준다. 세상 누구라도 당신의 핵심 인물이 될 수 있다. 중요한 것은 사람들이 당신을 진심으로 좋아하고 존경하게 만드는 것이며, 그것은 당신의 재력이 아니라 당신 자신이어야 한다.

'강압적으로 시켜야 한다'라는 관리 방식을 고수하며 인색하게 굴던 소규모 사장들은 결국 시간이 지나면 응징을 받기 마련이다. 사람들의 마음을 얻지 못한 관리자는 인재를 유지할 수 없다.

장웨이잉 교수는 "시장의 기본 논리는 '누군가 행복해지려면 먼저 다른 사람을 행복하게 해야 한다'는 것이다"라고 말한다. 기업간의 경쟁은 타인에게 가치를 창출하는 경쟁이다. 직원들에게 가치를 제공하지 못하는 사장은 결국 직원과 시장 모두에게 외면받을 것이다.

**"직원들을 데리고 가고 공장을 남기면 곧 공장은 잡초로 덮일 것이다.
공장을 가져가고 직원들을 남기면 곧 더 나은 공장을 갖게 될 것이다."**

리카싱은 플라스틱 꽃 회사를 운영할 필요가 없게 되었을 때도, 사업을 유지했다.
초창기 멤버들을 먹여 살리기 위함이었다. 공장 문을 닫았을 때도, 빌딩 관리를 맡
기며 생계를 책임지려 했다.
당신은 지금 리더일지도 모르고, 리더가 될 사람일지도 모른다. 당신은 어떤 리더
가 되고 싶은가? 그리고 그 이유는 무엇인가?

균형

원칙이 필요한 순간, 필요 없는 순간

리더의 두 가지 중요한 원칙은 자신에게 엄격하고 타인에게 관대하며, 직원들이 기꺼이 일하고 소속감을 갖게 하는 것이다. 나는 청쿵실업의 회의 문화를 개선하기 위해 '45분 회의' 규정을 도입했다. 어떤 회의든 45분이 지나면 즉시 종료하고 나머지 안건은 개별적으로 전달하도록 했다.

어느 날, 임원진 회의에서 중요한 사안을 논의했지만, 한 시간이 지나도 결론을 내지 못했다. 규정을 어긴 것을 깨닫고 즉시 회의를 종료하며 사과했다. 고위 관리들이 이번만 규정을 어기자고 설득했지만, 나는 단호히 거절했다.

"우리는 회사의 임원진입니다. 수천 명의 직원들이 우리를 지켜보고 있죠. 우리가 좋은 본보기가 되어야 합니다."

규칙을 지키고, 직원들에게 모범을 보이며, 자신의 행동에 책임을 진다. 이는 직원들의 존경과 신뢰를 얻는 유일한 방법이다.

중국에는 "자신이 올바르면 명령하지 않아도 행해지고, 올바르지 않으면 명령해도 따르지 않는다"는 격언이 있다. 현대에도 모범을 보이는 리더십이 직원들의 실행력에 긍정적 영향을 미친다는 인식은 공통적이다.

파나소닉 창립자인 마쓰시타 고노스케도 '개인 신용'을 중시했다. 그는 신뢰는 오랜 시간 약속을 지키고 성실히 일하며 흠 없이 행동해야 얻을 수 있다고 했다. 나는 이런 '흠 없는' 사장이 되고자 노력했다. 성현처럼 자신을 엄격히 다스리며 실수를 피하려 최선을 다했다.

나는 자신에겐 엄격했지만, 직원들엔 다른 '기준'을 적용했다. 청쿵실업에서 중요한 직원일수록 더 많은 비판을 받고 엄하게 대했다. 하지만 비판 후에는 개선할 기회를 주었다. 이 과정을 거친 직원들은 대부분 더 나은 성과를 보여주었다.

어느 날, 우리 회사의 젊은 매니저가 외국 바이어와 협상하는 과정에서 실수를 저질렀다. 오만한 바이어와 싸워 협상이 결렬된 것이다. 이 소식을 듣고 나는 매니저를 불렀다. 그는 해고될 것을 두려워했지만, 나는 오히려 협상에서 주의해야 할 여러 세부 사항과 기술을 설명해주었다.

나는 매니저에게 다시 협상을 맡겼다. 해고당할 줄만 알았던 그는 매우 놀랐다. 그는 지난번 실수를 교훈 삼아, 이번에는 성공적으로 계약을 체결했다.

　대다수 기업가들은 실수에 대한 결과를 감수해야 한다고 생각한다. 그래서 실수한 직원을 강등시키거나 해고한다. 하지만 나는 직원들의 실수에 관대하다. 실수는 그 사람이 혁신적이고 개척적인 정신을 가졌다는 증거라고 본다. 리더로서 나는 그들에게 더 많은 지원을 제공하고, 실패의 그림자에서 벗어나도록 격려해야 한다고 믿는다.

─────── A c t i o n　P l a n　3 0 ───────

"리더는 말이 아닌 행동으로 이끌어야 한다."

청쿵실업의 '45분 회의 규정' 등 리카싱은 리더가 규칙을 지키고 모범을 보이는 것이 중요하다고 강조한다. 어느 날 리카싱은 임원들과 45분 회의를 했는데, 최초로 45분을 초과할 정도로 깊은 토론이 오갔다. 이때 임원들은 예외를 두자고 했지만, 리카싱은 원칙을 지켜 모범이 되어야 한다고 했다.
당신은 일을 하는 데 있어서 혼자만의 원칙이 있는가? 그리고 원칙을 깰 때는 어떤 감정이고 어떻게 합리화하고 있는지 가장 최근 있었던 일을 돌이켜보자.

겸손

갑이 을처럼 행동할 때 나타나는 신기한 현상

매력 있는 사람을 보라. 그 사람은 뭐가 다른 걸까? 내 생각에 사람의 매력은 자율성, 자기 절제, 겸손에서 나온다. 기업과 광고 회사 관계에서, 업계는 기업을 갑(甲), 광고 회사를 을(乙)이라 부른다. 갑은 고객이고, 을은 서비스 제공자다. 광고 시장은 매수자 시장으로, 광고주가 광고 회사에 광고를 의뢰하기에 일부 광고주들은 거만해진다. 그들은 광고 회사에 무리한 요구를 하고 불합리하게 행동한다. 자신에게 맞춰줄 좋은 광고 회사를 쉽게 찾을 수 있다고 생각하기 때문이다. 광고 회사 직원들은 이런 요구에 겉으로는 웃으며, 마음속 불만을 감출 수밖에 없다.

홍콩의 유명 작가 린옌니(林燕妮)는 광고 업계에 몸담았을 때 우리 회사와 긴밀한 관계를 유지했다. 나와 교류하며, 그녀는 갑의 처지에 있는 사람이 이렇게 상대방을 배려할 수 있다는 것에 놀랐다.

어느 날, 린엔니가 내 회사에 업무차 방문했을 때, 회사 로비에 도착하자마자 내가 이미 직원을 엘리베이터 입구에 대기시키고 있었다는 것을 알았다. 그 직원은 곧바로 그녀를 내 사무실로 안내했다.

그날은 마침 비가 오고 있었다. 린엔니의 옷이 빗물에 젖어 있는 것을 보고, 나는 직접 그녀의 외투를 받아 책상 옆 옷걸이에 걸어주었다. 이 작은 배려는 오랫동안 광고주들로부터 갑질을 당해왔던 린엔니에게 깊은 감동을 주었다.

펑룬(冯仑)은 내가 주최한 만찬에 참석한 적이 있었다. 그와 30여 명의 기업가 대표단이 도착했을 때, 내가 이미 엘리베이터 앞에서 기다리며 순서대로 명함을 나누어 주는 모습에 그들은 놀랐다.

만찬장의 4개 테이블을 돌며 나는 각 테이블에 15분씩 앉아 모든 사람과 대화를 나눴다. 만찬이 끝날 때는 모든 참석자와 악수하며 작별 인사를 나눴고, 멀리 있는 서비스 직원들에게도 인사했다. 모든 사람을 엘리베이터까지 배웅하며, 문이 닫힐 때까지 자리를 지켰다.

창업자들은 보통 처음에는 겸손하지만, 사업이 조금만 잘되면 자만하기 시작한다. 결국 그들을 직접 마주하게 되면 크게 실망하게 된다. 처음부터 끝까지 겸손함을 유지하는 것은 매우 어렵다.

나는 초인이 아니다. 내 겸손은 끊임없는 훈련과 자기 관리에서 비롯된다. 비범한 삶을 살기 위해서는 평범을 넘어서는 용기와

도량, 그리고 역경에도 굴하지 않는 고귀한 태도가 필요하다. 인생은 승리의 환희나 실패의 좌절만으로 정의되지 않는다.

그리스 철학자들은 '탁월함'과 '자부심'에 대해 깊이 있는 관점을 가졌다. 그들은 모든 이가 잠재력을 최대한 발휘할 책임이 있지만, 동시에 실제 능력을 초과하지 않는 겸손함이 필요하다고 믿었다.

이 둘의 균형을 찾기는 쉽지 않다. 노자의 '지인자지, 자지자명(知人者智, 自知者明)'이라는 격언을 명심해야 한다. 이는 '다른 사람을 아는 사람은 지혜롭고, 자신을 아는 사람은 밝다'는 의미다. 나는 자주 스스로에게 묻는다. 지나치게 자만하지 않는가? 귀에 거슬리는 충고를 거부하지 않는가? 문제를 예견하고 해결책을 계획하는 데 부족함은 없었는가?

나는 '겸손한 마음이 지식의 원천'이며, 성장, 책임, 행복으로 가는 길이라고 믿는다. 현자는 탁월함을 추구하되 자만을 경계한다. 컴퓨터의 '재시작' 버튼과 달리, 인생에서는 그런 기회가 많지 않다.

자기 관리는 창업자와 기업가에게 필수적이다. 자기 관리가 부족한 리더는 직원들의 신뢰를 잃고, 이는 기업의 성장을 저해한다. 결국, 기업의 발전과 성공은 리더의 자기 관리 능력에 크게 좌우된다.

나는 자율성과 자기 절제의 균형을 잘 유지했다. 사업을 하면서 스스로에게 자주 경고했다. "자만하면 언젠가 큰 벽에 부딪힐 것이다." 자만심을 억제하는 근본적인 이유는 다른 사람의 의견을 경청하고 수용하기 위함이다. 자만에 빠진 사람은 타인의 생각을 받아들이기 어렵다.

리더십 스타일은 크게 독재형과 민주형으로 나눌 수 있다. 독재형은 자만에서, 민주형은 겸손에서 비롯된다. 나는 항상 내 생각을 남의 것보다 우선시하지 않았고, 직원들과의 견해차나 갈등도 논리적이고 열린 태도로 해결하려 노력했다. 독단적 결정을 내리지 않기 위해 항상 애썼다.

Action Plan 31

"겸손은 성공의 사다리를 오르는 데 필요한 가장 중요한 덕목이다."

성공을 반복할수록 인간은 자연스럽게 자만에 빠지기 쉽다. 하지만 자만은 곧 실패를 가져올 뿐이다. 리카싱은 이 사실을 잘 알았기에, 자만하지 않기 위해 자신을 끊임없이 다잡았고, 을의 위치에 있는 사람들을 대할 때도 우위를 내세우지 않으려 했다.

왜 사람들은 자만에 빠질까? 자만이 왜 실패를 불러올 수밖에 없다고 생각하는가? 1분 정도 책을 덮고 이 주제에 대해 생각해보자.

기 회

통찰

나폴레옹이 틀린 이유

나폴레옹은 많은 사람이 존경하는 역사적 인물이다. 하지만 나는 그의 일부 발언이 지나치다고 생각한다. 예를 들어, 그는 "자기 사전에 '불가능'이란 단어가 없다"고 했다. 그러나 결국 그는 자신이 평생 충성을 다 바친 고국 프랑스와 7,000킬로미터 떨어진 외딴섬에서 쓸쓸히 생을 마감했다.

1992년, 덩샤오핑의 남방 시찰이 중국 본토에 개혁 개방의 불꽃을 지폈다. 오랫동안 고향을 떠나 있던 나는 꾸준히 중국의 발전을 주시해왔다. 자선 활동은 했지만 투자는 미뤄왔던 나는 마침내 '때가 왔다'고 직감했다. 중국의 투자 환경이 무르익었고, 이곳이 미래 최고의 투자 시장이 될 것이라 확신했다.

나는 과감히 해외 투자의 중심축을 중국으로 옮기기로 했다. 하지만 이 결정에 첫 번째 참모인 사이먼 머레이가 강하게 반대했다. 우리의 의견 차이는 좁혀지지 않았고, 결국 나는 사람을 교체하기로 했다. 사이먼 머레이의 뒤를 이어 훠젠닝(霍建寧)이 새로운 참모가 되었다. 나는 "앞으로 허치슨 왐포아에서는 현지인을 더 많이 기용하고, 표준어 구사 능력이 필수"라고 강조했다.

중국의 변화는 나에게 새로운 기회를 안겨주었다. 그동안 청쿵그룹은 '돈은 홍콩에서 벌고, 투자는 해외에서'라는 전략으로 성공을 거두었지만, 1990년대에 접어들며 이 방식의 한계를 느꼈다. 홍콩의 부동산 규제 강화와 내륙의 개혁 개방은 나의 시선을 중국 본토로 돌리게 했다.

선전(深圳)에서 첫 합작 회사를 설립하며 중국 진출의 신호탄을 쏘아 올렸다. 그리고 베이징 동방광장 프로젝트를 통해 본격적인 도약을 준비했다. 이 프로젝트는 수많은 난관에 부딪혔다. 동방광장이 위치한 곳은 베이징에서 가장 비싼 땅으로, 아시아 최대 규모의 계획이었기에 건설 비용이 막대했다. 도시 계획 논란, 주민 이주 문제, 건물 높이 제한 등 예상치 못한 어려움들도 연이어 발생했다. 하지만 나는 10년이라는 긴 시간 동안 인내하며 이 모든 문제를 해결해나갔다.

그렇게 건설된 동방광장은 이제 세계적으로 인정받는 건축물이 되었다. 2002년 루반상*도 수상했다. 동방광장의 성공은 단순한

---

* 중국 최고 권위의 건축상

건물 하나의 완성이 아니었다. 그것은 내가 중국의 문화, 제도, 관행을 깊이 이해하고 적응해나가는 과정이었다. 이를 통해 상하이(上海), 광저우(廣州) 등 다른 도시로의 진출도 가능해졌다.

나는 부동산뿐만 아니라 항만, 도로 등 인프라 투자에도 과감히 뛰어들었다. 당장의 수익보다는 중국의 장기적 성장 가능성에 미래를 건 것이다.

운명이 없다고는 말하지 않겠다. 그러나 만약 어떤 일이 천시(天時, 시기), 지리(地利, 지형적 이점), 물리적으로 모두 불리한 상황이라면 그 일은 성공하지 못할 것이다. 우리가 무모하게 그 일을 추진하고, 실패했을 때 운명을 탓하는 것은 잘못이다.

내 성공은 무모한 도전이 아닌 환경에 대한 적응력에 기반한다. 나폴레옹처럼 '불가능'을 모르는 것이 아니라, 오히려 어려움을 인정하고 그에 맞춰 나가는 것이 중요했다. 마치 도마뱀이 공룡보다 오래 살아남은 것처럼, 기업의 세계화 과정에서도 적응 능력이 핵심이다.

결국 성공은 환경을 거스르는 것이 아니라, 물처럼 유연하게 흐르며 새로운 기회를 포착하는 데 있다. 내가 홍콩을 넘어 중국 전역, 그리고 세계로 나아갈 수 있었던 비결도 바로 이 적응력에 있었다. 진정으로 큰일을 하고 멀리 내다보는 사람은 세계의 흐름을 보고 자신의 미래 발전 방향을 평가한다.

"무모하게 일을 추진하고, 실패했을 때 운명을 탓하는 것은 잘못이다."

리카싱은 1992년 덩샤오핑의 남방 시찰 이후 중국 내륙 투자를 결정하고, 해외 투자의 중심축을 내륙으로 옮기며 현지화 전략을 강화했다. 베이징 동방광장 프로젝트를 통해 중국 내륙 진출의 기반을 다졌으며, 부동산뿐만 아니라 인프라 투자로 중국의 장기적 성장에 승부를 걸었다. 그의 성공 비결은 환경에 대한 적응력과 유연성에 있었으며, 무모한 도전보다는 현실적 접근을 중시하는 전략이었다.

리카싱은 '불가능은 없다'고 생각하지 않는다. 그런 말을 했던 사람은 옥에서 쓸쓸히 죽음을 맞이했다. 리카싱은 상황에 맞게 유연하게 대처하는 것이 훨씬 더 중요한 능력이라고 생각한다.

당신은 스스로 유연하게 인생을 살고 있다고 생각하는가? 한 생각에 매몰되어 한가지 행동만 고집하고 있다면, 그것이 무엇인지 떠올려보자. 왜 완전히 그 생각을 믿게 되었는지 역추적해보자.

맥박

힘보다 지렛대 중심 찾기

내가 자주 쓰는 용어가 있다. 바로 '레버리지 마인드'라는 말이다. 소인은 무거운 돌을 옮기는 데만 집중한다. 반대로 대인은 무거운 돌을 옮기기 위해 '지렛대의 중심'을 찾는 데 대부분의 시간을 보낸다. 동방광장을 건설하는 데 10년이 걸렸다. 베이징시의 요구에 따라 건물 높이를 30% 낮추고 설계를 대폭 수정해야 했다. 2004년 황푸(黃埔)그룹 연례 보고서는 중국 내륙의 경제와 정책 불확실성을 주요 투자 위험으로 지목했다.

내륙 투자의 위험은 분명했다. 하지만 이것이 나의 도전을 막을 순 없었다. 2005년 8월 3일, 황푸부동산은 베이징에서 차오양루 이츠위안(朝阳路 怡翠苑) 프로젝트 전시회를 열었다. 이 자리에서 뉴욕의 워싱턴 광장을 연상케 하는 고급 주거 단지를 9월에 공급하겠다고 선언했다.

그러나 9월 말이 되어도 이 단지는 문을 열지 않았다. 언론의 문의에도 구체적인 개장일을 밝히지 않았다. "리카싱이 약속을 어겼다"는 비판이 쏟아졌다.

이 프로젝트는 4년 동안 세간의 관심을 받아왔다. 2001년 황푸는 37만 제곱미터의 부지를 7억 위안에 매입하고 30억 위안을 투자해 고급 주거단지를 짓겠다고 발표했다. 그때 베이징 부동산계는 들썩였지만 그 후 황푸는 침묵을 지켰다.

황푸의 연이은 프로젝트 지연과 실적 부진으로 "리카싱이 중국에서는 통하지 않는다"는 회의적인 시선이 퍼졌다. 2005년 상반기 부동산 및 호텔 사업 수익은 34억 홍콩달러에 불과했다.

그러나 표면적인 부진 뒤에는 치밀한 전략이 숨어 있었다. 허치슨 왐포아는 느리게 개발하되, 빠르게 토지를 확보하고 있었다. 2003년 말 238.78만 제곱미터였던 중국 토지 비축량은 2005년 6월 600만 제곱미터*로 2.5배 이상 증가했다. 2005년 상반기에만 200만 제곱미터의 토지를 확보했으며, 상하이, 청두, 창사, 창춘, 우한, 톈진, 베이징, 충칭, 광저우 등 전국 각지로 영역을 넓혔다.

이츠위안이 마침내 개장하자 1기 주택은 순식간에 매진되었다. 11억 홍콩달러 이상의 자금을 회수했고, 2기 주택 가격은 1기

---

* 대략 181만 5,000평 정도인데, 이 면적은 서울 월드컵 경기장 축구장 약 255개를 합친 크기와 비슷하다.

보다 15% 높게 책정되었다. 이때야 업계는 내 전략의 진가를 깨달았다. '느린' 개발 방식으로 급등하는 토지 가격의 혜택을 누린 것이다. 시간을 투자해 이익을 얻는 전략이었다.

단기 성과에 얽매이지 않고, 긴 호흡으로 시장을 바라본 적이 있는가? 때로는 느림이 더 큰 결실을 가져온다. 외부의 비판에 흔들리지 않고 일관된 전략을 고수하는 리더십이 중요하다. 시장의 흐름을 읽고 유연하게 대응하는 능력 또한 중요하다.

부동산 업계에서는 대부분 빠른 개발과 자금 회수를 목표로 하지만, 나는 다른 길을 선택했다. 단기 실적보다는 장기적인 안정성과 높은 수익을 추구하는 것이 나의 목표였다.

이런 전략이 가능했던 이유는 막강한 자금력 덕분이었다. 2005년 한 해 동안 황푸부동산은 중국에서만 80억 위안을 토지를 확보하는 데 투자했다. 일반 개발업자들이 은행 대출에 의존할 때, 나는 상장 회사, 해외 펀드, 신탁 등 다양한 자금원을 활용했다.

특히 허치슨홀딩스의 자산 신탁 상장으로 안정적인 자금을 확보했고, 황푸 그룹의 다각화 전략은 안정적인 현금 흐름을 제공했다. 항만, 에너지, 소매 부문에서 얻은 이익이 부동산 사업을 튼튼히 뒷받침했다. 단기와 장기 사업의 상호 보완을 통해 지속 가능한 성장 모델을 구축할 수 있었다.

나는 이를 '레버리지 마인드'라고 불렀다. 아르키메데스의 지렛대 원리처럼, 중요한 것은 지렛대의 위치를 정확히 파악하는 것이다. 많은 기업이 단순히 '무거운 것을 들어올리기'에만 집중하다가 과도한 확장으로 어려움을 겪는다. 하지만 리더의 특출남은 보이지 않는 연결고리를 꿰뚫어 보는 능력에 있다.

젊은 시절, 나는 상장 회사들의 연례 보고서를 깊이 읽으며 회계, 전략, 자원 배분의 핵심을 배웠다. 경영의 기본은 현금 흐름 관리와 예산 통제에 있다. 나는 '현금 흐름'을 기업 확장의 지렛대로 삼아, 다각화 경영에서 균형 잡힌 이익을 창출했다.

지속 가능한 성장을 이루기 위해서는 다양한 자금 조달 방식과 균형 잡힌 사업 포트폴리오가 필수적이다. 리더는 단순히 더 큰 힘을 추구하는 것이 아니라, 전략적 '지렛대'를 찾아 자원을 효율적으로 활용해야 한다. 2005년 4월, 경제학자 랑셴핑은 내 성공 비결을 이렇게 설명했다.

"리카싱은 단순한 다각화가 아니라, 서로 보완할 수 있는 사업을 찾아 위험을 분산시키고, 안정적인 현금 흐름을 유지하며, 비용을 효과적으로 통제한다. 단순한 다각화는 자금 사슬을 끊어놓을 뿐이다."

이 안정적인 현금 흐름 덕분에 나는 토지를 과감하게 매입하면서도 서두르지 않고 지가 상승을 기다릴 수 있었다. 현금 흐름과 회사 부채 비율은 기업의 생명선이다. 성장하는 모든 사업은 반드시 양의 현금 흐름을 달성해야 한다. 재정 위기에 자주 직면하는 상황에서는 다각화할 수 없다.

낮은 자산 부채 비율, 미활용된 잉여 자원, 높은 자산 유동성, 기존 산업에서의 풍부한 현금 흐름, 그리고 안정적인 자금 조달원은 내가 다각화 투자를 평가할 때 반드시 고려하는 기준들이다.

복잡하고 불확실한 시장에서 살아남기 위해서는 탄탄한 재무 관리와 현지 상황에 대한 깊은 이해가 필수적이다. 또한, 예상치 못한 지연이나 변화에 대처할 수 있는 유연성도 중요하다. 나에게 중국 진출은 기회와 위험이 공존하는 도전이었고, 그 과정에서 기업가로서 판단력과 인내심이 끊임없이 시험받았다.

Action Plan 33

"성장하는 모든 사업은 반드시 양의 현금 흐름을 달성해야 한다."

성장만을 목표로 하기보다는, 재무 건전성과 자금 흐름의 안정성을 고려해야 한다. 다각화는 위험을 분산하는 효과가 있지만, 잘못 활용하면 오히려 기업을 위태롭게 만들 수 있다. 성공적인 경영은 균형을 맞추는 일이다. 성장과 안정, 다각화와 집중, 공격적 투자와 보수적 재무 관리 사이에서 적절한 균형을 찾아야 한다. 각 사업이 서로를 뒷받침하며, 안정적인 현금 흐름을 유지하는 구조를 만들어야 한다.

리카싱은 눈앞에 일이 있을 때, 힘을 쓰기보다는 지렛대 중심을 찾는 데 많은 시간을 쏟는다. 당신은 현재 어떤 일을 하고 있는가? 힘만 쓰며 지렛대 중심을 찾는 데 시간을 쓰지 않고 있지는 않은가? 한 달 안에 '생각만 하는 날'을 만들어보자. 이 날은 모든 일정을 비워야 한다.

안정

견고한 하나의 다리

다각화 투자의 강점은 여러 산업의 서로 다른 경제 주기를 활용하는 데 있다. 청쿵그룹은 언제나 최소한 하나의 사업 분야가 호황을 누리고 있어, 전체적인 경영 위기를 피할 수 있다. 경제 상황이 어려워져도 우리는 언제나 안정적인 수익원을 확보하고 있다.

다양한 국가와 산업에 걸친 투자는 경제 변화에 흔들리지 않는 강력한 방어선이 된다. 2002년, 나는 67억 홍콩달러를 투자해 호주의 시티파워(CitiPower)를 인수했다. 이어 82억 홍콩달러로 파워코어 호주(Powercor Australia)를 인수하며, 빅토리아주와 남호주의 170만 고객에게 전력을 공급하게 되었다.

남호주 전력망 회사(SA Power Networks)의 재무 보고서에 따르면, 고객 한 명당 연간 420호주달러의 세후 수익을 창출한다. 이는 연간 7.14억 호주달러의 안정적인 현금 흐름을 보장해주는 것이다.

2004년, 청쿵 인프라스트럭처(長江基建集團有限公司)는 호주 LCTC(Lane Cove Tunnel Company Pty Ltd)의 최대 주주가 되었다. 2.39억 호주달러를 투자해 40% 지분을 인수하면서, 시드니 레인 코브 터널과 팔콘 도로 프로젝트의 건설 및 운영에 참여하게 되었다. 이 프로젝트는 총 17억 호주달러가 투입된 시드니 시내와 북서부를 연결하는 중요한 인프라 사업으로, 두 자릿수 수익률을 기대할 수 있는 장기적이고 안정적인 수익원을 제공할 것으로 보인다. 이는 청쿵그룹의 저위험, 고수익 투자 전략에 부합하는 대표적인 사례다.

청쿵그룹은 공공사업뿐만 아니라, 호주에서 포도원 운영에도 손을 뻗었다. 남호주 퀼코 웨스트(Qualco West), 미암바(Miamba) 등에 1,800만 평이 넘는 포도원을 소유하고 있다. 2010년에는 4,580만 달러를 투자하여 와인 신탁 펀드 챌린저와인트러스트(Challenger Wine Trust)를 인수해 호주에서 두 번째로 큰 포도원 소유자가 되었다. 그뿐만 아니라, 애들레이드 북부 드라이 크릭 지역에서는 치탐 솔트(Cheetham Salt)를 인수해 호주 최대의 소금 생산업체가 되었다.

중국 투자에서 정책적 위험을 느끼던 시기에, 호주는 최적의 투자 환경을 제공했다. 첫째, 호주 정부는 외국 기업의 투자를 환영했다. 특정 분야로 제한하지 않고, 항구나 전략 회사 등 다양한 분야에 대한 투자를 적극적으로 받아들였다. 둘째, 호주는 모든 외국 투자를 공평하게 대우했다. 개방적인 정책 덕분에 호주의 경제 잠재력이 최대한 발휘될 수 있었고, 청쿵 익프라스트럭처와 홍콩전력은 이를 통해 호주 시장에서 안정적이고 성장 잠재력이 큰 기회를 활용할 수 있었다.

실제로 청쿵그룹의 호주 투자는 단기적인 수익뿐만 아니라 장기적인 이익을 제공했다. 2008년, 홍콩에서 수익 규제 협정이 취소되고 전력 수요가 저성장기에 접어들면서 홍콩전력의 수익 전망이 어두워졌다. 그러나 청쿵그룹은 미리 준비해둔 호주와 같은 해외 시장에서의 투자 프로젝트를 통해 안정적인 수익 성장을 유지할 수 있었다. 호주 전력 사업의 성장은 이후 몇 년 동안 홍콩전력의 전체 수익에 긍정적인 영향을 미쳤다.

한계를 두지 말고, 수익이 보이는 곳에 과감히 투자해야 한다. 청쿵그룹의 글로벌화 전략은 다음과 같은 단계로 발전했다.

1단계에서는 한 국가 내에서 하나의 산업에 집중해 다양한 경제 주기를 경험했다. 예를 들어 홍콩에서 부동산 사업만 하는 식이다. 이를 통해 경제가 좋을 때와 나쁠 때를 모두 경험했다. 2단계에서는 한 국가에서 여러 산업에 걸쳐 다양한 주기를 활용했다. 부동산과 유통업, 전기회사를 운영하며 하나의 사업이 어려워져도 다른 사업에서 돈을 벌 수 있었다. 3단계에 이르러서는 여러 국가에 걸쳐 다양한 산업에 투자하며, 각국의 경제 주기를 활용하는 전략을 추구했다.

현재 청쿵그룹은 중국과 홍콩을 비롯해 영국, 독일, 캐나다, 뉴질랜드 등 여러 나라에서 부동산, 인프라, 항만, 소매, 에너지, 통신 등 다양한 분야에 투자를 확대했다. 특히 청쿵 익프라스트럭처는 배전과 가스 송전 사업에 중점을 두고 있으며, 이러한 사업들은 많은 자본이 필요하지만 안정적인 수익과 현금 흐름을 제공해 준다. 이는 위험을 최소화하면서 꾸준한 수익을 확보하려는 전략의 일환이다.

내 전략의 핵심은 안정적인 현금 흐름을 확보하는 동시에 각 사업 분야의 성장 가능성을 최대한 활용하는 것이다. 이 접근 방식 덕분에 나는 세계 시장에서 더 큰 경쟁력을 확보하고, 장기적인 성장을 이어가고 있다. 다양한 국가와 산업에 분산 투자함으로써, 한 분야가 흔들릴 때도 다른 분야에서 그 손실을 메울 수 있는 구조를 만들었다. 이는 마치 여러 개의 다리를 가진 구조물과 같다. 경제 변화의 파도가 와도 사업이 쉽게 넘어지지 않도록 한다. 어떤 상황에서도 안정적으로 버틸 수 있는 견고한 하나의 다리 덕분에 우리는 계속해서 새로운 기회를 찾아 나설 수 있고, 사업을 확장해 나갈 수 있는 든든한 기반을 갖게 된다.

──────────── Action Plan 34 ────────────

"나는 항상 안정성을 유지하면서 전진하는 것을 잊지 않고, 전진하면서도 안정성을 유지하는 것을 잊지 않는다."

청쿵그룹의 다각화 투자 전략은 다양한 산업 주기를 활용해 항상 최소한 하나의 사업이 호황을 누리도록 한다. 이에 따라 경제 위기나 특정 산업의 침체에도 기업은 흔들리지 않고 생존하며, 더 나아가 성장할 수 있는 기반을 마련할 수 있다. 서로 다른 산업 주기를 가진 사업들의 조합은 경제 변동에 대한 강력한 완충 장치 역할을 하며, 특히 인프라 투자는 장기적이고 안정적인 수익을 제공해 다른 고위험 투자들의 안전망이 된다. 다각화의 가장 큰 장점은 바로 이러한 안정적인 현금 흐름을 확보하는 데 있다.

지금 당신은 한 가지 포트폴리오에만 지나치게 집중하고 있는 건 아닌지 돌이켜 볼 필요가 있다. 예를 들어, 안정적인 직업에 안주하고 있다고 해서 모든 리스크로부터 안전하다고 할 수 없다. 화폐 가치의 하락이나, 부동산 상승률보다 느린 월급 상승률은 또 다른 위험 요소가 될 수 있다. 현재 가장 집중하고 있는 일은 무엇인가? 분산 투자와 안정성을 높이기 위해 어떤 전략이 필요한지 고민해보자.

분할

내가 항상 승리하는 투자 원칙

사람들은 투자에 있어서 일희일비한다. 나는 다르다. 몇 가지 투자 원칙을 가지고 있고, 이를 철저히 따른다. 이 원칙을 지키기에 대부분의 투자에서 승리한다. 기업들이 전략적으로 자원을 배분하는 방식 중 하나가 보스턴컨설팅그룹(BCG)이 제안한 보스턴 매트릭스 개념이다. 이 매트릭스는 회사의 사업을 네 가지 유형으로 구분한다. 스타(Star), 캐시카우(Cash Cow), 물음표(Question Mark), 그리고 개(Dog).

첫째, 스타는 높은 시장 성장률과 높은 시장 점유율을 가진 제품을 의미한다. 자원이 많이 필요하지만, 높은 수익을 기대할 수 있는 영역이다.

둘째, 캐시카우는 낮은 시장 성장률에도 불구하고 높은 시장 점유율을 유지하며, 안정적인 수익을 제공해 다른 사업에 자원을 투자할 수 있는 기반이 된다.

셋째, 물음표는 높은 시장 성장률에도 불구하고 낮은 시장 점유율을 가지고 있어, 신중한 전략적 결정을 통해 스타로 성장할 가능성이 있는 영역이다.

넷째, 개는 낮은 시장 성장률과 낮은 시장 점유율을 가진 제품으로, 더 이상 자원을 투입하기보다 철수하는 것이 합리적일 수 있다.

내가 투자한 공공사업들은 의심할 여지 없이 나의 캐시카우 역할을 하고 있다. 안정적인 수익을 제공하며, 이를 통해 다른 사업에 자원을 재투자할 수 있는 기반이 마련된다. 동시에, 내 사업 중 일부는 스타 사업으로, 지속적인 성장이 기대되기 때문에 시장과 함께 성장하려면 꾸준한 투자가 필요하다. 허치슨 차이나 메디텍(Hutchison China MediTech Limited)*이 바로 그런 스타 사업에 해당한다.

허치슨 차이나 메디텍은 혁신적인 생물 제약 회사로, 주로 항암제 연구 개발과 상업화를 담당한다. 이 회사의 핵심 연구 철학은 표적 치료, 면역 요법 등 다양한 방법을 결합해 암과 면역 질환을 치료하는 통합 솔루션을 제공하는 것이다. 회사는 두 가지 주요 사업 부문을 가지고 있다. 첫째는 새로운 항암제를 연구 개발하는 혁신 플랫폼, 둘째는 상업 플랫폼으로, 완제 의약품을 판매해 수익을 창출한다.

신약 개발은 긴 시간과 막대한 비용이 요구되는 과정이다. 혁신적인 생물 의약 기업인 허치슨 차이나 메디텍도 이러한 자금 문제에서 자유롭지 않다.

이에 대응하기 위한 내 전략은 다양한 사업 포트폴리오를 통해 안정적인 수익을 창출하는 것이다. 공공사업과 같은 캐시카우 사업은 안정적인 현금 흐름을 제공하고 스타 사업은 미래 성장을 위한 중요한 투자 기회가 된다.

내 경영 철학의 핵심은 기회를 포착하고, 각 사업 부문에 적절한 투자를 배분하여 장기적인 성장을 이끌어내는 것이다. 이 글로벌화 전략은 여러 국가와 산업에서 성공을 거둘 수 있는 기반이 되었고, 외부 환경이 변하더라도 꾸준히 성과를 낼 수 있게 해주었다.

그러나 사업이 항상 순탄한 것만은 아니다. 2016년, 허치슨 차이나 메디텍의 순이익은 1169.8만 달러였으나, 2017년에는 -2673.7만 달러로 적자로 전환되었다. 이러한 어려움 속에서도, 나는 연구 개발 투자를 계속 확대하라는 결단을 내렸다. 그 결과, 2018년에는 연구 개발 투자가 1.42억 달러로 전년 대비 63% 증가했으며, 순이익은 -7480.5만 달러로 적자가 더 커졌다.

이러한 자금 문제를 해결하기 위해, 2019년 6월 6일 허치슨

✷ 2020년에 허치슨 차이나 메디텍은 회사의 글로벌 인지도를 강화하기 위해 허치메드(HutchMed)로 이름을 변경했다. 이 회사는 주로 항암제 및 기타 의약품 연구 개발에 집중하는 바이오 제약 회사다.

차이나 메디텍은 홍콩 증권거래소 상장을 승인받았다. 이는 자본 시장에서의 세 번째 도전으로, 이미 2006년에는 런던 증권거래소, 2016년에는 나스닥에 상장한 경험이 있다. 이번 공개 상장을 통해, 나는 보유 지분을 60.2%에서 50% 이하로 낮출 예정이며, 이에 따라 허치슨 차이나 메디텍은 더 이상 내 회사의 자회사가 아니며, 실적도 통합되지 않을 것이다.

이러한 배경에서 호건녕은 "환자의 이익과 주주 가치를 최대화하기 위해, 회사에 더 많은 재무 관리 자율권을 부여하고, 장화의 수익 목표에 얽매이지 않도록 해야 한다. 이를 통해 회사가 전략적 목표에 따라 유연하게 발전하고, 글로벌 약물 연구 개발의 잠재력을 최대한 발휘할 수 있도록 해야 한다"고 밝혔다. 그는 또한 "우리는 여전히 허치슨 차이나 메디텍의 뛰어난 발전 잠재력을 믿고 있으며, 장기적으로 중요한 지분을 유지할 의사가 있다"고 덧붙였다.

이 말은 허치슨 차이나 메디텍의 당장 실현되기에는 시간이 걸릴 수 있다는 것을 의미한다. 그러나 나는 여전히 그 잠재력을 높이 평가하며, 수익 목표에 얽매이지 않고 유연하게 성장할 수 있는 환경을 제공하는 것이 중요하다고 믿는다.

프로스트 앤 설리번 보고서에 따르면, 2030년까지 글로벌 종양 치료 시장은 3,904억 달러에 이를 것으로 예상되며, 특히 중국 종양 약물 시장의 성장 속도는 글로벌 평균을 뛰어넘어 2030년까지 1,016억 달러에 도달할 것으로 전망된다. 나는 이러한 중국 암 치료제 시장의 거대한 잠재력을 인식하고 있으며, 미래를 대비하기 위해 현재의 손실을 감수할 각오가 되어 있다. 이는 나의 일관된 투자 철학과도 부합한다.

진정한 승리는 전장에 나서기 전에 이미 결정된다. 내 비결은 다음 네 가지로 요약된다.

- 철저한 계획: 행동하기 전 깊이 생각하고 치밀하게 준비한다.
- 단계적 실행: 큰 그림을 보되, 작은 단계로 나누어 진행한다.
- 신중한 준비와 과감한 실행: 준비는 천천히, 기회는 빠르게 잡는다.
- 시스템 경영: 효율적인 제도로 조직이 자연스럽게 돌아가게 한다.

이 네 가지 원칙이 조화롭게 작동하면, 성공은 자연스럽게 따라온다. 이를 통해 55개국에 걸친 25만 명의 직원도 효과적으로 관리할 수 있다.

나는 언제나 어떤 산업에 투자하기로 결정하면, 전 세계적으로 기회를 찾아내고, 다양한 시도를 한다. 장난감 도시 프로젝트는 그 예 중 하나다.

처음에 나는 이것이 좋은 기회라고 생각했다. 한편으로는 9억 위안을 투자하여 광저우에 전문 장난감 도시를 만들어 대규모 장난감 마케팅 플랫폼을 구축하고, 장난감 산업의 브랜드 인지도가 낮고 제품 부가가치가 낮은 문제를 해결하고자 했다. 다른 한편으로는 허치슨 왐포아도 여기에 참여하여, 전 세계적인 소매 네트워크를 활용해 시장 정보를 장난감 도시의 업체들에 전달하고, 심지어 제조업체들에 직접 주문을 가져다주었다. 허치슨 왐포아의 참여로 인해 중국 장난감의 마케팅 병목 현상, 즉 국제 주문 문제, 운송 문제, 수출 문제, 국제 정보 피드백 문제 등을 해결할 수 있었다.

업계 전문가들은 내 장난감 도시 프로젝트를 '1+1+1이 3보다 큰' 프로젝트로 평가했다. 소매와 물류 외에도 세 번째 '1'은 부동산이다. 장난감 도시는 허치슨홀딩스의 화남 부동산 프로젝트의 일환이다. 계획에 따르면, 장난감 도시는 세 단계로 완성되며, 그중 마지막 단계는 상업용 테마파크를 건설하는 것이다. 광저우시 정부의 계획에 따르면, 이곳은 중요한 관광 명소가 될 것이다.

내 투자 철학은 깊이 있는 계획과 신중한 실행, 단계적 접근, 철저한 준비와 기회를 잡는 능력, 그리고 효율적인 관리 시스템을 통해 성공을 이루는 것이다. 이러한 철학은 내가 다양한 산업에서 글로벌 성공을 거두는 데 중요한 역할을 했다.

2004년, 청쿵실업과 허치슨홀딩스는 광저우 국제 장난감 센터 유한회사를 합작 설립하여, 총 15억 위안을 투자했다. 청쿵실업과 허치슨홀딩스는 각각 4.5억 위안을 투자해 30%씩 지분을 소유하며, 공동으로 운영을 진행했다. 나는 광둥의 장난감 생산이 전국의 70% 이상을 차지하고, 세계 시장의 절반을 차지하는 점에 주목하여 이 프로젝트에 깊은 애착을 가졌다.

나는 장난감 도시 프로젝트를 통해 상업, 전시, 물류, 연구 등의 다목적 플랫폼을 구축하려 했다. 사업 초기에는 많은 상인을 유치했지만, 안타깝게도 사업이 부진해지며 많은 임차인이 철수하게 되었다. 결국 2017년, 나는 이 프로젝트를 조용히 매각하기로 했다.

이 프로젝트의 실패는 상업 다각화 투자에서 시기의 중요성을 잘 보여준다. 경제학자 스티글리츠(Joseph Eugene Stiglitz)의 말처럼, 어떤 제도나 전략이 특정 시기에는 효과적일 수 있지만, 다른 시기에는 문제가 될 수 있다. 나는 초인이 아니며, 실패를 경험하기도 한다.

Action Plan 35

"성공은 최종 목적지가 아니며, 실패는 치명적이지 않다. 중요한 것은 계속해서 나아갈 용기다." - 윈스턴 처칠

사람은 본래 단기적인 성공과 실패에 감정적으로 반응하게 마련이다. 리카싱이 장난감 도시 프로젝트에서 실패했을 때 전혀 동요하지 않았던 이유는, 그가 다각화 투자를 확률적인 관점에서 접근기 때문이다. 예를 들어, 당신은 6:4 비율로 앞면과 뒷면이 나오는 동전을 갖고 있다. 당신은 친구와의 내기에서 앞면에 걸었다. 첫 번째 동전을 던지자 뒷면이 나왔다. 이때, 성공하는 이들은 흔들리지 않는다.

어차피 10번, 1,000번을 던지면 자신이 승리할 수 밖에 없다는 것을 알기 때문이다. 40% 확률로 패배하는 것은 예견된 일이다. 장기적인 관점에서 승리할 수 밖에 없기 때문에 미동조차 하지 않는 것이다.

사람의 심리는 본래 작은 일에 일희일비하도록 설계되어 있다. 단기적인 실패에 세상을 잃은 것처럼 좌절한다. 그러나 자신의 삶에서 운이 좋았던 순간들을 떠올려보자. 사실 운 좋았던 순간과 안 좋았던 순간은 대략 비슷하다. 어떻게 인식하느냐가 중요하다. 당신은 어떤 면을 더 떠올리는 사람인가? 장단점은 무엇이라 생각하는가?

시 야

역류

사람들이 실패할 거라고 비웃을 때

지식의 가장 큰 역할은 안목을 갈고닦아 판단력을 기르는 것이다. 어떤 사람들은 직감에 의존해 행동하는 것을 좋아한다. 하지만, 직감은 신뢰할 수 있는 지침이 아니다. 시대는 끊임없이 진보하며, 우리는 변화에 발맞추는 것을 넘어 몇 걸음 앞서 나가야 한다. 가장 빠르고 정확한 정보를 파악하고 판단해야 한다.

2000년 8월, 캐나다 최대 에너지 회사 중 하나인 허스키 에너지(Husky Energy)는 상장한 후 시가 총액이 350억 위안에 달했다. 나는 10년 전 32억 위안으로 허스키 지분 43%를 매입했다. 내 인생에서 가장 위대한 투자 중 하나였다.

1986년, 국제 정세로 인해 유가가 배럴당 11달러로 폭락했다. 이는 당시 가격의 5분의 1 수준이었다. 이로 인해 많은 석유 회사가 파산했고, 허스키 에너지도 경영난에 빠졌다. 이 시기에 캐나다

로열 뱅크(Royal Bank of Canada, RBC)가 나에게 허스키 에너지 구제 투자를 요청했다.

캐나다 로열 뱅크는 내 지주 회사로, 한때 9% 지분을 보유했었다. 당시 나는 홍콩 부동산 개발로 상당한 수익을 올려 많은 현금을 보유하고 있었다. 그러나 부동산의 한계를 인식하고 새로운 투자처를 찾고 있었다. 허스키 에너지를 조사한 결과, 회사의 근본적인 문제는 낮은 유가로 인한 지속적 적자였다. 나는 이 위기를 견뎌내면 시장이 회복될 때 큰 수익을 낼 수 있다고 판단했다.

결국 나는 32억 홍콩달러를 투자해 허스키 에너지의 52% 지분을 인수했다. 당시 경제 상황이 좋지 않았고, 허스키 에너지는 적자와 높은 부채에 시달리고 있었다. 이 인수로 허치슨 왐포아의 부채 비율이 높아지고, 손익계산서에 악영향을 줄까 우려해 대부분의 자금을 개인 자산으로 직접 출자했다. 이는 내가 지금까지 한 해외 투자 중 가장 큰 규모였다.

사람들은 대체로 나의 결정을 비웃었고, 거의 아무도 성공을 예상하지 않았다. 일부는 빨리 손을 떼라고 충고했다.

허스키 에너지를 인수한 후, 매일 500만 홍콩달러의 손실이 이어졌지만, 나는 과감한 예측을 했다. 세계 석유 가격은 단기적으로 큰 변동이 없겠지만, 장기적으로 세계 산업과 자동차 산업의 발전이 석유 수요를 증가시킬 것이라고 봤다. 또한 캐나다의 안정적인 정치 환경을 고려할 때, 적자 상태의 허스키 에너지를 인수하면 결국 성공할 것이라고 확신했다. 이 결정은 단기적 어려움이 있더라도 비전을 바라본 투자였다.

나는 허스키 에너지가 지속적인 적자를 내고 있음에도 미래에 대한 확신으로 투자를 계속 확대했다. 1988년 6월, 다른 캐나다 석유 회사를 인수해 허스키의 자산 가치를 두 배로 늘렸다. 1991년 10월에는 17.2억 홍콩달러를 투자해 또 다른 대주주의 43% 지분을 매입했다. 이로써 나는 허스키 에너지의 95% 지분을 확보해 절대적인 지배권을 손에 넣었다.

나는 즉시 비용 절감에 나섰다. 허스키의 모든 대출 은행에 대출 수수료와 만기 후 이자 인하를 요구했다. 동의하지 않으면 48시간 내에 개인 자금으로 모든 부채를 상환하겠다고 통보했다. 이 강력한 조치에 은행들은 모두 48시간 내에 요구 사항을 받아들였다.

나는 허스키의 해외 탐사 비용을 50% 이상에서 10% 이하로 대폭 줄였다. 관리 팀을 교체하고, 전반적인 비용 절감에 주력했다. 매장량을 재평가한 뒤, 절감된 자금을 정제 설비 갱신에 투자해 정제 비용을 낮췄다.

허스키 에너지는 초기 6년 동안 석유를 생산하지 못해 심각한 적자에 시달렸다. 그러나 나는 비용 절감과 기술 개선을 통해 이 어려운 시기를 견뎌냈다.

2000년 8월 허스키가 상장되면서 주목받기 시작했다. 글로벌 정세 안정과 경제 발전으로 석유 수요가 증가하면서 허스키는 흑자로 전환했다. 2003년 연간 순이익은 13억 캐나다 달러를 돌파했고, 2007년에는 최고 실적인 32억 달러를 기록했다.

2007년의 배당금만으로도 내가 초기에 투자한 32억 홍콩달러를 초과했다. 현재 허스키 에너지는 총 42.5만 에이커* 이상의 유전을 보유하고 있으며, 약 330억 배럴**의 비축량을 갖추고 있다. 또한 중국 남해와 동해의 6개의 탐사 지역에서 전 운영권을 가지고 있으며, 그 면적은 2.5만 제곱킬로미터***를 초과한다.

이것은 허스키 에너지가 보유한 유전자원의 일부에 불과하다. 아직 개발되지 않은 많은 숨겨진 자원이 있어 외부에 잘 알려지지 않았다.

루쉰 선생의 말씀처럼, "세상에 본래 길이란 없다. 많은 사람이 걸어가면 길이 된다." 비록 처음에는 길이 없을지라도, 큰 그릇과 넓은 시야, 결단력과 시기를 잘 조합하면 많은 사람을 이끌어 넓은 길을 만들어낼 수 있다.

---

* 이는 서울의 약 2.84배에 해당한다. 약 241,477개의 축구장 크기와도 같다.
** 한국의 연간 석유 소비량은 약 8억 배럴이다. 330억 배럴은 한국의 약 41.25년치 석유 소비량에 해당한다.
*** 서울의 약 41.3배에 해당한다.

"모든 진보는 안전지대 밖에 있다." – 마이클 존 보박

리카싱의 성공은 단순한 운이나 시류를 타는 것이 아니었다. 그는 시장의 소음 속에서 진정한 신호를 포착하는 능력이 있었다. 초기의 역경과 회의적인 시선들은 오히려 그의 결심을 더욱 굳건하게 만들었을 뿐이다. 그의 '역류 투자'는 마치 나무를 심는 것과 같았다. 당장은 보이지 않는 결실을 위해 꾸준히 물을 주고 가꾸는 인내가 필요했다. 사람들이 비웃어도 확실한 논리적 근거만 있다면 밀어붙였다.

당신의 삶에서 모두가 "미친 짓"이라고 말할 때 홀로 밀어붙인 순간이 있었는가? 그때의 불안과 고립감, 그리고 혹시 있었다면 그 후의 성취감을 떠올려보라. 성공이든 실패든 상관없다. 그 순간들이 당신을 어떻게 단련시켰는지 생각해보자.

안목

살모사를 죽여 알을 얻는 방식은 불가하다

짐 콜린스(Jim Collins)는 《성공하는 기업들의 8가지 습관》에서 많은 성공 기업들을 연구한 끝에, 성공의 핵심은 명확한 목표, 미래에 대한 과학적 예측, 그리고 높은 통찰력이라고 결론지었다. 전략이란 기업의 장기적인 발전을 위한 종합적인 계획이다. 전략 목표를 실현하기 위해서는 결정자의 뛰어난 예지력과 과학적인 예측이 필수적이다.

나는 1980년대 중반, 본격적으로 해외 진출을 시작했다. 당시 대부분의 사람은 중국 내 사업이 안전하다고 여겼지만, 내 생각은 달랐다. 중요한 것은 원대한 안목을 가지는 것이다. 단기적 이익만을 좇는 것은 근시안적 사고에 불과하다.

영국과 캐나다 투자는 거의 동시에 이루어졌다. 많은 이들이 내가 해외와 홍콩에서 부동산 투자를 가장 선호한다고 말했다. 하지만 실제로는 영미 시장에 진출할 때 부동산에 바로 투자하지 않았다. 나는 기회가 있을 때마다 실용적으로 접근했다.

허스키 에너지를 인수한 해에, 나는 6억 홍콩달러를 투자해 영국 피어슨 회사의 약 5% 지분을 매입했다. 피어슨은 《파이낸셜 타임스》 등을 보유하고, 런던, 파리, 뉴욕의 라자드 투자은행 지분도 갖고 있었다. 피어슨 주주들은 내가 회사를 통제할까 우려해 반발했지만, 나는 이에 굴하지 않았다. 6개월 후 주식을 팔아 1.2억 홍콩달러의 이익을 얻었지만, 영국 시장 진출을 멈추지는 않았다.

1987년, 나는 오랜 파트너 사이먼 머레이와 협상 후 3.72억 달러를 투자해 케이블 앤 와이어리스(Cable & Wireless)의 5% 지분을 신속히 매입했다. 대주주가 되었지만, 이사회에 들어가지 않았다. 이사회가 내 권력이 과도하게 강해지는 것을 경계했기 때문이다. 결국, 나는 다음 해 주식을 고점에 팔아 큰 수익을 얻었다.

1989년에는 영국 쿼드런트 그룹(Quadrant Group)의 셀룰러 이동 전화 사업을 성공적으로 인수해 허치슨 왐포아의 영국 기반을 확고히 했다. 이어서 나는 미국 시장에 진출했다. 1990년, 컬럼비아 저축 및 대출 은행의 30억 달러 유가증권의 50%를 매입하려 했으나, 은행의 법적 문제로 계획이 좌절됐다. 그러나 나는 미국 시장을 포기하지 않았다.

곧 리처드 맥과 친분을 쌓았다. 당시 재정 위기에 처한 리처드 맥은 내 도움을 받고 감사의 뜻으로 뉴욕 맨해튼 빌딩의 49% 지분을 매우 저렴하게 넘겼다. 이로써 나는 미국 부동산 업계에 진출하게 됐다.

유럽과 미국 시장에 투자하는 것 외에도, 나는 아시아 국가에에 대한 투자도 소홀히 하지 않았다. 싱가포르에서는 쇼오이푸, 리차오지, 저우원쉰 등과 함께 신다유한회사(SHINDA PTE. LTD.)를 설립해 10% 지분으로 부동산 업계에 진출했다. 일본에서는 궈허녠, 와타나베 이치오와 60억 홍콩달러를 투자해 삿포로 부동산에 진출했다.

많은 이들이 내가 도전을 즐기고 위험 속에서 부를 추구해 일찍 해외 진출했다고 말한다. 하지만 실제로는 그렇지 않다. 일본 상인들이 자국의 한계를 느껴 자금을 새로운 곳에 투자하듯, 홍콩 상인들도 마찬가지다. '모든 계란을 한 바구니에 담지 말라'는 투자 원칙은 누구나 아는 이치다.

내 오랜 파트너이자 허치슨 왐포아의 전 CEO 사이먼 머레이도 이렇게 말했다.

"홍콩은 우리에게 무대가 너무 작다. 다소 오만하게 들릴 수 있지만 말이다."

즉, 내가 해외 시장을 공략한 이유는 위기감 때문이다. 홍콩이란 작은 지역에서만 투자하는 것은 장기 발전에 한계가 있었다. 실제로 홍콩의 최고 부자가 된 후, 경쟁과 정부 압박으로 인해 홍콩 내 개발 계획을 축소하고 새로운 기회를 찾아야 했다.

우리는 항상 '지나치게 거대해졌다'는 비판을 두려워했다. 홍콩 정부가 직접적으로 그런 말을 하지는 않았지만, 그들의 우려를 느낄 수 있었다. 이러한 상황에서 주주들에게 최상의 이익과 발전 기회를 제공하기 위해, 우리는 해외 진출을 선택할 수밖에 없었다.

1970년대에 자딘 매디슨, 허치슨 왐포아, 휘트필드 앤드 컴퍼니 등 많은 홍콩 기업이 해외 확장에 어려움을 겪었다. 나는 이를 교훈 삼아 행동했다. 해외 투자 수익률이 홍콩보다 낮다는 것을 알았지만, 장기적인 발전을 위해 이러한 도전을 감수했다.

2차 세계대전 이후, 세계 경제를 주도한 자본의 흐름은 다음과 같이 변화했다. 처음에는 미국 달러가 중심이었고, 이후 유럽 공동체 달러, 중동의 석유 달러, 일본 자본이 이어졌다. 하지만 1980년대 중반부터 중국 자본이 급격히 성장하며 일본 자본을 앞지르기 시작했다.《포브스》1994년 보도는 이러한 변화를 잘 보여준다.

"중국인은 현재 세계에서 가장 활발한 투자 그룹으로, 일본을 대체해 주요 투자자가 됐다. 해외 중국인의 현황은 다음과 같다. 인구 약 5,500만 명, 연간 총생산액 5,000억 달러 이상, 총자산 2조 달러로 일본 총자산의 3분의 2에 해당하며, 부자 수는 영국, 프랑스, 캐나다를 합친 것보다 많다. 외환보유액 순위는 대만이 1위, 미국이 2위이며, 1인당 외환보유액은 싱가포르가 1위, 홍콩이 2위다."

글로벌 경영 전략과 시장 확장으로 '아시아의 네 마리 용'이 탄생했다. 중국 홍콩, 대만, 싱가포르, 한국은 다국적 투자를 통해 단기간에 경제적 도약을 이루었다. 이는 개발 압박 속에서 고군분투한 결과였다.

세계 경제 경쟁에 참여하고 국제 시장에 진출하는 것은 작은 시장의 대형 기업들이 반드시 거쳐야 할 길이며, 청쿵실업 역시 예외는 아니었다. 만약 그때 적극적으로 해외로 확장하지 않고 홍콩에만 머물렀다면 나는 현재의 결과를 낼 수 없었을 것이다.

─────────── A c t i o n   P l a n   37 ───────────

"단기적 이익만을 좇는 것은 근시안적 사고에 불과하다."

미국 《타임》지는 리카싱을 "하늘이 내린 자"라고 부르며, 그의 뛰어난 경제 동향 예측력, 빠른 대응력, 그리고 장기적인 이익을 내다보는 안목을 높이 평가했다. 대부분의 사업가들이 국내에 머물 때, 리카싱은 과감히 해외 진출을 모색했다. 그에게 해외 진출은 도박이 아닌 안정적인 투자였다. 많은 사람들이 공기업이나 대기업을 안정적인 최고의 직장으로 여기지만, 빠른 시대 변화 속에서 오히려 이런 직장들이 큰 리스크가 될 수 있다. 리카싱 역시 '홍콩에 머무는 것'을 가장 큰 위험으로 판단하고, 과감히 해외로 눈을 돌렸다.

당신은 지금 안정적인 일을 하고 있는가? 만약 한 발 더 나아간다면, 어떤 새로운 일을 해보고 싶은가? 꼭 실천하지 않아도 된다. 그저 생각해보는 것만으로도 사고가 확장될 것이다.

장기투자

인내심은 어디에서 오는가

아버지가 폐결핵으로 죽었듯, 나는 죽음의 공포 속에 피가래를 뱉으며 유년 시절을 보냈다. 죽음을 이겨낸 후, 나는 그 무엇도 두렵지 않았다. 인내심 또한 나에겐 별것 아니었다. 어차피 시간이란, 죽을 운명이었던 나에게 주어진 보너스와 같았다. 2000년 2월, 나는 허치슨 왐포아가 보유한 오렌지 텔레콤의 44% 지분을 독일 통신기업 만네스만(Mannesmann)에 매각한다고 발표했다. 거래 금액은 1,130억 홍콩달러*로, 이는 홍콩 역사상 최대 규모였다. 이 '천억 매각'은 상업계에 큰 충격을 주었고, 허치슨 왐포아의 최고 투자 사례로 남았다.

그러나 이것이 끝이 아니었다. 허치슨 왐포아는 현금 외에도

---

* 2000년 평균 환율 기준으로 대략 18조 800억 원이다. (1 홍콩달러 = 160원)

만네스만 주식을 받았다. 세 달 후 만네스만이 보다폰(Vodafone)에 인수되며 주가가 크게 상승해, 추가로 500억 홍콩달러의 이익을 얻었다. 이 거래로 허치슨 왐포아의 주가는 2000년에 87% 상승하며 사상 최고치를 기록했다. 사람들은 다시 한번 나를 '슈퍼맨'이라 불렀다.

사실, 세상에 노력 없이 얻을 수 있는 것은 없다. 모든 성과 뒤에는 상상 이상의 노력이 있다. '천억 매각'도 예외가 아니며, 이는 10년에 걸친 정교한 계획의 결과였다.

오렌지 텔레콤의 전신은 영국의 레빗 텔레콤이다. 허스키 에너지를 인수한 직후, 나는 통신 사업이 에너지 사업처럼 안정적 수입과 장기투자 가치를 가진다고 판단했다. 당시 유럽 통신 산업이 침체기에 있었기 때문에, 나는 이 회사를 84억 홍콩달러에 신속히 인수했다.

초기에는 불황으로 오랜 기간 적자가 이어졌고, 1993년에는 14억 홍콩달러의 손실을 냈다. 내외부의 부정적 시각에도 불구하고, 나는 미래에 큰 수익을 얻을 것이라고 확신했다. "허치슨 왐포아의 영국 통신 사업을 계속 지원할 것"이라 공언하며, 허견닝을 유럽에 파견했다.

허견닝은 기대를 저버리지 않았다. 1994년, 그는 '오렌지'라는 이름으로 GSM 서비스를 출시하고, 이를 분할 상장시켰다. 그의 노력과 더불어 시장 상황이 호전되며, 4년 후 사용자 수가 3,800만 명으로 급증했고, 오렌지는 영국 3위 통신사가 되었다.

당시 유럽의 두 대형 통신사인 만네스만과 보다폰이 1위 자리를 놓고 치열하게 경쟁하고 있었다. 3위인 오렌지로는 두 회사를 이길 수 없었기에, 나는 오렌지 매각을 결정했다. 그 시점에 전 세계적으로 인터넷 거품이 불고 있었고, 전체 산업이 상승기에 있었다. 나는 매각 의사를 밝히면서도 서두르지 않았다. 먼저 만네스만과 보다폰에 오렌지를 인수하면 경쟁에서 우위를 점할 수 있다는 메시지를 전달했다. 두 회사의 시장 점유율이 매우 근접해 있어 이 메시지는 효과적이었다. 이후 나는 허견닝에게 인내심을 갖고 기다리라고 지시했다.

예상대로 두 회사 모두 대표를 파견해 협상에 나섰고, 인수 가격은 계속 상승했다. 인터넷 산업의 급속한 발전과 글로벌 시장의 열기 속에서, 만네스만은 1,130억 홍콩달러의 현금과 자사 주식을 포함한 조건을 제시했다. 오렌지는 만네스만에 합병되었다.

최종 협상 단계에서 나는 유럽에 가지 않았지만, 밤에 휴대전화를 켜놓고 기다렸다. 새벽 한두 시경, 유럽에서 온 허견닝의 전화를 받았고 모든 상황을 듣고 난 후 나는 침착하게 '알았다'고 말한 뒤 다시 잠들었다. 이 결과는 이미 예측했던 범위 안에 있었고, 10년 계획의 결실이었다.마침내 한숨을 돌릴 수 있었다.

후에 허견닝은 이 매각에 대해 이렇게 밝혔다.

"우리는 장기투자를 추구한다. 일부 사업 매각으로 전략적 위치를 개선할 수 있다면 고려한다. 합리적 수익 외에도, 더 중요한 것은 동일 분야에서 투자가 더 높은 수준으로 발전할 수 있는지다. 오렌지 텔레콤의 2G 사업을 317억 달러에 매각했지만, 글로벌 3G 사업의 총비용은 144억 달러 이하로 예상한다. 동일한 고객층을 대상으로 한다면, 발전 잠재력이 더 큰 3G를 선택할 것이다."

내가 오렌지를 매각한 진정한 이유는 천억 홍콩달러의 수익이 아니라, 더 유리한 위치에서 3G 시장에 도전하고 싶어서였다. 오렌지 매각으로 지난 10년의 계획을 수확하면서 동시에 다음 10년을 위한 계획을 세우고 있었다.

오렌지 매각의 성공은 허치슨 왐포아 역사상 가장 중요한 거래 중 하나로, 국내외 시장에 큰 반향을 일으켰고 많은 이의 부러움을 샀다. 많은 사람이 내 경영 비결을 알고 싶어 했다. 내 성공의 비결은 미래를 내다보는 데 있다. 물론 실패보다는 성공 확률을 높이며, 주요 트렌드를 잡아 큰 이익을 얻고 승자가 되는 것이다.

나는 사람을 대할 때나 사업을 할 때 최대한 인내하는 편이다. 이 인내심은 투자에서도 발휘되며, 항상 장기적인 관점에서 깊이 생각한다. 일시적 이익이나 손실에 연연하지 않고, 장기투자를 추구한다. 그래서 청쿵실업과 허치슨 왐포아의 프로젝트들은 종종 5년, 7년 이상이 걸린다. 하지만 일단 성과를 내면 그 수익률은 상상을 초월한다.

하지만 수확의 계절을 기다리는 것은 결코 쉽지 않다. 손실에 대한 두려움과 이익에 대한 유혹은 많은 프로젝트를 중도에 포기하게 만들 수 있다. 이 과정에서 우리는 비즈니스의 성공이 기회, 지식, 전략, 명성, 환경 등 다양한 요소뿐만 아니라 기업가 개인의 의지와 품격에 크게 좌우됨을 깨닫게 된다. 결국, 장기투자의 성공은 확고한 의지에서 나온다.

Action Plan 38

"세상의 흐름을 이해하는 사람만이 세상을 바꿀 수 있다." - 빌 게이츠

리카싱은 늘 트렌드를 읽어야 한다고 강조한다. 그의 성공 비결은 단순하다. 젊은 시절부터 신문과 책을 탐독하고, 창의적인 사고의 시간을 가지는 것이었다. 그의 플라스틱 꽃 사업 아이디어도 1940년대 후반, 우연히 읽은 영자 신문에서 떠올린 것이다. 트렌드를 읽는다는 것은 단순히 유행을 좇는 것이 아니다. 세상의 변화를 이해하고, 그 속에서 기회를 발견하는 능력이다.

여러분은 어떻게 현대의 트렌드를 읽고 있는가? 혹시 스마트폰으로 SNS만 훑어보고 있지는 않은가? 매일 15분만이라도 다양한 분야의 뉴스를 읽거나, 평소 관심 없던 주제의 책을 한 권 골라 읽어보는 것은 어떨까? 또는 다른 분야의 사람들과 대화를 나누며 새로운 관점을 얻어보자.

시시비비

거대한 오크나무를 만드는 5가지 원칙

나는 의리와 이익의 균형을 통해 성공적인 사업을 구축했고, 이를 통해 사회와 민족에 기여하겠다는 신념을 잃지 않았다. 사업을 발전시키는 과정에서도 의리와 이익을 함께 고려하려 노력했다. 이러한 사고방식 덕분에 허치슨 왐포아는 중의약 분야에 진출할 수 있었다.

1998년 말, 홍콩 특별행정구 행정장관은 나에게 자본력을 활용해 '중의약 항구'라는 홍콩의 새 명함을 만들자고 제안했다. 나는 이 제안을 흔쾌히 받아들였다. 이 결정을 내리게 된 두 가지 중요한 이유가 있었다.

첫째, 중국은 중의약의 중요한 생산지이자 세계 약재의 발원지다. 그러나 당시 중국의 중의약 수출은 전 세계의 0.5%에 불과했다. 일본과 한국이 중의약 제품을 장악하고 있었고, 이들은 중국산

재료로 만든 제품을 유럽과 미국에 판매하며, 이를 다시 중국에 높은 가격으로 되팔기도 했다. 어린 시절 중의약으로 병을 치료한 경험이 있는 나는 모든 중국인을 위해 '중의약 국제화'라는 꿈을 이루고 싶었다.

둘째, 나는 중의약이 중국의 국보라고 생각했다. 이를 청쿵그룹의 주요 사업으로 삼아 미래에 큰 수익을 올릴 수 있다고 믿었다. 이 사업은 국가와 국민에게 이익을 주면서도 내 사업에 큰 부를 가져다줄 것이라 확신해, 기꺼이 도전에 나섰다.

그러나 홍콩에서 중의약으로 성공하기란 쉽지 않았다. 홍콩은 중국 본토와 대만에 비해 중의약 분야의 기반이 약했다. 기존 자원이 부족했기에 나는 본토와의 협력을 모색했다. 본토의 중의약 발전은 성숙했지만 주로 국내 시장에 한정돼 있었다. 반면, 홍콩은 본토를 배경으로 국제 거래의 중심지 역할을 할 수 있었다. 본토 기업들과 협력하면 서로의 약점을 보완해서 시너지를 낼 수 있었다. 본토는 인재, 연구, 경험, 원재료, 제품 등을 제공하고, 홍콩은 중의약이 세계로 진출하는 발판이 될 수 있었다.

방향이 정해지자 일은 순조롭게 진행됐다. 2000년 10월 7일, 허치슨 중의약은 동인당(同仁堂) 과 손잡고 홍콩에 동인당 허치슨을 설립했다. 2003년 말에는 동인당 그룹 본사와 직접 협력하여 각각 49%의 지분을 가진 합작 회사를 설립했다. 2001년 8월에는 상하이시 약재 회사와 합작해 상하이 허치슨(Shanghai Hutchison

Pharmaceuticals)을 세웠고, 2004년에는 광저우 바이윈산과 협력해 바이윈산 허치슨(Baiyunshan Hutchison Whampoa Chinese Medicine)을 설립했다.

이로써 본토에서의 전략 배치를 완료했다. 중국 북부는 '동인당 허치슨', 중국 동부는 '상하이 허치슨', 중국 남부는 '바이윈산 허치슨'이 주도하는 구조가 형성되었다. 중국 본토의 세 유명 제약회사의 지원으로 '중의약 국제화' 계획에 탄력이 붙었고, 중의약은 허치슨 왐포아의 여섯 번째 주요 산업으로 자리 잡았다.

국제 진출 전략은 청쿵실업의 정직한 품질로 중국 약재에 대한 신뢰를 얻고 판매량을 늘리는 것이었다. 2004년 EU가 '유럽 전통 식물 약물 등록 절차 지침'을 발표한 후, 나는 대규모 판매 인력을 영국에 파견했다. 영국을 첫 진출지로 선택한 이유는 홍콩과 역사적으로 관계가 있는 영국인들이 전통 중국 의약품에 대한 거부감이 적을 것이라고 판단했기 때문이다.

나는 직접 판매 인력을 교육하며, 고품질 중의약의 가치와 효능을 전파하는 방법을 설명했다. 영국을 시작으로 미국, 프랑스, 독일 등으로 빠르게 진출했고, 1,000여 개의 체인점을 확보했다. 현지인들은 반람근(板蓝根, woad)* 가루를 '중국 커피'라 부르며 즐겨 마셨다.

2006년, 허치슨 차이나 메디텍을 런던 증권거래소에 상장시켰다. 이후 나는 암 치료제 개발에 도전했고, 43억을 투자해 400명

이상의 최고 과학자들을 모았다. 막대한 투자에도 불구하고 수익은 없었고, 적자가 계속됐다. 2017년에는 1.8억, 2018년에는 5억의 적자를 기록했지만, 나는 꿈을 포기하지 않았다.

아직 큰 반향을 일으키는 제품은 없지만, 투자비 회수에 시간이 걸리는 것이 내 사업 방식이다. 중국 전통 의약품 분야 투자의 성공 여부와 허치슨 의약의 미래는 지켜볼 가치가 있다.

─────────── A c t i o n P l a n 3 9 ───────────

"위대한 오크나무도 작은 도토리에서 시작한다."

단순히 이익을 포기하라는 것이 아니라, 옳은 일을 함으로써 장기적으로 더 큰 이익과 신뢰를 얻을 수 있다. 아래의 장기적 성공을 위한 5가지 핵심 전략을 따라보자. 인내심을 가지고 꾸준히 노력하면, 결국 당신의 '작은 도토리'가 '거대한 오크나무'로 자랄 것이다.

1. 비전 설정: 5년, 10년 후 본인이 바라는 모습은 무엇인가? 노트에 각각 30자 이상 적어보자.
2. 꾸준한 투자: 매일 5년간 자기계발적 행동을 10분 한다면 무엇을 할 것인가? 10년 후 목표를 이루기 위해 무엇을 해야 한다고 생각하는가? 운동? 독서? 신문 읽기? 단 한 가지만 정해보자.

───

✳ 중국 전통 의학에서 사용되는 약초다. 주로 감기와 독감 증상 완화, 염증 감소, 열 내리기, 인후통 완화, 바이러스 감염에 대한 면역력 강화와 같은 용도로 사용된다.

3. 인내심 기르기: 인내심은 타고나는 것이 아니라 습관이다. 매일 루틴적으로 스스로 약속한 것을 해낼 때, 인내심은 자연스레 길러진다. 자신만의 약속을 자주 정해보자.

4. 유연성 유지: 장기적 목표를 향해 나아가되, 변화하는 환경에 적응할 준비를 하자. 필요하다면 전략을 조정하는 것을 두려워하지 말자.

5. 작은 성과 축하하기: 큰 성공을 기다리는 동안, 작은 진전 사항들을 인식하고 축하하자. 이런 날에는 완전히 쉬어도 되고, 축배를 들어도 좋다. 자신만의 시간을 온전히 가져도 좋다. 이런 작은 축하는 동기 부여와 지속적인 노력의 원동력이 된다.

신용

무한의 부를 얻는 법: 찻집 알바

파나마 운하 투자는 나에게 무한의 부를 안겨준 1등 공신이다. 하지만 파나마 운하는 중의약보다 큰 논란을 불러일으킨 투자였다. 1999년 12월 31일, 미국은 96년 만에 파나마 운하를 반환했다. 이 운하는 대서양과 태평양을 잇는 전략적 요충지로, 수에즈 운하와 말라카 해협과 함께 세계에서 가장 중요한 해상 통로 중 하나다. 1914년에 완공된 이 운하는 루즈벨트 대통령의 강력한 추진력으로 실현되었다. 30년에 걸친 공사에는 수십만 명의 노동자가 동원됐고, 그중 400명 이상의 중국인도 포함됐다. 열악한 환경 속에서 증기 삽과 준설기로 정글, 늪지, 암석을 파내는 역사적인 대공사였다.

1997년, 나는 국제 입찰을 통해 파나마 운하 양쪽 항구의 25년 관리권을 획득했다. 이 결정은 미국인들에게 큰 충격을 줬다.

파나마 운하는 미국에 전략적, 경제적으로 매우 중요하다. 운하 개통으로 미국은 항로를 1만 2,874킬로미터 단축해 연간 800억 달러를 절약했다. 군사적으로도 한국전쟁과 베트남전쟁 당시 무기와 장비 수송에 활용되었다.

내 투자 소식에 미국은 불안감을 드러냈다. 일부 관계자들은 내가 이 중요한 수로를 통제할 수 있다는 점을 우려했고, 전쟁 시 운하를 막아 미 함대의 이동을 제한할 수 있다는 걱정도 제기됐다. 미 상원 다수당 원내대표(Senate Majority Leader)는 정부가 적에게 목의 밧줄을 넘겨준다고 비판했다.

그러나 실제로 허치슨 왐포아는 화물 적재와 하역만 관리했을 뿐, 운하 항로나 선박 통제, 전반적 운영에는 관여하지 않았다. 즉, 우리는 항구에서 화물 처리만 담당했을 뿐, 운하 개폐나 선박 통제와는 무관했다.

나는 여러 자리에서 허치슨 왐포아가 파나마에서 단순히 컨테이너 사업만 한다고 강조했다. 우리는 파나마의 여러 상업 회사 중 하나일 뿐이며, 심지어 일부 미국이나 대만 회사보다 규모가 크지 않다고 설명했다. 1999년 기자회견에서는 나는 파나마 운하 논란에 대해 이렇게 말했다.

"홍콩 해저 터널 근처와 홍콩섬, 구룡에 부동산을 갖고 있다고 권력이 있는 것은 아닙니다. 부동산을 소유하고 있다고 해저 터널을 통제할 수 있나요?"

우리는 파나마 최대 항구를 소유하지 않았고, 운하 통제 의도도 전혀 없다고 설명했다. 오직 사업적 이익만을 추구한다고 강조했다. 파나마 항만청 전 청장도 우리를 지지하며, 순수 상업 회사로서 세계 여러 곳에서 항구를 운영하고 있고, 이것이 운하 안전에 위협이 되지 않는다고 말했다. 2001년, 미 국무장관 콜린 파월 (Colin Powell)이 내가 운하를 '통제'한다는 주장을 부인하면서 논란은 진정됐다.

사실, 미국이 불안해한 이유는 운하 개조에 따른 막대한 비용 부담을 꺼렸기 때문이다. 파나마 운하의 좁은 항로는 이미 증가하는 해상 물동량을 충족시키지 못하고 있었다. 과거에는 통과 선박이 길이 320미터, 폭 33미터, 흘수 13미터 이내여야 했다. 이러한 제한은 해운업계에 '파나마 극한(Panamax)'이라는 개념을 만들어냈다.

운하 확장 문제는 이미 오래전부터 제기됐으나, 미국은 자금 출자를 꺼렸고 결국 파나마 정부가 자체적으로 자금을 조달해야 했다. 나 역시 이 자금 조달 대상 중 하나였다. 미국은 운하 건설 당시 막대한 이익을 얻었음에도 불구하고, 이양 시점에 이르러 불만을 표출하며 근거 없는 음모론을 제기했다.

2005년 10월, 허치슨 포트 홀딩스(Hutchison Ports Holdings)는 파나마 정부와 협약을 체결해 운하 항구 확장에 10억 달러를 추가 투자하기로 했다. 개조 공사는 9년에 걸쳐 완성됐고, 총 55억 달러가 들었다. 우리는 이 중 10억 달러 이상을 투자했다.

2006년 3월, 의심의 눈초리를 거둔 미국 정부는 우리 회사에 미국행 외국 컨테이너의 방사성 핵물질 검사를 맡겼다. 이는 미국이 처음으로 외국 회사에 안전 검사 부서의 방사성 스캔 탐지기 운용을 허용한 사례. 계약에 따라 우리는 미국에서 65마일 떨어진 바하마 항구에서 미국행 컨테이너를 검사한다. 의심스러운 물질이 발견될 경우, 해당 정보는 즉시 미국의 국가 대테러 센터(National Counterterrorism Center)로 전송된다. 계약 금액은 600만 달러이며, 3년 연장 가능하다.

내가 정치적 압력을 무릅쓰고 파나마 운하에 투자한 이유는 다음과 같다.

첫째, 파나마 운하의 관리 방식이 막대한 사업적 이익을 가져다줬다. 통행료는 지속적으로 인상되었지만 여전히 많은 선박이 운하를 이용하고 있으며, 하루 평균 수익은 200만 달러에 달한다.

둘째, 파나마는 유명한 조세 피난처로, 전 세계의 역외 자금을 유치하고 있다. 파나마 정부는 역외 기업의 해외 운영 수익에 대해 면세 혜택을 제공하고 있으며, 운하로 인한 다양한 역외 거래 덕분에 세계에서 두 번째로 큰 해외 회사 등록지가 됐다. 100개 이상의 국제 은행이 파나마 시티에 사무실을 두고 있다.

요약하자면, 파나마 운하는 '금을 낳는 거위'와 같은 존재이며, 우리의 파나마 항구 투자는 장기적으로 안정적인 수익을 보장할 수 있는 투자였다. 내가 정치적 위험을 감수하면서까지 이 투자를 추진한 근본적인 이유는 이러한 장기적이고 확실한 수익 전망 때문이다. 만약 이런 철저한 계산이 없었다면, 이미 투자를 포기했을 것이다.

Action Plan 40

"정직은 최고의 정책이다." - 벤자민 프랭클린

리카싱이 가장 중요하게 여기는 것 중 하나는 신용이다. 리카싱은 미국 정부와도 대립하고 협상할 만큼 강인한 심장과 의지를 가졌다. 미국 정부는 지속해서 리카싱이 파나마에 대한 과도한 영향력을 갖게 될 것을 우려했으나, 리카싱은 꾸준히 그들을 안심시켰다.

"나는 단지 부동산을 가지고 있을 뿐이며, 이는 순수한 사업적 투자입니다. 파나마 운하 운영에 대한 부당한 권한을 행사할 의도는 전혀 없습니다. 파나마 운하를 봉쇄하여 미국에 피해를 주려는 생각은 추호도 없습니다."

리카싱이 생각하는 건 오로지 이윤 창출과 신용 유지였다. 결과적으로 그는 자신의 약속을 지켜냄으로써 국제적인 신뢰를 얻을 수 있었고, 미국의 방해 없이 사업을 성공적으로 이끌 수 있었다.

책 앞부분을 읽었다면 눈치챘을 것이다. 리카싱의 전략은 언제나 일관됐다. 찻집에서 일할 때나 플라스틱 공장을 세울 때, 철도 부지를 따낼 때도 그는 항상 '상대방의 마음'을 먼저 생각했다. 상대가 무슨 마음인지, 무엇을 원하는지 고민했다. '돈을 벌어야지'보다 상대의 불안과 니즈를 파악하는 데 집중했고, 그 덕에 큰 성과를 거둘 수 있었다.

이윤을 추구할 때, 종종 다른 사람의 권리를 침해하지 않을까 불안할 수 있다. 이럴 때는 리카싱처럼 상대의 마음을 먼저 읽고, '솔직함'과 '신용'을 지키겠다고 약속해 상대를 안심시켜야 한다. 당신도 비슷한 경험이 있는지 떠올려보자.

제 어

멈춤

전략적 후퇴

시내에서 운전을 잘하는 사람의 가장 중요한 요소는 무엇일까? 코너링? 가속기술? 좁은 차로를 감각적으로 빠져나가는 기술? 모두 아니다. 적절한 브레이크를 밟는 능력이 가장 중요하다. 운전을 하다 죽는다면, 다른 기술은 모두 무용지물이 된다.

사업을 할 때, 나는 항상 A에서 B로 가는 데 필요한 힘과, B에 도착한 후 다시 돌아올 힘이 있는지를 생각한다.

1992년, 허치슨 왐포아는 영국 통신 시장에 진출해 CT2 서비스*를 도입했으나, 발신만 가능해 경쟁력이 떨어졌다. 이 서비스는 시장에서 냉담한 반응을 얻었고, 초기 고객은 만 명도 되지 않았다.

✱ 1990년대 초반에 등장한 무선 통신 기술로, 주로 도시에서 사용되었던 발신 전용 휴대전화 서비스다. 이 시스템은 휴대전화와 유사하게 작동하지만, 전화 발신만 가능하고 수신은 불가능했다.

총투자액은 약 100억 홍콩달러였다.

초기 실패를 보고 나는 과감히 프로젝트를 취소하고 1,462억 홍콩달러의 부채를 떠안았다. CT2의 발전 가능성이 작다고 판단해 모든 사업을 철수하고 매각했다. 1992년 중반, 우리는 대만과 방글라데시의 CT2 사업을 종료하고, 호주를 포함한 3개의 이동전화 네트워크 입찰에서 철수했다.

당시 CT2 프로젝트를 책임졌던 사이먼 머레이는 프로젝트 중단을 받아들이기 어려워했다. 그는 결론을 내리기엔 시기상조라고 생각하며, CT2가 전환점을 맞이할 수도 있다고 믿었다.

나는 중요한 프로젝트에서 그의 의사 결정을 신뢰했지만, 이번 문제만큼은 양보하지 않았다. 실패한 사업은 과감히 중단하고, 더 나은 전망을 가진 새로운 사업에 집중하는 것이 현명하다.

자연계는 우리에게 중요한 교훈을 준다. 덫에 걸린 늑대는 처음엔 필사적으로 발버둥 치지만, 그럴수록 더 깊이 빠진다. 결국 탈출이 불가능하다고 판단한 늑대는 스스로 다리를 절단해 세 다리로라도 탈출해 생명을 지킨다.

중국의 옛 상인들은 "사기 전에 먼저 팔 것을 생각하라"고 했다. 물건을 사기 전에 팔 방법을 먼저 고민하라는 의미다. 나도 이 원칙을 따른다. 프로젝트를 진행할 때, 나는 시간의 99%를 실패 가능성을 고민하는 데 쓰고, 단 1%만 수익을 생각한다.

사업은 골프와 비슷하다. 첫 샷이 잘못되었더라도, 두 번째 샷은 침착하고 계획적으로 해야 한다. 사업에서도 역경에 처했을 때 냉정하게 대응 방법을 찾아야 한다.

2003년, 허치슨 왐포아는 과감하게 글로브텔(GlobeTel Communications Corp) 인수를 결정했다. 글로브텔은 1990년대 말 통신업계 호황기에 시가총액 800억 달러에 달하는 신흥 강자로 떠올랐다. 27개국에 10만 마일의 광섬유 네트워크를 구축하며 세계 시장을 장악하려 했지만, 과잉 공급으로 시장이 붕괴하며 재정난에 빠졌다. 2001년 3분기에만 34억 달러의 손실을 기록했고, 2002년 1월 파산을 신청했다.

허치슨 왐포아와 싱가포르 테크놀로지(Singapore Technologies Engineering Ltd)는 글로브텔의 파트너사로서, 처음에 7억 5,000만 달러로 79% 지분 인수를 시도했으나 채권자들의 반대로 무산되었다. 하지만 통신 시장의 지속적인 침체로 글로브텔의 상황은 악화되었다. 2002년 8월 두 회사는 2억 5,000만 달러로 61.5% 지분을 인수하는 계약을 체결했다.

글로브텔 인수 협정은 미국 파산법원, EU 집행위원회, 미국 반독점 당국의 승인을 받았다. 그러나 막바지에 미국 국방성이 이의를 제기했다. 국방성은 허치슨 왐포아와 중국 정부의 관계를 의심하며, 국가 안보 위협이 될 수 있다고 주장했다.

허치슨 왐포아는 '조용한 주주'로 남겠다고 제안했으나, 국방성이 추가 조사를 요구하자 결국 인수를 포기했다. 회사는 9·11 이후 미국의 신중한 태도를 이해하며, 4억 달러의 손실도 감수했다.

이 결정으로 허치슨 왐포아는 오히려 무한한 가능성을 지닌 3G 사업에 집중할 수 있었다. 결과적으로 실패가 아니라 '전략적 후퇴'가 된 셈이다. 손익은 얽혀 있고, 재앙과 복은 함께 온다. 일시적 실패가 더 나은 기회를 가져온다면, 그것은 전략적 후퇴라고 불러야 한다.

────────── Action Plan 41 ──────────

"손익은 얽혀 있고, 재앙과 복은 함께 따르는 법이다."

이 문장은 비즈니스와 인생에서 불확실성과 기회의 양면성을 잘 표현하고 있다. 리카싱은 사업을 할 때, 항상 두 가지를 고려한다.

- A에서 B로 갈 충분한 힘이 있는가?
- B에 도착한 후, 다시 돌아올 힘이 있는가?

리카싱은 새로운 시도나 투자를 할 때, 99%는 실패할 경우에 대해 생각하고 1%는 수익에 대해 생각한다고 한다. 당신은 좋은 기회가 있을 때, 잘되었을 때만 상상하며 행복에 젖지는 않는가? 실패에 대해 99%를 생각하는 자세에 대해 생각해보자.

신념

대중의 의견을 과감히 거스르는 선택

옷을 입었을 때, 80%의 사람들이 예쁘다고 하면 나는 반드시 살 것이다. 하지만 80%의 사람들이 할 만하다고 말하는 사업은 절대 하지 않을 것이다.

나는 세상에 80 대 20 법칙*이 존재한다고 굳게 믿는다. 왜 세상에는 80%의 가난한 사람과 20%의 부자가 있는가? 그 이유는 20%의 사람들이 80%가 이해하지 못하는 일을 했기 때문이다. 또한, 20%의 사람들이 80%가 참지 못하는 것을 인내했기 때문이다.

2006년 무렵 허치슨 왐포아의 3G 사업에 대해 언론은 비관적인 보도를 쏟아냈다. 일부는 "계속되는 3G 사업 손실로 리카싱이 큰 고통을 겪고 있다"고 했고, 또 다른 이들은 "항상 신뢰를 지켜

---

* 파레토 법칙으로 전체 결과의 80%가 전체 원인의 20%에서 일어나는 현상을 가리킨다.

온 리카싱이 3G의 손익 전환 문제로 신뢰를 잃었다"고 주장했다. 심지어 "3G 실패로 초인이 신화에서 떨어졌다"는 평가도 있었다.

나에게 3G 사업은 어떤 의미였을까? 내 '저가 매입, 고가 매도' 투자 방식은 항상 화제가 된다. 부동산 업계에 처음 발을 들였을 때, 나는 남들이 포기한 투자를 선택해 단숨에 부동산 왕이 되었다. 이후에도 시장이 침체되었을 때 투자하고, 회복기에 높은 가격에 매도하여 큰 이익을 얻었다. 3G도 마찬가지였다. 나는 남들보다 한발 앞서, 아직 그 가치를 알아보지 못했을 때 과감히 뛰어들었다.

나는 글로벌 통신 사업에 큰 관심을 두고, 항상 새로운 발전 기회를 모색했다. 특히 무선 데이터 전송이 미래 경제의 핵심 동력이 될 것이라 확신했다.

2000년, 허치슨 왐포아는 글로벌 확장과 시장 선점을 목표로 3G 사업에 본격적으로 뛰어들었다. 그러나 유럽 3G 라이선스 경매에서 높은 가격이 형성되면서 초기 투자 비용이 많이 증가했다. 선발주자로서 우리는 어쩔 수 없이 높은 가격을 감수해야 했다.

3G 라이선스를 받은 후, 우리는 유럽의 모든 2G 사업을 매각하고 3G에 집중적으로 투자했다. 총 102억 달러를 들여 10개국에서 3G 라이선스를 확보했으며, 영국, 아일랜드, 오스트리아, 이탈리아, 스웨덴, 노르웨이, 덴마크 등으로 사업을 확장했다.

2003년, 싱가포르《연합조보》는 내 3G 투자를 이렇게 평가했다. "리 회장은 80, 90년대에 항상 한발 앞서 있었다. 그러나 3G에서는 정말 큰 '도박'을 했다. 성공한다면, 마이크로소프트의 빌 게이츠와 워런 버핏조차 한발 물러서게 될 것이다."

외부에서는 우리의 3G 대규모 투자를 두고 의구심을 가졌다. 사업 범위가 넓고 자금 투입이 막대한데, 과연 내가 이번에도 버텨낼 수 있을까?

당시 시장 상황을 고려하면, 사람들이 긍정적으로 답하기 어려웠음을 이해할 수 있다. 2002년에서 2003년 사이, 유럽의 일부 전통 통신사들은 이미 큰 부채에 시달리고 있었다. 일부 사업자들은 3G 네트워크 구축 투자를 아예 중단하기도 했다.

많은 사람이 유럽의 3G 시장이 거품에 휩싸였다고 생각했다. 겉으로는 화려해 보였지만, 실상은 내실이 없었다.

3G의 매력은 두 가지 주요 소비 기술을 하나로 결합한 데 있다. 바로 모바일 전화와 인터넷 서비스의 장점을 모두 갖춘 것이다. 나는 이것이 미래 사회의 주요 흐름이 될 것이라 믿었고, 3G 투자에 자신이 있었다.

그러나 자신만만했던 허치슨 왐포아는 기대만큼 큰 이익을 거두지 못했다. 3G는 바로 대중화되지 않았고, 허치슨 왐포아는 선발주자로서 소비자를 양성해야 했다. 이 과정은 길고 고통스러웠으며, 회사는 힘겨운 수익 지속 전쟁에 빠졌다.

2002년 허치슨 왐포아의 3G 사업은 20.7억 홍콩달러의 손실을 기록했고, 2003년에는 183억 홍콩달러, 2004년에는 370억 홍콩달러로 손실이 증가했다. 2006년까지 글로벌 3G 네트워크에 투자한 금액은 이미 270억 달러를 초과했다.

손실이 증가하는 동안, 허치슨 왐포아의 글로벌 3G 사용자 수는 1,200만 명에 이르렀다. 허치슨 왐포아는 사용자 규모 확대로 인한 매출 증가가 운영 및 프로모션 비용을 상쇄해 3G 사업이 수익성에 가까워질 것으로 기대했다. 원래 2006년에 손익분기점을 달성할 것으로 예상했지만, 2006년 데이터에 따르면 여전히 연간 손실을 기록했다. 이에 목표 달성 시점을 2008년 상반기로 연기할 수밖에 없었다.

수익 전환 시점이 지연되자 언론의 비판이 쏟아졌다. 과거에 실패한 프로젝트를 과감히 정리했던 나를 본 대중은 이번에도 손실을 멈추라고 권했다. 그러나 나는 "3G의 봄이 반드시 올 것이니 견뎌야 한다"고 말했다.

하지만 견디는 것은 쉽지 않았다. 지속된 막대한 손실은 감당하기 어려운 수준이었다. 이에 대응하기 위해 우리는 다음과 같은 전략을 취했다.

첫째, 2004년 1월 28일, 허치슨 왐포아는 홍콩의 유선 전화 사업을 중련시스템홀딩스(中联系统控股有限公司)에 주입해 우회 상장했다. 둘째, 3G 후속 자금을 조달하기 위해 주요 통신 자산을 분할 상장했다. 이를 통해 자금을 확보하고 3G 사업의 영향을 최소화하려 했다. 셋째, 2G 사업도 분할 상장했다.

성공을 위해서는 때로 대중의 의견에 반하는 과감한 선택이 필요하다. 진정한 기회는 남들이 보지 못하는 곳에 있다.

——————— Action Plan 42 ———————

"진정한 기회는 남들이 보지 못하는 곳에 있다."

혁신은 대부분의 사람이 아직 이해하지 못하는 영역에서 일어난다. 단기적 어려움이나 대중의 회의적인 시선에 흔들리지 않는 굳건한 신념이 필요하다. 미래에 대한 확신이야말로 현재의 어려움을 견디게 하는 원동력이다.

당신도 굳은 믿음과 대중의 비난을 경험한 적 있는가? 그때 당신의 태도는 어땠으며, 결과는 어땠는지 떠올려보자. 만약 당신이 아직 대중에 속한다면, 주변의 말을 경청할 필요가 있다. 그러나 이미 어느 정도 성과를 거두었다면, 대중의 말은 참고하되 휘둘리지 말고 앞으로 나아가는 것이 더 나을 수 있다.

관점

일부 실패를 전체의 실패로 해석하지 않는다

나도 실패를 경험했다. 백가(百佳)*가 대표적인 사례다. 2000년 초, 백가는 상하이 시장에서 철수했고, 내륙에는 10여 개의 점포만 남았다. 월마트(Walmart), 메트로(Metro) 등 경쟁업체와의 경쟁에서 완전히 패배했다. 몇 년 전만 해도 백가는 화려한 순간을 경험했다.

1994년, 백가는 상하이에 진출하며 한꺼번에 21개의 점포를 열었다. 그러나 현지 적응 실패, 경영 방식 부적합, 정책 제한 등의 요인으로 1996년부터 운영에 문제가 생겼고, 점포들은 하나씩 문을 닫기 시작했다. 2000년 초, 백가는 전면적인 침체 상태에 빠졌다.

백가의 미래는 두 가지 선택지에 달려 있었다. 모든 점포를 폐쇄하고 내륙 시장에서 철수할 것인가, 아니면 다시 시작할 것인가?

---

* 중국의 대형 소매 체인점으로, 전자제품 및 가전제품 판매를 주력으로 하는 회사

나는 항상 이렇게 생각했다. 중국 본토의 광활한 시장과 날로 성장하는 중산층은 깨끗하고 편리한 현대 슈퍼마켓의 주요 소비층이 될 것이라고.

나는 백가의 책임자인 영국인 에릭 입(Eric Ip)을 불러 엄숙하게 말했다.

"백가에 마지막 기회를 줄 테니, 반드시 회생시켜야 합니다."

에릭 입은 위기 상황에서 백가의 재건을 맡았다. 그는 시장을 신중히 분석한 끝에, 백가의 실패 원인이 소비자들의 소비 습관을 제대로 이해하지 못한 데 있다는 것을 파악했다. 백가는 홍콩의 모델을 그대로 도입해 '소형 슈퍼마켓+제한된 신선식품' 형태로 운영했는데, 이는 중국 본토 시장에 적합하지 않았다.

에릭 입은 "우리가 소비자를 바꿀 수는 없지만, 소비자를 위해 변화할 수 있다"고 말하며, 고객 중심의 변화를 시작했다.

2000년 백가는 '소비자가 필요로 하는 것'에서 '소비자가 진정 필요로 하는 것'에 초점을 맞췄다. '신선 시장'이라는 새로운 이미지를 구축하고, 편안한 쇼핑 경험과 신선한 식품을 강조했다. 또한 쇼핑몰, 슈퍼센터, 슈퍼마켓의 세 가지 형태로 구분된 모델을 도입해 시장과 소비자 요구에 맞췄다.

새로운 모델로 전환한 백가는 곧 경쟁력 있는 소매업체로 성장했다. 2003년, 에릭 입은 백가에서의 성과로 왓슨스 그룹(A.S. Watson Group)의 CEO로 승진했다.

2004년, 백가는 내륙에서 32개의 점포를 운영하며 연간 매출 28억 위안을 기록했다. 이는 1999년의 2.5배로, 연평균 성장률이 약 33%에 달했다.

　　나는 백가의 성공적인 전환이 회사 내외의 실패에서 얻은 교훈 덕분이라고 생각했다. 경영 모델의 일시적 성공이 영원한 성공을 보장하지 않으며, 특정 지역의 실패가 전체 산업의 실패를 의미하지 않는다는 것을 깨달았다.

　　나는 에릭 입에게 거듭 당부했다.

　　"성공을 추구하면서도, '자신보다 남을 먼저 생각하는 마음'을 잊지 말아야 합니다. 사회와 인류에게 도움이 되고자 하는 마음을 가지십시오. 우리가 최선을 다해 사회에 공헌할 때, 좋은 변화를 만들어낼 수 있습니다. 그렇게 해야 모두가 공정한 기회를 얻고, 자유롭고 행복하게 살 수 있는 조화로운 사회를 만들 수 있습니다."

　　"사회에 대해 최선을 다해 책임을 다한다." 이것이 내가 우리 소매 기업들을 위해 세운 기본 원칙이다. 가격 경쟁에서도 나는 백가에게 원칙을 지킬 것을 요구했다. 허위 광고를 하지 말고, 허위 가격을 표시하지 말며, 식품 안전을 보장하고, 고객에게 최고의 품질과 서비스를 제공해야 한다.

　　나는 경영진에게 일시적인 이익을 위해 고객을 기만하면 결국 자신을 기만하는 것이라고 당부했다. 내 기준에서는 일시적 이익이 장기적 이익에 비해 훨씬 이익률이 낮다. 도덕과 신용을 차치하더라도, 일시적 이익을 택할 이유는 그 어디에도 없다.

───────── Action Plan 43 ─────────

"경영 모델의 일시적 성공이 영원한 성공을 의미하지 않으며, 특정 지역에서의 실패가 전체 산업의 실패를 의미하지 않는다."

인간은 '일부를 과대 해석하는 경향'이 있다. 일반적인 사업자는 일부 실패를 부정적으로 보고 위축된 결정을 내리기 쉽다. 그러나 리카싱은 일부 부정적 신호가 전체를 의미하지 않음을 알고 있었다.

'부분적 실패를 전체의 실패로 해석하지 않기.' 이 접근 방식은 실제 당신의 인생에서 어떻게 적용될 수 있을까? 최근의 실패를 떠올려보자. 그 실패로 인해 과도하게 조심스러워지지 않았는지 생각해보자.

생존

유지하고 있다는 말은 쇠퇴한다는 뜻일 수 있다

"리카싱은 화장품 사업에 뛰어들었다. 그것도 한 번도 경험한 적 없는 소매업에." 이것이 내가 왓슨스를 처음 인수했을 때 대중들의 반응이었다. 내가 회사를 인수했을 당시, 왓슨스는 아직 명성이 높지 않았다.* 종합 소매업이나 약국, 화장품 시장에서도 경쟁 우위를 점하지 못했다. 나는 소매업 경험이 없었지만, 오랜 사업 경험을 바탕으로 왓슨스를 새로운 길로 이끌었다. 약국과 미용 제품 판매 특성을 활용해 퍼스널케어 매장으로 재정의했고, 이 분야에서 1위를 목표로 삼았다. 만약 불가능하다면 세부 시장에서 1위를, 그것도 안 되면 새로운 시장을 만들어 1위를 차지해야 한다고 믿었다.

내 리더십 아래, 왓슨스는 점차 발전하기 시작했다. 2003년,

---

* 2024년 기준, 세계 소매업체 14위 글로벌 기업

왓슨스는 광둥성 포산에 50번째 지점을 개설했고, 2005년에는 광저우에 100번째 지점을 열었다. 2006년에는 200번째 지점, 2007년에는 300번째 지점, 2008년에는 지점 수가 400개를 넘었다.

왓슨스의 빠른 확장은 끊임없는 변화와 혁신 덕분이었다. 사업의 세계는 전쟁터와 같아서 기업 내부든 외부 시장이든 시시각각 변화한다. 상인은 변화하는 시장 환경에 유연하게 대응해야 한다. 나는 왓슨스를 운영하며 이 '변화'를 철저히 반영했다.

첫째, 위치 혁신이다. 소비자 그룹을 18~35세 도시 직장 여성으로 재정립했다. 이들의 패션과 아름다움에 관한 관심, 바쁜 업무, 높은 소비 잠재력을 고려해 '퍼스널케어 전문가'라는 홍보 목표를 세웠다. 이곳에서 여성들이 편안한 환경에서 다양한 제품을 선택할 수 있게 했다.

둘째, 마케팅 혁신이다. 브랜드 인지도를 높이기 위해 다양한 마케팅 방식을 시도했다. 2003년 말, 왓슨스는 중국 아동청소년재단의 '춘뢰 계획'을 성공적으로 지원하여, 사랑의 쇼핑 활동을 통해 브랜드의 명성을 높였다. 2004년, 왓슨스 증류수는 세계 테니스 챔피언십을 다섯 번째로 후원했다. 또한, 마카오 그랑프리 국제 자동차 경주, 세계 테니스 챔피언십 같은 대규모 스포츠 행사를 후원하며, 브랜드의 전문성과 활력을 강조했다.

셋째, 제품 혁신이다. 20여 개 국가 및 지역에서 온 2만 5,000여 가지 제품을 판매했다. 화장품, 의약품, 퍼스널케어 용품, 패션

액세서리, 사탕, 카드 및 선물 등 다양한 제품을 제공했다. 예를 들어, 광둥 지역의 습하고 더운 기후를 고려해, 소비자들이 열을 식히고 냉차를 즐기는 습관에 맞춰 자체 브랜드 MJ(과즙 선생 'Mr. Juicy'의 약자) 사탕수수 주스를 출시했다. 2004년에는 MJ 매실주스를 다시 선보이며, 광둥 특유의 청량음료 시장을 개척했다.

넷째, 관리 혁신이다. 최신 소매 관리 시스템을 도입해 신속한 판매 정보 피드백과 적시 조정을 가능하게 했다.

다섯째, 협력 혁신이다. 나는 왓슨스를 인수 또는 협력을 통해 대규모로 확장했다. 2000년 영국의 세이버(Savers), 2002년 유럽의 크루이드바트(Kruidvat) 그룹*, 2004년 발트해 국가의 드로가스(Drogas)**를 인수했다. 또한 독일 디르크 로스만(Dirk Rossmann GmbH)***의 40% 지분을 취득하고, 2005년 초에는 LG유통****과

---

* 네덜란드에 본사를 둔 소매와 약국 체인이다. 1975년 설립되었으며, 2002년 AS 왓슨 그룹에 인수됐다. 폴란드, 헝가리, 체코에서 디르크 로스만과 공동으로 운영되고 있으며, 영국의 슈퍼드러그 (Superdrug) 체인도 보유하고 있다.
** 라트비아와 리투아니아를 중심으로 운영되는 건강 및 미용 소매 체인이다. 1993년에 첫 매장을 연 이후, 현재 140개 이상의 매장을 운영하고 있으며, AS 왓슨 그룹의 일원으로 다양한 화장품, 맞춤형 관리 제품, 생활용품 등을 제공한다. 라트비아에서 가장 사랑받는 브랜드 중 하나로 평가받고 있으며, 온라인 상점도 큰 인기를 끌고 있다.
*** 유럽에서 가장 큰 잡화점 체인 중 하나로, 1972년 독일에서 디르크 로스만이 설립한 회사다. 이 회사는 현재 독일을 비롯한 여러 유럽 국가에서 4,700개 이상의 매장을 운영하고 있다. 2022년 기준으로 디르크 로스만의 매출은 120억 유로를 넘어섰으며, 유럽 시장에서 강력한 입지를 갖고 있다.

합작해 한국에 왓슨스 퍼스널케어 매장을 개설했다.

사실 많은 경우, 혁신에 필요한 투자는 비교적 적다. 그러나 전통적인 비즈니스 모델과 기술이 장비 업데이트나 규모 확장 시 혁신을 수반하지 않으면, 기업은 경쟁력을 서서히 잃게 된다. 그 결과 투자 수익률이 낮아지거나, 심지어 마이너스로 전환될 수 있다. 이러한 손실은 대개 혁신에 필요한 투자 비용을 훨씬 초과한다.

1970년대, 나는 부동산 판매 모델에서 많은 혁신을 시도했다. 모든 시도가 성공한 것은 아니지만, 성공한 부분이 가져온 수익은 실패로 인한 손실을 압도할 정도로 컸다. 반면, 당시 혁신을 하지 않았던 부동산 회사들은 절망적인 상황에 직면해 결국 인수되거나 파산했다.

2009년 《포브스》 글로벌 권력 부자 순위에서 내가 11위를 차지한 이유는 두 가지다. 첫째, 허치슨 왐포아가 세계 최대의 컨테이너 터미널을 운영하고 있기 때문이다. 둘째, 세계 최대의 건강 및 미용 제품 소매 체인인 왓슨스를 운영하고 있기 때문이다.

회사가 수익을 내더라도 현금 흐름이 없다면, 대부분의 사업은 어려움에 직면할 것이다. 모든 책임자는 자신의 현금 흐름 상황을 반드시 알아야 한다. 허치슨 왐포아 그룹에서 왓슨스는 현금 흐름을 책임지는 중요한 역할을 해왔다.

★★★★ LG유통은 2005년 LG그룹에서 GS그룹이 분리되면서, 'GS리테일'로 사명을 변경했다.

2016년 전자 상거래의 부상으로 왓슨스 중국이 처음으로 마이너스 성장을 기록했을 때, 우리는 재도약을 위한 전략적 조정을 시작했다. 매장 리모델링, 새로운 브랜드 추가, 공유 쇼핑 프로젝트 시범 운영, 전자 상거래 채널 확장 등이 그 일환이었다.

현대 환경에서 낡은 방식을 고수하면 새로운 것을 창출하기 어렵다. 평범함에 머물면 자원을 낭비할 뿐 성과는 미미하다. 다른 방법을 탐구해야 가치 있는 변화를 찾을 수 있다. 안주는 곧 퇴보다. 혁신만이 무한한 성장을 보장한다.

—————— Action Plan 44 ——————

"불변의 원칙으로 변화에 대응한다."

변동성이 큰 시장에서 생존하려면 시의적절한 판단과 지속적인 변화가 필요하다. 리카싱은 '혁신'을 하지 않으면 경영에서 반드시 도태된다고 믿었다. 그래서 안정적인 상황에서도 끊임없이 혁신과 변화를 추구했다.
현재 당신 삶에 만족하고 있는가? 그것도 좋다. 만약 혁신이 필요하다면, 단 한 가지 무엇을 하고 싶은가?

절제

내가 마지막 동전을 절대 줍지 않는 이유

나는 홍콩과 중국의 부흥을 원하는 사람이다. 하지만 내 의도와는 달리, 경제를 제대로 이해하지 못하는 일부 대중들로부터 비난을 받은 적이 있다.

부동산에 투자할 때 나는 두 가지 원칙을 지킨다. 첫째, 입지다. 둘째, 절대 마지막 한 푼까지 욕심내지 않는 것이다.

2013년 9월, 한때 중국 본토 부동산의 풍향계로 여겨졌던 왕스(王石)*가 자신의 시나 웨이보(Sina Weibo)**에 이렇게 의견을 밝

---

* 중국의 유명한 부동산 개발자이자 기업인이다. 중국 최대 부동산 개발 기업 중 하나인 완커(萬科, Vanke)의 창립자이자 전 회장이다. 많은 중국인이 부동산 시장의 미래를 예측할 때 그의 말을 중요한 참고 기준으로 삼는다.
** 중국의 대표적인 소셜 미디어 플랫폼이다. 트위터와 유사한 마이크로블로깅 서비스로, 중국에서 매우 인기 있는 소통 채널이다.

했다.

"영리한 리카싱 선생이 베이징과 상하이의 부동산을 매각하고 있다. 이는 하나의 신호다. 조심해야 한다!"

이 발언은 큰 파장을 일으켰고, 내 부동산 프로젝트에 사람들의 관심이 집중됐다. 사람들은 불안감을 느끼기 시작했다.

2013년 하반기, 나는 상하이와 광저우 등에서 여러 부동산을 잇달아 매각해 410억 홍콩달러를 현금화했다. 2014년에는 내 아들 리쩌카이가 베이징 싼리툰(三里屯)의 랜드마크 건물인 잉커센터(英克中心)를 57억 5천만 위안에 매각했다.

2015년, 나는 상하이 푸퉈구(普陀区)의 종합 단지 프로젝트인 '고상영역(高尚领域)'을 매각했다. 이 프로젝트의 평가액은 약 200억 위안*이었다. 이는 내가 매각한 부동산 프로젝트 중 일부에 불과하다. 2016년 통계에 따르면, 나는 중국 부동산 분야에서 약 1천억 위안에 달하는 자금을 회수한 것으로 나타났다.

내 이러한 행보는 외부에서 "리카싱이 중국 시장을 비관적으로 보고 있다"는 해석을 불러일으켰다. 나는 시장 동향을 예리하게 파악하는 것으로 유명하다. 2007년, 중국 경제가 고속 성장하며 주식과 부동산 시장이 동시에 호황을 맞았을 때, 나는 오히려 8개 기업의 주식을 매도했다. 그해 말, 나는 "최근 홍콩 주식시장이 계속

＊ 2015년 평균 환율을 기준으로 한국 돈으로 환산하면 약 3조 6,300억 원에 달한다.

변동할 가능성이 있으니 투자자들은 신중해야 한다"고 공개적으로 경고했다.

내가 주식을 대거 매각한 후, 실제로 항셍지수(Hang Seng Index, HSI)**는 지속적으로 하락했다. 2007년 말 3만 1,638포인트였던 지수는 2008년 초 2만 5,000포인트로 떨어졌다. 많은 투자자가 큰 손실을 보았지만, 나는 이 투자에서 무사히 빠져나와 큰 이익을 얻었다.

내 사업 원칙은 두 가지다.

첫째, 부채와 대출 문제를 다룰 때는 매우 조심스럽게, 마치 얇은 얼음 위를 걷듯 신중하게 접근한다.

둘째, 부동산 경영에서는 한 걸음 한 걸음 착실히 나아간다. 부동산 가격이 지나치게 올라 서민들이 집을 살 수 없게 되면 경영에 위험이 따르기 때문이다. 나는 마지막 한 푼까지 벌겠다고 위험을 감수하지 않는다.

나는 중국 본토와 홍콩의 고가 부동산을 거품이 터지기 직전의 '마지막 동전'으로 보았다. 내게는 위험을 감수하며 돈을 버는 것보다 안정적으로 빠져나오는 것이 더 중요했다. 내 사고방식은

** 홍콩 증권거래소에 상장된 주요 기업들의 주가를 반영하는 주가지수다. 항셍지수는 홍콩 증권거래소에 상장된 시가총액이 큰 50개 기업으로 구성되어 있으며, 이들 기업은 금융, 공업, 부동산, 유통 등 다양한 산업 분야를 대표한다.

단순하다. 회사 발전을 위해 가장 유리한 결정을 내리는 것, 그것이 당연한 일이다. 그러나 내 자본 철수가 '애국'과 연관되어 많은 비난을 받을 줄은 몰랐다.

2015년 9월, 평소 조용했던 나는 처음으로 '자본 철수'와 '비애국적'이라는 비난에 공개적으로 대응했다. 언론과 직접 대면했을 뿐만 아니라, 기자들을 내 사무실로 초청해 공개적으로 설명했다.

"내가 중국 본토에서 자본을 철수했다고 말하는 사람들은 기본적인 경제 지식도 없는 사람들입니다. 우리는 중국 남해에 400억 규모의 천연가스 프로젝트를 진행 중이며, 이 프로젝트는 앞으로도 계속 확대될 것입니다. 이 규모는 매우 큽니다. 베이징의 동방광장을 보세요. 우리는 그곳의 최대 주주입니다."

이 발언은 내가 중국 시장에 여전히 큰 투자를 하고 있음을 강조한 것이다. 사실, 내 자본 철수에는 위험을 고려한 것 외에도 여러 불가피한 이유가 있었다. 중국 내륙과 홍콩에서의 내 사업 발전은 환경 변화와 밀접하게 연결되어 있다.

1980년대 중국 본토가 개혁개방 정책을 시행하면서 나는 중국 시장에 진출했고, 각급 정부로부터 특별한 혜택을 받았다. 그러나 중국이 발전함에 따라 홍콩 자본의 필요성은 줄어들었고, 우리가 받는 대우도 예전만 못해졌다. 또한 중국에서는 중소기업 활성화를 위해 부동산 업계에 대한 비판이 점점 많아졌다.

홍콩에서도 상황은 달라졌다. 언론은 '자본주의'를 비판하기 시작했다. 홍콩 사람들이 사는 집, 사용하는 전기, 일하는 사무실, 항구, 쇼핑하는 소매점, 그리고 전화나 TV까지, 직접적이든 간접적이든 홍콩 사람들이 벌고 쓰는 돈 대부분이 나와 연결되어 있다는 불만이 커졌다. 심지어 '리씨 왕국을 탈출하자'는 말까지 나왔다. 이러한 여론 속에서 나는 '부동산 독점', '산업 독점', '착취자'라는 비난을 받게 되었다.

2013년 3월, 내가 소유한 컨테이너 터미널에서 대규모 파업이 발생했다. 노동자들은 나를 악덕 상인, 흡혈귀, 악랄한 자본가로 지목하며 비난했다. 이 사건은 나에게 큰 심리적 충격을 주었다.

내가 '마지막 동전'을 벌지 않겠다고 말한 이유는 두 가지다.

첫째, 시장 변동 속에서 위험을 감수하며 마지막 동전을 벌고 싶지 않았다. 둘째, 경제 대세 속에서도 마지막 동전을 벌고 싶지 않았다.

나는 주주와 직원들에게 책임을 져야 했고, 통제할 수 없는 위험을 감당할 수 없었기 때문이다. 그래서 시장 상황이 아직 좋고, 경제가 하락세를 보이지 않을 때 과감히 철수했다.

그 후 몇 년 동안 중국 내륙의 부동산 가격은 계속 상승했다. 많은 사람은 내가 몇 년만 더 늦게 팔았더라면 얼마나 더 벌 수 있었을지 아쉬워했다. 그러나 나도 사람이다. 미래를 예측할 수 없으며, 다만 자신의 선택을 할 뿐이다.

'과유불급(過猶不及)'은 지나침이 모자람만 못하다는 뜻으로,

욕심을 경계하라는 경고다. 역사를 돌아보면, 욕심 때문에 무너진 사람들이 셀 수 없이 많다.

그래서 우리에게 필요한 것이 바로 '지지불패(知止不敗)'다. 쉽게 말해 '멈출 줄 아는 사람은 지지 않는다'는 뜻이다. 어떤 일이든 한계를 정하고, 그 선에 도달하면 단호히 멈춰야 한다. 더 큰 이익이 눈앞에 있어도, 더 높은 명예가 기다리고 있어도 말이다. 이 원칙은 단순하다. 하지만 실천하는 사람은 드물다.

─────────── Action Plan 45 ───────────

"마지막 한 푼까지 벌려고 위험을 감수하지 않는다."

주가가 상승하기 시작하면 사람들은 희망적 사고에 빠지게 된다. 이 좋은 감정이 영원히 지속되기를 바라며, 최고점에서 주식을 팔고 싶어 한다. 그러나 리카싱은 '마지막 동전'이라는 표현을 사용하며 다른 접근법을 취한다. 그는 최고점에서 팔려고 하지 않는다. 대신, 감정을 배제하고 기댓값이 최적인 시점에 매매를 실행한다. 이 원칙은 부동산 투자에도 동일하게 적용된다.

투자해본 경험이 있는가? 부동산이든 무엇이든 판매해본 경험이 있다면 마지막 동전이었는지, 마지막 동전을 넘어 이익을 취하려다 손해를 본 적이 있는지 떠올려보자.

비전

영국의 절반을 사들이다

2010년, CK 인프라스트럭처 홀딩스(CK Infrastructure Holdings)와 파워 에셋 홀딩스(Power Assets Holdings), 그리고 리카싱 재단은 프랑스의 EDF 에너지(EDF Energy)로부터 60억 파운드에 영국 전력망 사업을 인수했다. 이를 통해 영국 천연가스 시장의 10%와 전력 시장의 25%를 장악했다. 이듬해에는 52억 파운드에 영국 상수도 회사를, 6.45억 파운드에 웨일스 에너지 회사를 인수했다. 그 후에도 영국의 전력망과 주요 항구들을 계속 사들였다. 이처럼 나는 영국에서 소매업, 항구, 철도, 에너지, 수처리, 통신 등 다양한 분야로 투자를 확장했다. 사람들은 "리카싱이 영국의 절반을 사들였다!"며 놀랐다.

영국 외에도 유럽과 미국에 대규모 자금을 투자했다. 2011년에는 7억 1,800만 홍콩달러로 캐나다의 국가 열전 발전소를 인수했다. 2012년에는 9억 6,900만 홍콩달러로 이스라엘 통신사 스카일렉스(Scailex)를 인수했고, 같은 해 2억 6,810억 홍콩달러로 호주의 전력 전송 네트워크를 구축했다. 2013년에는 200억 홍콩달러이상을 투자해 뉴질랜드와 네덜란드의 에너지 회사를 인수했다.

이러한 대규모 투자는 '동쪽에서 서쪽으로' 전환하는 나의 투자 전략을 명확히 보여준다. 특히 영국에 가장 많이 투자했다. 나는투자할 곳을 고를 때 몇 가지 기준을 중요하게 여긴다. 법과 규제가 잘 갖춰져 있는지, 정치적 안정성이 보장되는지, 사업 환경이 자유로운지, 그리고 세금 제도는 어떤지 등을 꼼꼼히 살펴본다.

2008년 금융 위기 때, 나는 유럽이 1967년의 홍콩과 비슷하다고 보았다. 저평가된 매물들을 싸게 사들일 최고의 기회라고 생각했다. 영국은 여러 면에서 이상적인 투자처였고, 경제가 회복되면서 더욱 매력적으로 느껴졌다.

동시대의 부자들도 유럽의 투자 기회를 포착했지만, 그들은여전히 부동산에 중점을 두었다. 나는 부동산 대신 인프라, 공공시설, 통신처럼 안정적인 수익이 꾸준히 들어오는 분야에 투자했다.이런 사업들은 오랜 기간 꾸준한 수익을 내기 때문이다. 2014년,영국이 이민 정책을 강화하면서 외국인의 부동산 투자가 어려워졌을 때, 내 투자는 오히려 빛을 발했다.

그러나 상황은 급격히 변했다. 2016년 6월 24일, 영국의 유럽연합 탈퇴가 결정됐다. 당시 나는 영국에서의 전면적인 투자를 막

완료한 상태였다. 내 전체 투자의 56%가 유럽에, 그중 37%가 영국에 있었다.

국민투표 결과 발표 후 첫 거래일에 파운드화는 미 달러 대비 약 10% 폭락했다. 이는 내가 영국에 보유한 약 4,000억 홍콩달러의 자산에 큰 손실을 입혔고, 내가 소유한 4개의 상장사는 두 거래일 동안 총 714억 홍콩달러가 증발했다.

온라인에서는 나를 조롱하는 글들이 많이 올라왔다. 사람들은 슈퍼맨도 이제 늙었다며, 내 판단력이 예전만 못하다고 말했다. 중국 부동산은 50% 올랐는데, 서쪽 자산은 20% 줄어들어 내가 수천억 홍콩달러를 잃었다고 비웃었다.

그러나 나는 영국이 탈퇴하더라도 세상의 종말은 아니라고 생각하며 침착하게 대응했다. 지금도 당시의 '동쪽에서 서쪽으로' 전략이 옳았다고 믿는다. 항상 손에 하나의 핵심 제품을 가지고 있어야 하며, 하늘이 무너져도 돈을 벌 수 있어야 한다.

'하늘이 무너져도 돈을 벌 수 있는 제품'이란 '안정적인 현금흐름을 제공하는 제품'을 의미한다. 이러한 사고방식 덕분에 나는 영국에서의 투자를 인프라, 공공시설, 통신 등의 분야에 집중했다. 세상이 어떻게 변하든 사람들은 항상 물을 마시고, 전기를 사용하며, 천연가스를 소비하고, 전화를 걸기 마련이다. 사람들이 생활을 영위하는 한, 이러한 분야는 돈을 벌 수밖에 없다.

상인의 첫 번째 목표는 자본을 더욱 안전하게 만드는 것이다.

그다음이 자산을 증대시키는 것이다. 이 원칙은 내 투자 철학의 핵심이며, 장기적으로 안정적인 수익을 창출하는 비결이다.

——————— Action Plan 46 ———————

"항상 손에 하나의 핵심 제품을 가지고 있어야 하며, 하늘이 무너져도 당신은 돈을 벌 수 있어야 한다."

리카싱에게 최우선 가치는 '안전하게 이익을 추구하는 것'이다. 금융 위기 이후, 유럽의 투자 위험이 줄어들고 자산 가격이 바닥을 쳤을 때, 그는 과감히 매수에 나섰다. 그에게 일시적인 손실은 중요하지 않다. 그의 시선은 20년, 30년 후의 미래에 고정되어 있다. 유럽의 항구, 철도, 에너지, 통신 같은 분야에 대한 그의 투자는 당장 떼돈을 벌어주지 않더라도 장기적으로 안정적인 수익을 가져다줄 것이라고 그는 확신한다.

90년이 넘는 세월 동안, 리카싱은 수많은 비판과 조롱을 견뎌왔다. 하지만 그는 이에 동요하지 않는다. 대중의 평가는 그의 결정에 영향을 미치지 못한다. 그는 오직 본질만을 믿는다.

당신은 현재 일을 하고 있을 것이다. 당신의 '핵심 기술'은 무엇인가? 어떤 상황에서도 당신에게 가치를 제공할 수 있는 기술이나 자산은 무엇인가?

겸 손

선견지명

기회를 읽는 눈: 하루 30분 책 읽기

한 부대의 총사령관은 기관총 사수만큼 능숙하게 기관총을 다루지 못한다. 숙련된 포병처럼 대포를 조작하지도 못한다. 그러나 총사령관에게는 이런 세부적인 기술보다 전략을 이해하고 활용하는 능력이 더 중요하다.

높은 지위에 있는 사람은 주변의 칭찬과 추켜세움에 쉽게 자기만족에 빠져 현재에 안주하기 쉽다. 나도 수십 년간 큰 영광을 누렸지만, 자기만족에 빠지지 않기 위해 부단히 노력했다. 앞으로 나아가려면 위기의식이 필요하다. 오래 부유하게 살았다고 자만하면, 다른 지역의 잠재력과 장점을 무시하고 자신을 고립시키게 된다.

나는 이를 경계하며 독서와 학습에 힘썼다. 최신 기술과 지식을 꾸준히 탐구하며, 내 분야의 새로운 정보와 변화에 항상 깊은 관심을 기울였다. 무엇을 하든 진정으로 좋아하고 사랑해야 발전할 수 있다고 믿었다.

매일 밤, 잠들기 전 30분 동안 책을 읽으며 최신 사상, 이론, 과학 기술을 이해하려 한다. 소설을 제외하고 문학, 역사, 철학, 과학 기술, 경제 분야의 책을 두루 탐독해왔다. 이 습관을 수십 년째 유지해오고 있다.

광범위한 학습 덕분에 나는 시대의 흐름을 더욱 예리하게 읽을 수 있었다. 부동산에서 막대한 현금 흐름을 확보한 후, 1999년부터 글로벌 통신업, IT 산업, 생명공학 등 신흥 산업에 주목하기 시작했다. 같은 해, 장남 리쩌쥔은 내 지원을 받아 청쿵실업과 허치슨 왐포아를 통해 인터넷 분야에 공동 투자했다. 그는 2,000만 홍콩달러로 'www.tom.com' 도메인을 구매했다.

이러한 일련의 전략적 행보를 통해 나는 기존의 부동산 제국에 혁신을 더했다. 내 그룹은 홍콩 증권거래소에 상장된 8개의 핵심 기업을 중심으로 다각화된 사업 포트폴리오를 운영한다. 이들 기업은 CK에셋홀딩스(CK Asset Holdings, 長地), CK허치슨홀딩스(CK Hutchison Holdings, 長和), 파워에셋홀딩스, HK 일렉트릭 인베스트먼트(HK Electric Investments), CK인프라스트럭처홀딩스, 허치슨텔레콤(Hutchison Telecommunications Hong Kong), CK라이프 사이언스(CK Life Sciences), 톰그룹(Tom Group)으로, 각각 고유의 전문 영역에서 중추적 역할을 수행한다.

내가 처음 세운 CK에셋홀딩스(구 청쿵실업)는 주로 부동산 사업에 집중한다. 중국 본토 부동산 회사들보다 규모는 작지만, 재정 상태는 훨씬 건강하다.

CK허치슨홀딩스(구 허치슨 왐포아)는 다양한 사업을 운영하는 플랫폼이다. 전 세계 52개국에서 부동산, 호텔, 소매업, 인프라, 에너지, 통신, 항만 등의 핵심 사업을 다각화하여 운영하며, 주요 수익원 역할을 해왔다.

파워에셋홀딩스는 이름 그대로 전력 사업을 담당한다. 처음엔 홍콩 지역의 전력 공급을 관리했으나, 점차 청쿵그룹의 글로벌 에너지 회사로 진화했다. 2011년엔 다양한 재생 에너지 사업에 적극 참여해 홍콩 외 지역에서의 수익이 처음으로 홍콩 본토 사업을 넘어섰다.

HK일렉트릭인베스트먼트는 홍콩섬과 라마섬에 전력을 공급하는 회사다. 파워에셋홀딩스가 주요 지분을 보유하고 있다. 홍콩 전력 중심의 투자 신탁을 운영하고 있다. 천연가스, 재생에너지 등 환경친화적 발전에 주력하고 있다.

CK인프라스트럭처홀딩스(구 청쿵 인프라스트럭처)는 홍콩과 중국 본토의 인프라 건설을 담당한다. 중국에서는 교통 인프라에, 해외에서는 에너지 인프라에 중점을 둔다.

CK허치슨텔레콤은 그룹의 통신 사업을 맡는다. 초기 홍콩과 마카오의 통신 사업에서 시작해 3G 사업으로 확장, 글로벌 통신 사업의 기반을 마련했다.

CK라이프사이언스는 의약 및 건강 관리 사업을 담당한다. 리씨 가문 유일의 창업판 상장 회사로, 비료, 의약, 농업 등 다양한 분야에 글로벌하게 투자한다.

톰그룹은 전자상거래, 출판, 미디어, TV 산업 등 '신사업'을 담당한다. 과거 적자였으나 최근 흑자로 전환했다.

시대의 격변 속에서 수많은 기업이 사라진다. 20세기 초에 존재했던 세계 대기업 중 현재까지 500대 기업의 자리를 유지한 기업은 단 3%에 불과하다. 이는 변화에 적응하고 끊임없는 혁신을 추구하는 기업이 소수이기 때문이다.

생존과 발전을 원하는 기업은 세 가지를 명심해야 한다. 첫째, 시장 지향적 접근을 채택할 것. 둘째, 혁신을 핵심 전략으로 삼을 것. 셋째, 효율성을 최우선 가치로 둘 것. 이를 통해 기업은 자신의 이미지를 근본부터 재구축할 수 있다.

2015년 1월, 80세를 넘긴 나이에도 나는 청쿵실업과 허치슨 왐포아의 대규모 주식 맞교환을 통한 전략적 인수합병을 단행했다. 이 과감한 자산 통합 및 재구조화를 통해 두 그룹의 자산은 케이맨 제도에 등록된 두 개의 신설 법인으로 재편되어 홍콩 증권거래소에 새롭게 상장되었다. 이로써 오랜 역사를 가진 허치슨 왐포아와 청쿵실업의 시대는 막을 내리고, 새로운 비전을 품은 CK허치슨홀딩스와 CK에셋홀딩스가 글로벌 무대에 등장했다.

케이맨 제도 등록에 대해 일각에서는 내가 책임을 회피하려 한다는 근거 없는 억측이 제기되었다. 그러나 이 전략적 변혁의 본질은 도피가 아닌, 사업을 더욱 견고하고 유연하게 재구축하기 위한 것이었다. 나는 실물 경제야말로 금융 위기에 대한 가장 강력한 방어 수단이라고 확신한다. 특히 첨단 장비 제조업을 중심으로 한 실물 경제가 앞으로 세계 경제의 중추적 역할을 할 것으로 예견했다.

이 비전에 따라 CK허치슨홀딩스는 항만, 통신, 소매, 인프라, 에너지 등 모든 비부동산 사업 부문을 총괄하게 되었다. 반면 CK에셋홀딩스는 두 그룹의 부동산 사업을 전담하게 되었다. 이 전략적 분할을 통해 잠재적 위험이 있는 산업군과 안정적인 실물 경제 기반 산업을 명확히 분리하고, 각각에 맞춘 차별화된 관리 전략을 적용함으로써 부를 더욱 공고히 하며 미래 위험에 대비할 수 있게 되었다.

─────────── Action Plan 47 ───────────

"창의성은 변화하는 세계에 적응하는 능력을 키워준다."

리카싱의 강점 중 하나는 포트폴리오를 다각화해 안정성을 확보하고, 미래 기술에 투자해 시대에 뒤처지지 않도록 노력하는 것이다. 이는 리카싱이 10대 후반부터 가진 '2법칙'과 일치한다. 2법칙은 근면과 창의성이다. 근면은 삶의 안정성을 보장하고, 창의성은 변화하는 세상에 적응하는 능력을 키워준다. 리카싱이 95세가 넘도록 자본주의 세계에서 승자가 된 이유다.

우리도 나이 들수록 빠르게 변화하는 기술과 시장에 적응하는 것이 어려워질 것이다. 나이와 상관없이 혁신적인 사람으로 남기 위해 당신은 어떤 습관을 유지하겠는가? 딱 한 가지를 떠올려보자.

용기

2010년, 전기차에 투자하다

"전기차 투자 등 어떻게 10년을 앞서 생각하시나요?"이는 내가 자주 듣는 단골 질문이다. 나는 중국에서 대규모 부동산 사업을 철수한 후, 전기차 산업에 도전하기 시작했다. 전기차는 세계 자동차 산업의 필연적인 진화이자 전환의 흐름이다. 특히 중국의 신에너지 자동차 시장은 내가 꾸준히 주목하는 분야 중 하나다.

이러한 전망에 따라, 나는 2010년에 FDG전기차유한회사(Five Dragon Electric Vehicle)에 투자하며 전기차 산업에 본격적으로 진출했다. 이 회사는 전기차의 설계, 생산, 판매뿐만 아니라 리튬이온 배터리의 연구개발, 생산, 판매, 전기차 임대 서비스까지 다양한 사업을 영위하고 있다. 그러나 안타깝게도 이 회사의 제품과 기술은 여러 면에서 경쟁사들에 비해 두각을 나타내지 못했다.

과학기술은 깊은 바다와 같다. 한 기술을 이해하고 자부심을 느낄 때쯤, 그 깊이를 비로소 깨닫게 된다. 하지만 나는 아직 그 깊은 바다에 도달하지 못했다. 다만 분명히 알게 된 것은, 다른 이들이 우리보다 수십 년 앞서 있다는 사실이다. 우리는 이제 막 시작했으며, 배워야 할 것이 많다.

나는 이에 만족하지 않았다. 2013년에 FDG전기차유한회사를 통해 항저우청쿵버스유한회사(杭州长江客车有限公司)를 재편성하고, 이름을 항저우청쿵자동차유한회사(杭州长江汽车有限公司)로 변경했다. 51억 위안을 투자해 국제적으로 선진적인 다섯 가지 주요 공정 생산 시설을 높은 기준으로 구축했다. 이 회사를 신에너지 자동차 분야의 '산업 4.0' 모델 기업으로 만들었다.

여전히 만족하지 않아, FDG전기차유한회사*가 정상 궤도에 오른 후 신에너지 자동차의 산업 체인 투자를 확대했다. '일본의 테슬라' GLM의 85.5% 지분을 인수하고, 영국의 재생 에너지 회사 코리리버사이드에너지그룹(Cory Riverside Energy Group)을 사들였다. 공급망에서는 여러 연구개발 센터를 통제하는 복잡한 전략을 펼쳤다.

배터리가 가장 중요한 요소라 판단해, 충칭, 톈진, 지린, 대만의 삼원 배터리 기업들을 인수했다. 국제화를 위해 미국 스미스모

---

* 2022년 FDG전기차유한회사는 상장 폐지됐다. 오랜 투자로 인한 재무적 어려움과 산업의 변화, 그리고 경영상의 문제들이 복합적으로 작용한 결과였다. 리카싱의 투자를 받았다고 해서 모든 회사가 성공하는 것은 아니며, 이는 비즈니스 세계의 현실을 보여주는 사례다.

터스(SMITH Motors, 전기차 회사)에 지속 투자해 미국 시장 진출 발판을 마련했다. 이로써 내 투자는 산업 체인 전반에 걸쳐 퍼졌다.

2005년, 산터우대학교 졸업식에서 한 학생이 내게 물었다.

"회장님의 그룹은 전 세계 52개국에 20만 명 이상의 직원을 두고 있습니다. 최하위에서 시작해 사업을 일으키셨는데, 미시적 관점과 거시적 관점, 세부 사항과 전체적인 그림을 어떻게 조율하셨는지 궁금합니다."

나는 이렇게 답변했다.

"경험상, 큰 결정을 내릴 때는 반드시 거시적 관점이 필요합니다. 사업의 현재와 미래 전망, 그리고 경쟁 상대를 파악한 후에 결정을 내려야 하죠. 하지만 일상적인 업무에서는 미시적 관점이 중요합니다. 당신의 일에 어떤 문제가 있는지, 세상이 어떻게 변하는지를 꼼꼼히 살펴야 합니다. 세상은 계속 변화하기 때문에, 평소에 좋다고 생각한 업종이나 경험도 남들이 조금만 더 나아가면 360도 중 한두 도 차이로 어긋날 수 있습니다. 이것이 미시적 관점입니다."

나는 신에너지 자동차 외에도 항공기 리스 사업에 진출했다. 2014년 11월, 청쿵실업은 항공기 45대를 세 회사로부터 구매하고, 항공기 리스 회사 중 한 곳의 지분 60%를 인수하는 거래를 발표했다. 이 회사는 15대의 항공기를 보유하고 있으며, 총투자액만 20억 2,420만 달러에 달했다.

신에너지 자동차는 장기적으로 수익 전망이 밝지만, 최근 몇 년간 적자를 기록하고 있다. 이는 기술 연구 개발에 지속적인 투자가 필요하고, 시장이 아직 성숙하지 않았기 때문이다. 이 투자는 초기 비용이 큰 프로젝트로, 미래 수익을 기대하는 것이다. 반면, 항공기 리스 사업은 중국 민간 항공 산업의 성장과 맞물려 큰 잠재력을 보유하고 있다. 이 사업은 수익률이 높지는 않지만, 장기적이고 안정적인 수익 창출이 가능하다. 나는 위험과 수익을 균형 있게 고려해 두 사업에 자금을 배분했다.

Action Plan 48

"투자 기회는 언제나 넘쳐난다. 단, 용감하게 발견하고 과감하게 시도해야 한다."

많은 사람들이 "좋은 투자 기회를 찾기 어렵다"고 한탄한다. 하지만 투자 기회는 우리 주변에 항상 존재한다. 다만 우리가 그것을 보지 못하거나, 보고도 행동하지 않을 뿐이다.

당신은 일상에서 얼마나 많은 기회를 놓치고 있는가? 기회를 발견했을 때, 두려움 때문에 망설인 적은 없는가?

투자자는 날카로운 눈과 용감한 마음을 가져야 한다. 그들은 남들이 보지 못하는 것을 보고, 남들이 두려워하는 것을 시도한다. 끊임없이 책을 읽고 신문을 본다면 투자처를 찾는 것은 쉽다. 하지만 이 두 가지를 하지 않고 머릿속으로만 '투자할 곳이 어디일까?' 고민한다면, 기회가 없어 보이는 것은 당연하다.

혁신

2007년 페이스북, 5분 만에 투자 결심

리더는 결코 안주하거나 과거에 머물러서는 안 된다. 새로운 사상과 관념, 사물과 방법을 과감하게 받아들여야 한다. 젊은 인재를 적극적으로 기용하여, 그들의 열정과 재능, 창의력을 충분히 발휘하게 해야 한다. 그래야 기업이 번영하고, 새로움을 유지하며 끊임없이 발전할 수 있다.

나는 부동산, 에너지, 인프라 산업 등 신기술을 가진 분야에 투자해왔다. 세계가 변하고, 나도 변하고 있다. 2002년, 전적으로 내 자금으로 호라이즌벤처스(Horizons Ventures)를 설립했다. 이 프로젝트는 저우카이쉰(周凱旋)*이 주도했는데, 그녀는 1992년 나와 처음 만난 이후 주요 투자 프로젝트에서 중요한 역할을 해왔다.

호라이즌벤처스는 전통 사업과 시너지를 내는 프로젝트와 혁신적 기술을 추진하는 프로젝트에 투자한다. 주로 기술 스타트업,

특히 빅데이터와 AI 산업에 관심을 둔다. 지역적으로는 실리콘밸리와 이스라엘의 혁신 기업을 주목한다.

2007년, 저우카이쉰이 페이스북 투자를 추천했을 때, 나는 5분 만에 결정을 내렸다. 당시 페이스북은 아직 수익을 내지 못했지만, 막대한 사용자 수와 모바일 플랫폼 계획이 큰 성장 가능성을 보여줬다. 2008년에는 시리(Siri)에, 2012년에는 딥마인드(DeepMind)와 비브(Viv)에 투자했다.

나는 신기술을 좋아한다. 그것이 나를 젊게 만든다고 생각한다. 지금까지 내가 개인적으로 투자한 회사는 60개에 달한다. 이를 통해 '지식이 운명을 바꾼다'는 말을 실감하게 되었다.

내가 투자한 농업 프로젝트 중 하나는 유전자 변형 없이도 같은 토양과 수원을 사용해 수확량을 3분의 1 늘릴 수 있다. 이것이 신기술이 아니면 무엇일까? 현재 이 기술은 성공을 거두어 국내에서 실험 중이다.

2014년, 호라이즌벤처스는 야후 창립자 제리 양 등과 함께 식품 기술 회사인 햄프턴 크릭(Hampton Creek)에 2,300만 달러를 투자했다. 내가 이 회사에 주목한 이유는 그들이 개발한 '식물성 달걀'

✱ 리카싱의 오랜 사업 파트너이자 친구로, 리카싱의 여러 사업과 자선 활동에 깊이 관여하고 있다. 그녀는 호라이즌벤처스의 공동 창립자이자 리카싱 재단의 이사로 활동하며, 많은 혁신적인 기술 스타트업에 투자하고 있다.

때문이다. 이 달걀은 식물성 재료로 만들어졌지만, 영양가와 맛이 실제 달걀과 거의 동일하다.

햄프턴 크릭은 여러 종류의 콩을 혼합해 식물성 달걀을 만들었다. 이 달걀은 더 저렴하고 보관 기간이 길며, 글루텐과 콜레스테롤이 없어 더욱 건강하다. 앞으로 사람들은 달걀을 하나씩 깨는 대신, 병에 든 달걀액을 바로 사용할 수 있게 될 것이다.

우리는 데이터 중심과 역량 기반의 경제 시대에 살고 있으며, '혁신'이 곧 주류가 될 것이다. 젊은 창업가들을 만날 때마다 고정 관념을 버리는 것이 중요하다. 그래야 그들의 제품이 지닌 놀라운 점을 제대로 이해할 수 있다. 그들은 과거와 전혀 다른 미래를 용감하게 탐구하고 있다. 나 역시 앞으로도 가치 있는 잠재력을 가진 스타트업에 계속 투자할 것이다.

지난 10년간 호라이즌벤처스는 최첨단 기술 기업 70여 곳에 투자했다. 이들은 인터넷, 가상 현실, 빅데이터, 클라우드 컴퓨팅, AI, 웨어러블 기기, 3D 프린팅, e스포츠, 수소 연료 전지 자동차 등 다양한 분야에 걸쳐 있다. 특히 인공 달걀, 인공 소고기, 에너지 절약형 조명, 감정 인식 기술, 자동차 3D 프린팅 등은 화제를 모으며 산업의 방향을 주도했다.

2017년 5월 말, 나는 e스포츠에도 투자했다. 29세 왕쓰충(王思聰)의 게임 장비 회사 레이저(Razer)에 5,000만 달러 이상을 투자했다. 며칠 후, 컴퓨터 앞에서 바둑왕 커제(柯洁)와 알파고(AlphaGo)

의 마지막 대국을 지켜보았다. 나는 알파고를 개발한 딥마인드의 두 창업자, 데미스 하사비스(Demis Hassabis)와 무스타파 술레이만(Mustafa Suleyman)을 만난 적이 있다. 그들에게 인공지능에 대해 겸손히 질문했다. 만남에 앞서 종이와 펜을 준비해, 그들의 연구 방향과 성과를 꼼꼼히 기록했고, 감동할 때마다 여러 번 일어섰다.

우리는 젊은이들의 에너지를 유연하게 포착하고 활용하는 방법을 배워야 하며, 새로운 기술을 기존의 성숙한 시장에 적용할 방법을 찾아야 한다.

──────────── Action Plan 49 ────────────

"젊은 에너지를 활용하고, 성숙한 시장에 혁신을 더하다."

우리는 급변하는 시대를 살고 있다. AI, 빅데이터, 클라우드 컴퓨팅이 몰아치는 가운데, 기업들은 전례 없는 도전에 직면해 있다. 이 변화의 중심에는 젊은 세대의 에너지가 있다. 그들의 창의성은 세상을 뒤흔들고 있다.

젊은 에너지를 응원만 하는 건 부족하다. 우리는 이 에너지를 유연하게 받아들이고 효과적으로 활용해야 한다. 그들의 아이디어는 신기술을 넘어 성숙한 시장마저 변화시킬 수 있다. 우리는 AI 등 신기술의 물결에 어떻게 대비해야 할까?

사명

백 년을 살아도, 가치 없이 산다면 무슨 소용인가?

나는 자주 자신을 슈퍼맨이 아닌, 성공한 상인이자 평범한 노인일 뿐이라고 말해왔다. 하지만 호라이즌벤처스에서 내 역할은 단순한 '상인'에 그치지 않는다. 나는 미지의 세계를 열정을 품고, 위험을 감수하며 미래를 바꿀 수 있는 혁신에 투자한다. 이 과정에서 나의 목표는 단순히 수익을 창출하는 것이 아니라, 세상을 더 나은 방향으로 이끄는 것이다.

2018년 산터우대학교 졸업식 연설에서 나는 이렇게 말했다.

"공감과 관대함은 선택이다. 타인에게 기쁨과 만족을 주고, 모두가 한마음이 되는 것이 더 큰 꿈을 실현하게 한다."

단순히 재정적 성공을 추구하는 것이 아니라, 공감과 관대함을 통해 더 큰 꿈을 이루어가는 것. 이는 우리가 개인적으로든, 직업적으로든 더 큰 목표를 달성할 수 있는 방법이다.

인생은 짧다. 단순히 오래 사는 것이 '수명'의 의미는 아니다. 백 살을 살아도 사회와 타인에게 실제적 도움을 주지 못했다면 그 '수명'에 어떤 가치가 있겠는가? 자신과 타인 모두를 행복하게 만드는 삶이야말로 의미 있는 삶이다.

이런 생각으로 호라이즌벤처스의 성공과 실패에 크게 연연하지 않았다. 전통 산업에서의 성공 덕분에 고위험을 감당할 만한 충분한 자본이 있었다. 내 초점은 단순한 수익이 아닌, 미래를 바꿀 수 있는 혁신적인 기술과 창의적인 아이디어에 맞춰져 있었다. 이런 투자가 성공할 경우, 그 이익은 단지 나 개인의 것이 아니라, 인류 전체에 막대한 혜택을 가져올 수 있기 때문이다.

호라이즌벤처스는 내 개인 자산으로 위험을 감수하며, 수익은 리카싱 재단으로 돌린다. 그 덕분에 수익 압박에서 자유로워 더 긴 투자 기간을 받아들이고, 단기 변동에도 덜 영향받는다. 이 투자는 오직 나 한 사람이 책임지므로, 호라이즌벤처스는 나를 대신해 더 넓은 세상을 탐구하는 연장된 눈과 손 역할을 한다.

호라이즌벤처스의 배경에는 가문 운영형 펀드가 있다. 이 독립적인 구조 덕분에 유연한 투자 방식을 유지할 수 있다. 초기 단계 프로젝트뿐만 아니라, 잠재력 있는 기업의 B 라운드, C 라운드, 심지어 1.5차 투자 프로젝트까지도 투자할 수 있다. 일반 대형 사모펀드와 달리 투자자에게 명확한 기대치와 위험을 설명할 필요가 없어 더 많은 기회를 잡을 수 있다.

2017년 5월, 나는 항노화 제품을 시식한 후 "20세로 돌아간 것 같다"는 느낌을 받아 즉시 2천만 달러를 투자했다. 이 회사가 개발한 트루 나이아젠(Tru Niagen)은 노화를 지연시키는 효과가 있는 NR(Nicotinamide Riboside)*을 포함하고 있다. 이 투자는 단순히 영원히 살고 싶어서가 아니라, 과학기술을 통해 더 많은 사람들이 젊음을 유지하고, 고령화 사회 문제를 해결하는 데 기여하기 위함이다. 의료 산업은 세계 경제 발전의 새로운 엔진이 될 것이다.**

그런데 현재 기술 혁신을 방해하는 현실적 문제들이 존재한다. 이러한 상황에서 나는 종종 생텍쥐페리의 말을 인용하곤 한다. "배를 만들고 싶다면, 사람들에게 나무를 모으라고 시키지 말고, 그들에게 넓은 바다에 대한 동경심을 불러일으켜라." 이 말은 기술 혁신에도 적용될 수 있다고 믿는다. 즉, 기술 혁신을 지원하는 최선의 방법은 조건 없이 사회의 혁신 열망을 자극하는 것이다.

이러한 믿음을 바탕으로, 2012년 나는 한 젊은 혁신가에게 투자를 결정했다. 15세의 호주 중학생 니콜라스 달로이지오(Nicholas

---

* 비타민 B3의 한 형태로, 체내에서 NAD+로 전환되어 세포의 에너지 생산과 대사에 중요한 역할을 한다. 항노화 효과와 대사 질환 개선 등의 잠재적 이점으로 주목받고 있지만, 장기 효과에 대한 연구는 계속 진행 중이다.

** GHDx의 건강 지출 보고서에 따르면, 2021년 기준으로 이미 전 세계 건강 지출 총액은 약 9.8조 달러에 달했다. 이는 전 세계 GDP의 약 10.3%에 달한다. 2050년에는 약 27조 달러에 이를 것으로 예상된다.

D'Aloisio)가 개발한 자동 요약 앱 '섬리(Summly)'에 25만 달러를 투자한 것이다. 이 앱은 자연어 처리와 인공지능을 사용해 뉴스 기사를 자동으로 요약하는 기능을 제공했다.

놀랍게도, 투자 후 1년 만에 야후가 이 회사를 3,000만 달러에 인수했고, 그 소프트웨어는 더 넓은 활용 범위를 갖게 되었다. 이로 인해 니콜라스 달로이지오는 10대 백만장자가 되었다.

─────── Action Plan 50 ───────

"배를 만들고 싶다면, 사람들에게 나무를 모으라고 시키지 말고, 그들에게 넓은 바다에 대한 동경심을 불러일으켜라." - 앙투안 드 생텍쥐페리

리카싱이 원하는 삶은 가치 있는 삶이다. 그에게 가치 있는 삶이란 인류에게 도움이 되는 일을 하는 것이다.

리카싱의 호라이즌벤처스는 실험적인 과학 기술에도 과감히 투자한다. 결과와 상관 없이, 사람들에게 도움이 되는 기술에 투자하는 것이다. 그러면서도 정작 본인은 저가형 시계를 수십년 째 차며, 자신이 이룬 부에 비해 작은 집에 산다.

당신의 투자 결정은 어떤 가치를 반영하는가? 단기 수익과 장기적 비전 사이에서 우리는 어떤 선택을 해야 할까? 리카싱은 여유가 있었기에 이런 투자를 할 수 있었던 걸까? 20대에 플라스틱 사업을 하며 쩔쩔맸던 시절에도 이런 투자가 가능했을까? 당신의 생각이 궁금하다. 블로그나 SNS에 관점을 정리하고 공유해보자.

성장

미래에 가장 돈을 많이 버는 사업은 세 가지다

미래에 가장 돈을 많이 벌 세 가지 산업은 신유통(아마존, 알리바바), 인터넷+공유 경제(플랫폼), 그리고 건강 산업이다. 특히, 건강 산업은 절대 지지 않는 아침 해와 같은 산업이 될 것이다. 내가 건강 산업에 주목하는 이유는 네 가지다.

- 인구 고령화와 환경 오염: 보건 및 의료에 대한 잠재적 수요가 증가하고 있다.
- 건강 의식 향상: 주민들의 건강 의식이 높아지면서 의료 및 보건 지출이 증가하고 있다.
- 거대한 시장 공간: 미국의 건강 산업은 약 15조 달러인 반면, 중국은 약 400억 달러 수준에 불과하다.
- '건강 중국 전략' 정책: 이 정책은 새로운 역사적 발전 기회를

제공한다.

2013년, 국무원은 《건강 서비스 산업 발전 촉진에 관한 의견》을 발표했다. 이 의견에서는 2020년까지 전 생애를 아우르는 건강 서비스 산업 체계를 구축하고, 산업 규모를 8조 위안 이상으로 만든다는 목표를 제시했다. 많은 기업이 건강 산업에 진출하는 것은 이러한 배경 때문이다.

2014년부터 마윈은 의료 산업에 투자하기 시작했다. 그는 미래 병원, 클라우드 병원, 티몰 약국, 알리헬스 앱 등 다양한 플랫폼을 구축했다. 이를 통해 B2C*와 온·오프라인 연계 방식의 의약 건강 제품 판매 플랫폼을 마련했다. 이 플랫폼은 사용자들에게 다양한 구매 경험을 제공하고, '약 구매의 어려움' 문제를 해결하는 것을 목표로 한다.

2016년 상반기, 세 개의 주요 기업이 건강 산업에 본격적으로 뛰어들었다. 3월 16일, 바이두는 디지털 헬스케어 플랫폼인 '바이두 의사'**를 출시했다. 이어서 3월 25일, 텐센트는 인터넷 기술과 의료 서비스를 결합한 플랫폼 '텅아이 의료'를 선보였다. 6월에는

---

* 기업과 소비자 간 거래
** 빅데이터와 인공지능 기술을 활용한 온라인 의료 서비스. 예약 진료의 시간 비용을 효과적으로 줄였다.

형다 그룹에 종합 헬스케어 플랫폼인 '형다 헬스'를 시작했다.

나는 이보다 훨씬 앞선 1998년에 리카싱 재단을 통해 2천만 위안을 기부했고, '완화의료(호스피스 케어)'를 중국 본토에 도입했다. 완화의료 서비스는 말기 암 환자들이 삶의 마지막을 존엄하게 마무리하도록 돕는다. 이는 환자의 고통을 덜어주고 환자와 가족의 심신을 돌보아 "떠난 자는 편안하게, 남은 자는 위로받게" 하는 목표를 가진다. 전국에 20개의 완화의료 센터가 운영되고 있다.

2000년에는 CK라이프사이언스를 설립해 생명과학 산업에 진출했다. 중국 주요 도시에서 이밖에도 다양한 의료 산업 협력을 추진했다. 베이징에서는 동인당(同仁堂)과 협력하고, 상하이에서는 상하이 허치슨 제약회사(上海和黄医药有限公司)를 운영하며, 광저우에서는 바이윈산 제약(白云山医药)과 합작으로 공장을 설립했다.

2012년에는 네슬레와 함께 영양과학 합작 회사를 설립했다. 이 회사는 중약을 이용한 소화기 질환 치료법을 연구하고 있다.

2016년, 8억 5,000만 파운드를 투자해 영국 최대 요양원 그룹인 포시즌 헬스케어(Four Seasons Health Care)를 인수했다. 이 그룹은 약 500개 요양원을 보유하고 있으며, 영국의 요양 문제를 거의 전담하고 있다. 인구 고령화 속에서 많은 영국 요양원 운영자들이 높은 비용으로 철수한 상황에서, 이는 저가 매입 투자 사례로 볼 수 있다.

또한 미국의 채식 건강 산업에도 투자했다. 스탠퍼드대학교

연구진이 설립한 임파서블 푸드(Impossible Foods)의 '식물성 버거'*
와 셀시어스(Celsius)의 기능성 음료에도 투자했다.

2018년 은퇴 후에도 1,500만 달러를 투자해 영국의 체외 진단
기업 아울스톤 메디컬(Owlstone Medical)의 주요 투자자가 되었다.

아울스톤 메디컬은 호흡 바오옵시(Breath Biopsy)라는 혁신적인
호흡 검사 장비를 개발했다. 이 장비는 환자의 호흡 대사체를 비침
습적으로 분석해 질병의 초기 발견과 실시간 모니터링을 가능하게
한다. 주로 암, 염증, 감염병 등의 초기 진단과 감시에 사용된다.

2011년부터 이스라엘의 여러 생명공학 프로젝트에 투자했으
며, 주요 기업으로는 액셀타(Accellta)**, 미메드 다이어그노스틱스
(MeMed Diagnostics)***, 미디얼 리서치(Medial Research)****, 카이마 바
이오 애그리테크(Kaiima Bio-Agritech)***** 등이 있다.

---

* 빌 게이츠도 투자한 이 제품은 겉모습은 고기 버거 같지만 완전 채식 제품이다. 시금치, 밀, 대두 추
  출물로 만들어지며, 일반 버거보다 단백질, 철분, 비타민이 높고 콜레스테롤이 없다.
** 배아를 개선하고 유도 다능성 줄기세포를 배양하는 솔루션 제공.
*** 전염병과 염증성 질환을 진단하는 솔루션 개발.
**** 저비용 암 스크리닝을 목표로 하는 생명공학 회사.
***** 비유전자변형 기술 플랫폼인 EP를 개발하는 회사.

"경쟁 우위를 유지하려면 과거의 영광에 안주하지 말아야 한다."

리카싱은 세 가지 산업이 크게 성장할 것이라 봤다. 세 가지는 신유통(아마존, 쿠팡), 인터넷 플랫폼(배달의민족, 카카오톡), 건강산업을 뜻한다. 당신이 생각하기에 다음으로 떠오를 산업은 무엇이 될 거라 생각하는가? 틀려도 괜찮으니 자유롭게 연상해보자.

환 원

기부

돈을 다루는 3가지 원칙

"수십조에 달하는 돈은 대체 어떤 원칙으로 다루시는 겁니까?"

사람들은 궁금한 모양이다.

돈을 다루는 데 있어 세 가지 원칙이 있다.

첫째, 배움에 투자하는 것이다. 자신의 지식과 능력에 투자하는 것은 가장 안전한 재테크이며, 어디서든 굶지 않고 살아갈 수 있는 기반이 된다.

둘째, 부모를 공경하는 데 사용하는 것이다. 경제적 상황에 상관없이 부모님을 모시는 데 돈을 아껴서는 안 된다. 부모와의 관계가 좋지 않으면 인생에서 실패와 불운을 겪기 쉽다.

셋째, 사회에 환원하는 것이다. 사회는 큰 가족과 같아서 서로 돕는 것이 중요하다. 수입이 적더라도 작은 금액부터 기부하는 습관을 들이는 것이 좋다. 여유가 된다면 더 많이 기부할 수 있다.

이 세 가지에 쓰는 돈은 반드시 써야 할 돈이다. 이는 개인의 발전, 가족 관계의 증진, 그리고 사회 발전에 기여하는 중요한 투자다.

2019년 7월 19일, 공항에서 우연히 만난 아이들에게 여행비를 지원한 이야기가 화제가 되었다. 실제로 나는 상하이시 작은 비둘기 무용단에 총 200만 위안을 기부했다. 100만 위안은 일본 홋카이도 '국제 청소년 무용 대회' 참가 경비로, 나머지 100만 위안은 노인들이 춤을 배우는 공익 교육 프로젝트에 사용된다. 또한 아이들 각각에게 선물 구입비로 약 1,300위안을 주었다.

이 일은 홋카이도 공항에서 무용단 아이들이 에스컬레이터에서 길을 양보한 것으로부터 시작되었다. 그들의 예의 바른 행동에 감동받아 기부를 결심하게 된 것이다.

1991년 7월, 중국 화동 지역에 홍수가 발생했다는 소식을 듣고 즉시 5,000만 홍콩달러를 기부했다. 당시 나는 중국 본토에 투자를 시작하지도 않은 상태였다. 또 산터우의 태풍 피해 소식을 듣고 개인 명의로 500만 홍콩달러를 추가로 기부했다.

중국 장애인 연합회에도 1억 위안을 기부했다. 나는 맹아들을 볼 때마다 특히 더 마음이 쓰인다. 그들은 보이지 않는 어둠 속에서 살아가야 하기 때문이다. 나는 1억 위안을 기부하면서 "이 돈을 종잣돈으로 삼아 4~5배의 매칭 기금을 확보하면 더 많은 장애인을 도울 수 있을 것"이라고 제안했다. 이 기부는 5년 동안 163만 명의 장애인들에게 새로운 삶을 선사했다. 무엇보다 단순한 금전적 지원을 넘어, 체계적이고 지속 가능한 변화를 이끌어내고 싶었다.

홍콩에서 몇몇 친구들이 암으로 세상을 떠났다. 그들은 마지막 순간까지 큰 고통을 겪었다. 어느 날, 친구를 병문안하며 문득 중국 본토의 경제적으로 어려운 환자들이 떠올랐다. 그 생각은 중국 본토에 20개의 말기 환자 돌봄 센터를 설립하는 계기가 되었다.

내 공익 활동은 단순한 생각에서 시작되는 경우가 많지만, 나의 기부 철학은 단순한 자선을 넘어선다. 진정한 목표는 실질적인 문제를 해결하는 것이다. 다른 이들이 기부 후 자신의 선행이 얼마나 알려졌는지에 신경 쓸 때, 나는 그 기부가 실제로 어떤 변화를 일으켰는지에 대해 고민한다. 기부의 진정한 가치는 사회적 인정이 아니라, 문제를 해결하는 데 있다고 믿는다.

나는 부에 대해 독특한 관점을 가지고 있다. 부는 사회로부터 온 것이기에, 다시 사회를 위해 사용되어야 한다고 생각한다. 부의 진정한 가치는 세상에 긍정적인 영향을 미치는 데 있다.

이러한 관대한 행동들 덕분에 나는 수많은 영예를 얻었다. 덩샤오핑을 비롯한 여러 국가 지도자들이 나의 기여를 높이 평가했다. 이로 인해 나는 '슈퍼맨'이라는 이미지가 생겼고, 이러한 인정은 사업에도 긍정적인 영향을 미쳤다. 덕분에 더 많은 자원을 확보할 수 있었고, 사업을 더욱 능숙하게 운영할 수 있게 되었다. 결과적으로 기부 활동과 사업이 서로에게 이익을 주는 상호 보완적인 관계로 발전하게 되었다.

나는 '내면의 부유함이 진정한 부'라는 주제로 연설한 적이 있다. 그 자리에서 《논어》와 이백의 시를 인용하며 물질적 부에 대한 초연함을 강조했다.

《논어》의 '불의하게 부유하고 귀하게 사는 것은 나에게 뜬구름과 같다'는 구절은 하나의 이상적인 경지를 보여준다. 또한 당대 시인 이백의 시 '산중문답'에서 '그대는 어찌하여 푸른 산에 머물러 있는가 물으니, 웃기만 하고 대답하지 않네. 복사꽃이 흘러가니 아득하여, 다른 세상, 인간 세상이 아니네'라는 구절은 또 다른 경지를 표현한다. 상인으로서 이런 경지에 도달하는 것은 쉽지 않지만, 나는 평생 이를 추구해왔다.

나이가 들수록 부가 더 허망하게 느껴졌다. 리카싱 재단을 설립했고, 이를 셋째아들처럼 여겼다. 이 재단은 단순한 자선 단체가 아니라, 나의 가치관과 사랑을 이어갈 존재다.

리카싱 재단은 지금까지 천억 홍콩달러 이상을 공익사업에 기부했으며, 1억 명이 넘는 사람들에게 혜택을 주었다. 이 재단은 내 생명과 가치관의 연장선이다.

일정 수준 이상의 부는 기본적인 생활 유지 외에 큰 의미가 없다. 만약 관대하게 나누고 사랑을 실천하지 않는다면, 그 부는 단순히 세대간에 이전될 뿐이다. 진정한 부의 가치는 그것이 사회에 미치는 긍정적인 영향력에 있다. 따라서 부를 축적하는 것보다, 그 부를 효과적으로 사용하는 것이 더 중요하다.

이는 단순한 부의 이전을 넘어, 사회적 가치와 책임을 후대에 전하는 것이다. 기부를 상속과 동등하게 여기는 것이 핵심이다. 개인의 부를 사회 발전에 투자하는 것이 더 나은 미래를 만드는 방법이다.

돈은 필수적이지만, 모든 문제를 해결하는 만능 도구는 아니다. 때로는 충분한 자금이 있어도 해결하기 어려운 문제들이 존재한다. 내가 기부한 작은 돈이 사회에 큰 도움이 된다면, 그것으로 충분하다. 나는 평생 후회하지 않을 것이다.

--------- Action Plan 52 ---------

"나는 혼자서 세상을 바꿀 수 없지만, 물에 돌을 던져 많은 파문을 만들 수 있다." - 마더 테레사

기부나 봉사가 꼭 '대단한 헌신'일 필요는 없다. 지하철에서 옆 사람에게 미소를 건네거나, 길 잃은 사람을 도와주는 것 같은 사소한 일들도 충분히 의미가 있다. 그런 작은 행동들이 모여 더 나은 세상을 만들어가는 것이다.

우리 모두가 조금씩만 더 따뜻해진다면, 그 힘이 얼마나 클지 생각해보아라. 당신이 만드는 작은 물결이 점점 커져 결국 큰 파도가 될 수 있다는 것을 믿어보아라. 당신이 있는 곳에서 작은 선행을 시작하자. 그 작은 선행들이 세상을 변화시킬 수 있다.

선택

내가 카지노 사업에 절대 손대지 않는 이유

내 사업 철학은 정직과 의로움에 바탕을 두고 있다. 《논어》에서 공자는 "의를 따른 후에 취하면 사람들이 싫어하지 않는다"고 말했다. 이는 "군자는 재물을 사랑하되, 그것을 취함에 도가 있다"는 원칙의 근원이다. 공자는 또한 "이익을 볼 때는 의를 생각해야 한다. 불의하게 얻은 부와 귀는 뜬구름과 같다"고 가르쳤다.

돈이 최고로 여겨지는 이 시대에, 많은 사람들이 지름길을 택하고 속임수로 돈을 벌려 한다. 그러나 고금동서의 현인들은 경고한다. 부정하게 얻은 돈은 결국 바람에 흩날리는 뜬구름처럼 금세 사라진다고 말이다.

사람들은 '주머니에 들어와야 안전하다'며 더 많은 돈을 얻기 위해 온갖 방법을 동원하지만, 돈 이상의 가치를 이해해야 한다. 정당한 일을 통해 합리적으로 돈을 버는 것이 지속 가능한 부를 창출하는 길이다.

70년간의 사업 경험을 통해 깨달음을 얻었다. 정당하게 사업하는 것은 쉽지 않고 경쟁은 점점 더 치열해진다. 개인이 원칙 없이 부정하게 돈을 벌면, 운 좋게 큰돈을 얻을 수는 있다. 하지만 쉽게 얻은 돈은 쉽게 사라지고, 끝없는 문제를 초래한다.

나는 장기적으로 성공하는 기업을 만들기 위해 해야 할 일과 하지 말아야 할 일을 명확히 정했다. 1990년대 중반부터 허치슨 왐포아를 통해 항만 산업에 대규모 투자를 시작했고, 이를 글로벌 사업으로 성장시켰다. 바하마에서는 최대 자유항 터미널을 건설했고, 세계 최장 활주로를 가진 공항과 여러 호텔, 골프장을 지었다.

바하마는 카리브해의 작은 섬나라로, 뛰어난 항구와 풍부한 관광 자원을 보유하고 있다. '세계에서 가장 섹시한 해변'으로 알려진 분홍색 해변은 유명한 다이빙 명소다. 바하마 정부는 관광 산업 발전을 위해 우대 투자 정책으로 외국 투자자들을 유치했다. 나는 10년간의 투자로 바하마 최대 해외 투자자가 되었다.

잉그레이엄 총리는 감사의 뜻으로 나에게 카지노 운영 허가권을 제안했다. 높은 수익성과 희소성으로 많은 사업가들에게 매력적인 기회였지만, 나는 그 제안을 단호히 거절했다.

부하 직원은 카지노 사업을 하지 않고 카지노 운영 허가권을 다른 사람에게 넘기기만 해도 매년 1억 5천만 홍콩달러를 벌 수 있다고 조언했다. 하지만 나는 "허치슨 왐포아는 절대 카지노 사업을 하지 않는다"라고 단호히 말했다.

잉그레이엄 총리는 이 소식을 듣고 믿기지 않아 직접 홍콩으로 찾아왔다.

"많은 사업가들이 이 카지노 운영 허가권을 원했지만, 우리는 주지 않았습니다. 당신의 큰 투자에 대한 보답으로 꼭 드리고 싶습니다. 이미 우리나라에 세 개의 호텔을 가지고 있으니, 어느 호텔에나 카지노를 설치할 수 있습니다."

나는 이 허가권의 가치를 알고 있었지만, 카지노 사업에는 관심이 없었다. 많은 사업가들이 카지노를 오락 사업으로 여기지만, 나는 도박에 대해 강한 반감을 가지고 있었다.

1995년 홍콩 언론은 리자오지가 도박으로 1,400만 달러를 잃었다고 보도했다. 이전에도 내가 정유퉁, 저우원쉔, 리자오지와 함께 카드놀이를 한다는 뉴스가 자주 나왔다. 이에 대해 나는 억울함을 호소하며 이렇게 말했다.

"사업에서 성공하려면 먼저 자신의 돈을 잘 관리해야 하고, 돈이 어떻게 벌어지는지 이해하며, 이를 아껴야 한다. 돈을 흥청망청 쓰면 오래 머물지 않는다. 돈은 영혼이 있는 것처럼, 당신이 무시하고 아끼지 않으면 떠나버린다."

홍콩 최고 부자가 된 후, 나는 마카오의 도박왕 스탠리 호(Staneley Ho)*와 자주 비교되었다. 이는 불편한 일이었다. 스탠리 호는 마카오에서 카지노 독점권으로 성공했지만, 나는 카지노 사업이 허치슨 왐포아의 명성을 해칠 수 있다고 생각했다.

바하마 총리의 호의를 존중하면서도 원칙을 지키기 위해 호텔 외부에 카지노를 건설해 제3자에게 임대하는 절충안을 제시했다. 하지만 카지노 운영 허가권은 받지 않겠다는 입장을 분명히 했다.

허치슨 왐포아의 역할은 임대료를 받는 것으로 한정했다. 우리는 호텔만 짓고, 카지노 운영은 임차인이 맡았다. 임대 계약서에 "허치슨 왐포아 호텔에는 절대 카지노가 없다"는 조항을 명시했다.

많은 이들은 내가 바하마에서 카지노 운영 기회를 거절한 것을 고지식하다고 여겼다. 그곳에서 카지노는 쉽게 돈을 벌 수 있는 수단으로 여겨졌기 때문이다.

돈을 버는 것보다 더 중요한 것은 개인과 기업의 신용을 쌓는 것이다. 신용은 재무제표에 나타나지 않지만, 무한한 가치를 지닌 자산이다. 사명감 있는 기업가는 정직한 길을 걸어야 한다. 나는 정직하게 번 돈이 가장 가치 있다고 믿는다.

공자는 "세상일에 절대적인 행동 지침을 두지 않고, 오직 '의'의 원칙을 따라야 한다"고 말했다. 이익 추구는 인간의 자연스러운 욕구지만, "군자는 재물을 사랑하되, 그것을 취함에 도가 있다"는 원칙은 고대부터 변치 않는 상도의 철칙이다. 불법적이거나 무분별한 이익 추구는 실패로 이어진다. 정당한 방법으로 이익을 추구

＊ 마카오의 유명한 사업가로, 카지노 산업을 통해 거대한 부를 축적했다. 본명은 허훙신(何鴻燊)이다.

하는 것이 장기적으로 성공의 길이다.

나의 사업 철학은 과도한 탐욕을 경계하고 자제력을 갖추는 것이다. 끝없는 탐욕은 위험을 간과하게 만들어, 결국 재앙을 초래한다.

정직하게 돈을 벌고, '의'의 원칙을 지키며, 불의한 돈은 절대 취하지 않는 것이 나의 오랜 성공 비결이다.

불의하게 얻은 부와 지위는 무의미하다. 내 돈이라면 한 푼이라도 땅에 떨어지면 주울 것이다. 하지만 내 것이 아니라면, 아무리 많아도 취하지 않을 것이다. 내가 번 돈은 모두 공개할 수 있다. 나는 불투명하게 번 돈이 없다.

─────── Action Plan 53 ───────

"돈을 버는 것보다 더 중요한 것은 개인과 기업의 신용을 쌓는 것이다."

사업 세계에서 우리는 종종 이익과 윤리 사이에서 갈등한다. 리카싱은 이 갈등 속에서 흥미로운 선택을 했다. 쉽게 돈을 벌 수 있는 카지노 사업 기회를 거절한 것이다. 왜일까? 그의 원칙은 단순했다. 돈은 정직하게 벌어야 한다는 것.
이런 선택은 단기적으로는 어리석어 보일 수 있다. 당장의 이익을 포기하는 것이니까. 하지만 그는 '신용'이라는 무형의 자산을 쌓고 있었다.
당신의 연봉이 3천만 원이라고 가정해보자. 어느 날, 이런 제안을 받는다. "1년간 도박장 매니저를 해주시면 20억을 드리겠습니다." 당신은 어떤 선택을 할 것인

가? 수락할 것인가, 거절할 것인가? 어떤 선택을 하든 괜찮다. 중요한 건 자신만
의 논리와 근거를 세우는 연습이다.

윤리

어떤 사람이 완벽한 사람이라 생각하는가?

당신에게 은혜를 준 스승 혹은 대표가 있다고 가정하자. 그들이 지금 위험에 처했다. 하지만 당신은 현재 입에 풀칠하기 바쁜 상황이다. 당신은 의를 중요시할 것인가, 아니면 현실에 집중할 것인가? 성공을 위해 수단과 방법을 가리지 않는 사람은 인간으로서 실패한 것이다. 인간성을 잃으면 일시적으로 돈을 벌더라도 금세 사라진다. 불의한 방법으로 돈을 벌지 않는 것은 인간으로서, 그리고 경영자로서의 기본 원칙이다.

　이익과 도의가 충돌할 때는 어떻게 해야 할까? 공자는 이익을 포기하고 의를 선택하라고 말한다. 1973년, 중동 전쟁으로 인한 전 세계적 석유 위기는 여러 산업에 심각한 타격을 줬다. 특히 홍콩의 플라스틱 산업은 원료를 전적으로 수입에 의존했는데, 일부 수입업자들은 이를 이익 창출의 기회로 삼았다. 그들은 가격을 독점적으로 조정해 제조업체들이 감당할 수 없을 정도로 끌어올렸다. 연초에 1파운드당 65센트였던 플라스틱 원료 가격은 가을에 1파운드당 4~5홍콩달러로 폭등했다. 이는 거의 10배에 가까운 상승으로, 많은 제조업체가 위기에 처했다.

당시 주변 사람들은 이 기회를 이용해 큰돈을 벌라고 조언했다. 내 재력으로 충분히 가능했지만, 나는 마음이 편치 않았다. 플라스틱 산업 출신으로서, 그런 불법적이고 비윤리적인 방법으로 이익을 취하고 싶지 않았다. '검은 돈'을 거부하는 것만으로는 부족했다. 오히려 이 상황을 바로잡는 것이 내가 할 수 있는 최선의 선택이라고 믿었다.

많은 플라스틱 제조업체들이 생산을 중단해야 하는 위기에서 나는 주저하지 않고 나섰다. 수백 개의 플라스틱 제조업체에게 제안했다. "지분을 모아 연합 플라스틱 원료 회사를 설립합시다." 이는 작은 힘들을 모아 독점 상인들에게 맞서자는 전략이었다.

개별 플라스틱 제조업체들은 소량 주문으로 직접 원료를 수입하기 어려웠다. 그러나 연합 회사를 통해 대량 주문이 가능해지면서, 수입업체보다 유리한 조건으로 거래할 수 있었다. 직접 거래로 비용도 크게 절감했다.

이로 인해 2년간 플라스틱 산업을 괴롭혔던 원료 위기는 빠르게 해결되었다. 이 과정은 윤리적 경영과 협력의 힘이 산업 전체의 위기를 극복할 수 있음을 보여주는 사례가 되었다.

또한 나는 원료 부족으로 어려움을 겪는 업체들을 돕기 위해 청쿵회사가 보유한 비축 원료 12만 4,300파운드를 시장 가격의 절반에 판매했다. 또한 연합 회사가 해외에서 구매한 원료 중 청쿵의 할당량 20만 파운드를 구매 가격 그대로 수요가 많은 제조업체들에게 넘겨주었다.

당시 나의 주력 사업은 이미 부동산으로 옮겨가 원료 위기가 청쿵산업에 큰 타격을 주지 않았다. '나와는 상관없는 일'이라며 무관심할 수도 있었지만, 그러지 않았다. 플라스틱 업계의 어려움을 알고 있었고, 이 산업에 대한 의무감과 책임감을 느꼈기 때문이다.

1987년 8월, 홍콩 주식시장이 역사적인 최고점에 도달했을 때, 나는 곧 시장이 붕괴할 것이라고 예측했다. 9월 14일, 나는 청쿵그룹, 허치슨 왐포아, CK인프라스트럭처홀딩스, CK허치슨홀딩스 네 회사가 총 103억 홍콩달러를 모금할 것이라고 발표했다. 이는 당시 홍콩 증권 역사상 최대 규모의 자금 조달이었다.

내 예측은 적중했다. 10월 19일, 미국 월스트리트 주식시장이 508포인트 급락하며 전 세계 금융시장에 충격을 줬다. 홍콩 주식시장도 항셍지수가 420포인트 이상 폭락했다.

사태의 심각성을 인지한 홍콩 증권거래소의 리푸자오 회장은 다음 날 4일간의 시장 휴장을 선언했다. 이는 시장의 패닉을 진정시키고 추가 손실을 방지하기 위한 조치였다.

1987년 10월 23일, 주식시장 붕괴 직후 나는 홍콩 증권거래소에 '주식시장 안정화' 계획을 제안했다. 이 계획은 15억에서 20억 홍콩달러를 투입해 청쿵 계열 네 회사의 주식을 매입하는 것이었다. 목적은 홍콩 주식시장의 안정을 도모하는 것이었다.

나는 이 계획의 취지를 "홍콩 주식시장의 과도한 변동성을 막기 위한 것이며, 개인의 이익이 아닌 홍콩 전체 경제를 고려한 결정"이라고 설명했다. 그러나 내 의도를 여러 차례 명확히 밝혔음에도 일부에서는 여전히 이를 '사적인 이익'을 위한 것이라고 의심했다.

이 상황은 기업인이 사회적 책임과 개인의 이익 사이에서 균형을 잡는 것이 얼마나 어려운지를 보여준다. 대규모 자금 투입을 통한 시장 개입은 다양한 해석과 비판을 불러일으킬 수밖에 없다. 그러나 진정한 기업가라면 위기 상황에서 과감한 결단을 내려야 한다. 또한, 전체 경제를 고려해 행동하는 것이 기업가의 핵심이다.

나는 홍콩 정부를 방문해 '국가적 차원의 구제금융'이라는 관점에서 이 계획을 설명하고 추진했다. 결국 인수 및 합병 위원회는 내 제안을 수용했다.

과거 경험상 주식시장 붕괴 후에는 2~3년간의 침체기가 뒤따랐다. 이 때문에 많은 이들이 내 행동이 큰 손실로 이어질 것이라 예상했고, 나 역시 손실을 감수할 각오를 하고 있었다.

그러나 예상 밖의 상황이 벌어졌다. 대규모 주식시장 붕괴가 놀라울 정도로 빠르게 회복됐다. 이듬해 4월, 시장은 이미 1987년 초의 수준으로 돌아갔다. 결과적으로 '백억 구제금융'으로 손실을 보지 않았을 뿐만 아니라, 약간의 이익도 얻었다.

이 일은 공자의 가르침을 떠올리게 한다. 제자 자로가 "어떤 사람이 완벽한 사람인가요?"라고 묻자, 공자는 이렇게 답했다. "장무중처럼 똑똑하고, 맹공작처럼 청렴하며, 변장자처럼 용감하고, 염구처럼 다재다능하며, 예와 음악의 교양을 갖춘 사람이 완벽한 사람이다. 그러나 현실에서 완벽한 사람이 꼭 이래야 할 필요는 없다. 이익을 보면 도의를 생각하고, 위기 앞에서는 목숨을 바치는 사람이 완벽한 사람이다."

─────────── Action Plan 54 ───────────

"이익을 보면 도의를 생각하고, 위기 앞에서는 목숨을 바치는 사람이 완벽한 사람이다."

진정한 기업가 정신은 단순한 수익성을 넘어선다. 플라스틱 원료 위기와 주식시장 붕괴 시 리카싱의 행동은 단기적 이익보다 산업 전체와 국가 경제를 고려한 것이었다. 그는 개인의 이익을 넘어 더 큰 그림을 보았고, 이는 결과적으로 그에게 신뢰와 명성을 가져다 주었다.

진정한 기업가 정신은 이익과 도덕성 사이에서 균형을 찾는 데서 시작된다. 당신은 이 균형을 어떻게 유지하고 있는가? 단순히 이익을 좇는지, 아니면 더 큰 선을 위해 행동하는지 생각해보자.

존중

악행으로 얻은 부는 오래 가지 못한다

어느 날, 내 주머니에서 동전 하나가 떨어져 구석으로 굴러갔다. 허리를 굽혀 주우려 했지만 실패했고, 마침 옆에 있던 젊은이가 그것을 주워 건넸다. 나는 고마운 마음에 그에게 100위안을 주었다. 그가 그 돈을 유용하게 쓸 수 있을 거라 생각했기 때문이다.

돈은 어떻게 쓰느냐가 중요하지, 함부로 낭비해선 안 된다고 믿는다. 부를 얻은 후, 나는 젊은이들을 돕는 것을 생활의 일부로 삼았다. 이는 내가 10대 시절 찻집에서 일하던 경험에서 비롯된 것이다.

한번은 실수로 손님의 바지에 물을 쏟았다. 겁에 질려 얼어붙었다. 당시 손님들은 대부분 부유한 이들이었고, 그들의 기분을 상하게 해서는 안 된다는 규칙이 있었기 때문이다. 주인이 화난 채로 달려왔지만, 손님이 먼저 나섰다. "제가 실수로 이 젊은이를 건드린 겁니다. 그를 탓하지 마세요."

사건 후 주인이 내게 말했다.

"네가 물을 쏟은 걸 알고 있다. 일할 때는 항상 조심하고, 실수하면 바로 사과해라. 오늘은 운이 좋았지만, 항상 그렇진 않다."

집에 돌아와 그날 있었던 일을 어머니께 말씀드리자, 어머니는 진지하게 말씀하셨다.

"좋은 일을 하면 좋은 결과가 따르고, 나쁜 일을 하면 나쁜 결과를 맞게 된단다. 어떤 일을 하든 사람들에게 성실하게 대하고, 마음에 선한 생각을 많이 품으면 반드시 좋은 보답이 올 거야."

이 교훈은 내 인생의 중요한 지침이 되었다. 사업을 하면서도 늘 이 가르침을 새겼다. 사람들을 진심으로 대하며, 신분이나 지위에 상관없이 예의를 지키고 선한 마음을 잃지 않으려 노력했다.

다섯 말의 쌀을 위해 허리를 굽히지 않는 사람은 어디에나 있다. 하지만 나는 다른 이의 존엄성을 절대 해치지 않으려 노력했다. 존엄성은 매우 연약해서 어떤 상처도 견디지 못하기 때문이다.

사업은 전쟁과 비슷하다. 영리함과 계산 능력은 이익을 얻는 데 도움이 된다. 그러나 진정한 지혜는 타인의 존경과 경외를 얻는 데서 나온다. 성공한 사업가는 군자의 품격을 갖춰야 한다. 인색하고 교활한 사람들은 일시적인 성공을 거둘지 몰라도, 결국 신뢰를 잃는다.

나는 한때 '상인은 간사하다'는 통념에 맞지 않아 스스로가 사업에 부적합하다고 생각했다. 그러나 현실은 달랐다. 진심 어린 태도로 사람들의 신뢰를 얻었고, 많은 이들이 기꺼이 협력해 주었다. 이것이 내가 부를 이루는 데 큰 역할을 했다.

결론적으로, 사업에서의 진정한 성공은 단순한 이익 추구가 아닌 신뢰와 존경을 바탕으로 한 관계 구축에서 비롯된다는 것을 깨달았다.

──────────── A c t i o n P l a n 5 5 ────────────

"악행으로 얻은 부는 오래가지 못한다."

1940년대, 리카싱은 찻집에서 아르바이트를 했다. 어느 날, 리카싱이 실수로 차를 부유한 손님에게 쏟았고, 손님은 사장에게 이렇게 말했다. "제가 실수를 해서 쏟았습니다."
당신에게 세 가지 질문을 하고 싶다. 부유한 손님은 왜 사장에게 자신이 실수했다고 말했을까? 사장은 리카싱의 잘못인 걸 알면서도 왜 그를 꾸짖지 않았을까? 왜 누군가는 손님이나 사장처럼 말하지 않고, 알바생을 호되게 혼낼까? 어떤 차이에서 비롯된 걸까?
각자의 감정은 어땠을지, 그리고 어떤 이득을 얻기 위해 그런 행동을 했는지 생각해보고 글로 정리해보자.

내 면 의
부

부귀

내면의 성장

미국 토크쇼 진행자 코난 오브라이언은 "중력은 건강에 좋다"고 말했다. 이는 인생에 균형과 겸손이 필요하다는 의미다. 특히 성공할수록 이 '중력'이 더욱 중요해진다. 그러나 성공 후에는 진실된 조언을 해주는 사람이 줄어든다. 이때 개인이 스스로 '중력'을 느끼고 자신을 경계해야 한다. 그러나 많은 이들이 성공 후 자만에 빠져 타인의 의견을 무시하고 자기 성찰 능력을 잃는다.

이런 성공 후의 '무중력' 현상이 바로 내가 말한 '부유하나 귀하지 않다'는 상태다. 2005년, 나는 CCTV의 《면대면》 프로그램 인터뷰에서 "부귀라는 두 단어는 함께 붙어 있지 않다. 이 말이 불쾌할 수 있지만, 많은 사람들이 부유하지만 귀하지 않다"라고 말했다.

나는 재산의 가치는 '내면의 부귀'에 있다고 생각한다. 진정한 부귀는 자신의 재산을 통해 사회에 조금이라도 의무와 책임을 다하는 것이다. 사회의 일원으로서, 우리는 사회를 더 나은 곳으로 만들고, 더 많은 사람이 관심과 도움을 받을 수 있도록 해야 한다. 필요로 하는 사람들을 돕는 것이 우리의 의무다.

왕관이 귀족을 만들지 않듯, 누더기 옷이 천민을 만들지 않는다. 당신의 가치는 말과 행동, 그리고 사람들과 맺은 관계로 결정된다. 당신은 어떤 흔적을 남기고 있는가? 진정한 부는 시간과 공간을 초월한다. 돈으로 얻은 재산은 하루아침에 사라질 수 있지만, 세상에 남긴 선한 영향력은 영원히 지속된다. 이것이야말로 누구도 빼앗을 수 없는 진정한 부다.

사실 의식주가 해결되면 그 이상의 재산은 숫자에 불과하다. 1957년, 나는 플라스틱 꽃 사업으로 성공해 28세에 백만장자가 되었다. 다른 갑부들처럼 '보복 소비'를 선택했다. 고급 양복과 시계를 사고, 명차와 요트를 사며, 어머니를 위해 홍콩 최고급 지역에 호화 주택을 샀다.

그러나 호화 주택에서의 첫날 밤, 불면증에 시달렸다. 이때 처음으로 돈의 의미를 진지하게 고민하기 시작했다. '보복 소비'가 나를 행복하게 하지 않았고, 막대한 재산이 마음에 안전감을 주지 못한다는 것을 깨달았다. 백만장자가 된 후에도 우울했던 나는 홍콩 서환 반산을 차로 달리며 고민에 빠졌다. 그러던 중 문득 깨달았다. 다른 사람을 돕는 것이야말로 부의 진정한 의미라는 것을.

나는 자선 활동에 빠져 많은 사람에게 기부했다. 돈을 기부하는 것은 쉬웠지만, 직접 참여하는 데는 많은 에너지가 필요했다. 청쿵실업이 커지면서 개인적으로 기부할 시간이 부족해져, 1980년에 전담 자선기금을 설립했다. 어린 시절의 경험 때문에 기금의 주요 기부 방향을 교육과 의료로 정했다. 다른 사람을 도우며 큰 만족감을 느꼈다.

2003년 어느 밤, 재단의 미래를 고민하며 잠을 이루지 못했다. 나이가 들어가면서 재단의 지속적인 운영을 원했지만, 이에 필요한 막대한 자금이 자손들의 재산권을 침해하는 것은 아닌지 걱정되었다. 내가 죽은 후, 자손들이 재단의 돈을 탐내지 않도록 어떻게 해야 할지 고민했다. 그러다 문득 아이디어가 떠올랐다.

"내가 두 아들이 아닌 세 아들이 있었다면, 셋째 아들에게도 재산을 물려줄 것 아닌가? 재단을 세 번째 아들로 여기고 재산의 삼분의 일을 기부하는 것은 당연한 일이다."

재단을 나의 막내 아들로 간주하기로 한 이 결정에 마음이 한결 편안해졌다. 이는 재단의 지속성을 보장하면서도 자손들의 상속권을 존중하는 균형 잡힌 해결책이었다.

다음 주 월요일 아침, 아들과 며느리와 식사하며 나는 그들에게 말했다.

"너희에게 동생이 생겼다."

내 엄숙한 모습에 첫째와 둘째는 깜짝 놀랐다.

"이 동생은 너희를 괴롭히지 않을 테니, 너희도 동생을 괴롭히지 마라."

이후 가족 재산 3분의 1을 재단에 기부할 계획을 설명했다.

이것이 '셋째 아들'이 탄생한 배경이다. 나는 자선 활동을 개인의 도덕적 완성을 넘어, 사회 발전을 촉진하는 힘으로 만들고자했다. 셋째 아들의 탄생은 내 결심의 크기를 세상에 보여주었다.

2018년 은퇴 후, 많은 이들이 내 '실업 문제'를 걱정했다. 나는 "할 일이 너무 많다. 이제 '셋째 아들'을 직접 돌볼 것"이라고 답했다. 이전에는 저우카이쉰이 이를 관리했다. 나는 "거대한 부를 가진 채 죽는 것은 수치스러운 일이다!"라는 카네기의 말을 좋아한다. 은퇴 후 나는 진정으로 '내면의 부귀'를 즐기기 시작했다.

한 사람이 진정으로 깨달음을 얻는 순간, 외적인 부를 추구하기보다 내면의 진정한 부를 추구하기 시작한다.

─────────── A c t i o n P l a n 5 6 ───────────

"막대한 재산에는 막대한 책임이 따른다." - 빌 게이츠

우리는 흔히 부를 물질적인 풍요로만 생각한다. 그러나 리카싱은 백만장자가 되었어도 행복을 찾지 못했고, 오히려 타인을 돕는 과정에서 진정한 만족을 느꼈다. 리카싱은 "부유하나 귀하지 않다"는 말로 단순한 재력 축적의 한계를 지적한다. 그리고 그의 '셋째 아들' 비유는 부가 단순한 소유를 넘어, 사회적 책임을 다해야 한다는 새로운 관점을 보여준다.

백만장자가 되면 대부분 남을 돕는 데 시간을 쏟고, 보람을 느낀다. 이를 단순히 '착한 척'이나 '세금을 줄이기 위한 것'으로만 보기엔 공통된 심리다. 당신은 백만 장자들이 왜 사회 환원에 힘쓴다고 생각하는가?

선행

찻집 아르바이트를 떠올리며

밤하늘을 바라보며 나는 인간의 미미함을 깨닫는다. 긴 여정에서 때로 좌절과 무력감을 느끼지만, 내일을 위해 여전히 전쟁의 갑옷을 입고 생각하고, 느끼고, 행동한다. 지치지 않고 공익을 추구하며, 더 나은 것을 찾아 변화한다.

17년 동안 연속해서 산터우대학 졸업식에 참석했던 나는 2019년 처음으로 참석하지 못했다. 대신 학생들을 위해 큰 선물을 준비했다. 재단을 통해 학부생 전액 장학금 제도를 도입한 것이다. 이는 2019년부터 2022년까지의 학부생을 대상으로 하며, 매년 1억 위안을 한도로 지원한다.

산터우대학은 전 세계에서 유일하게 개인 재단이 지속해서 지원하는 공립 종합 대학이다. 나와 리카싱 재단은 1981년 이래로 산터우대학의 국제화 발전을 위해 100억 홍콩달러 이상을 기부했으며, 2018년부터 2025년까지 추가로 20억 홍콩달러를 기부할 예정이다.

내가 먹는 사과는 아들이 먹는 사과보다 훨씬 맛있게 느껴진다. 어렸을 때 돈이 없어 사지 못했던 과일들의 맛을 평생 잊을 수 없어, 지금도 그런 처지의 사람들을 돕고 싶다.

젊은 시절의 고난으로 건강과 지식의 중요성을 깨달은 나는 교육과 의료가 국가 번영의 기초라고 믿게 되었다. 사업이 성공하면서 중국 본토와 홍콩의 교육 및 의료 사업 지원에 열정을 쏟았다. 산터우대학에 100억 홍콩달러, 1997년 베이징대학에 1,000만 달러, 1999년 홍콩공개대학에 4,000만 홍콩달러를 기부했다.

2002년 11월, 리카싱 재단은 장강상학원을 설립하여 베이징과 상하이에 캠퍼스를 세웠다. 이는 중국 정부가 승인한 첫 번째 독립 법인 자격을 가진 경영대학원이자 유일하게 교수 중심의 학사 운영을 시행하는 경영대학원이다. 이곳에는 렌샹, 수강, 중국 통신망, 완커, GE, 인텔 등 국내외 기업의 중고위 관리자 약 천 명이 재학 중이다.

"여러분이 헌신의 문화를 만들어 민족과 인류의 번영과 행복을 창조하길 바랍니다."

이것이 장강상학원을 설립한 목적이다.

2007년 싱가포르 국립대학에 5억 홍콩달러를 기부해 공공 관리 인재 육성을 지원했다. 의료 분야에서도 많은 기여를 했다.

1988년, 리카싱 재단은 1,200만 홍콩달러를 기부하여 아동 정형외과 병원을 설립했다. 또한, 홍콩 신장 재단, 아시아 맹인 재단, 동화 병원에 1억 홍콩달러를 기부했다. 2005년 5월, 의대생과 의학 연구를 지원하기 위해 홍콩대학 의과대학에 10억 홍콩달러를 기부했다. 당시 총장은 의과 대학 이름을 바꾸겠다고 말했고, 2006년 공식적으로 '홍콩대학교 리카싱 의과 대학(香港大学李嘉诚医学院)'으로 명칭이 변경되었다. 2011년에는 티베트 아리 홍십자회에도 100만 위안을 기부했다.

특히 나는 말기 환자들을 위한 호스피스 서비스에 특별한 관심을 가지고 있다. '임종돌봄(临终关怀)'이란 단어를 좋아하지 않아 이 의료 프로젝트 이름은 '평화로운 돌봄 서비스(宁养服务)로 정했다. 나이가 들수록 이 프로젝트에 더욱 집중하게 되어, 새로운 치료법에 대해 재단 직원들과 자주 논의한다. 현재 중국 본토와 홍콩에 약 50개의 시설을 운영 중이다.

세계 어느 나라도 빈곤을 완전히 없앨 수는 없지만, 우리는 이 문제를 외면할 수 없다. 2004년 조상의 고향 조산에서 의료 빈곤 퇴치 모델을 시작했고, 남아시아 쓰나미 피해 지역 구호 활동에도 참여했다.

이때 허치슨 왐포아와 함께 2,400만 홍콩달러를 기부했다. 이 대규모 기부는 사회의 관심을 끌었지만, 허치슨 왐포아의 이사들과 주주들은 불만을 품지 않았다. 대부분 기업가들이 막대한 연봉을 받는 것과 달리, 나는 청쿵그룹에서 연봉으로 5,000달러만 받았다. 다른 주주들과 동일하게 배당금을 받았는데, 이는 내가 회사에 가져다준 이익에 비하면 미미한 금액이었다. 그래서 나의 자선 활동은 경영진과 주주들의 지지를 받았다.

아버지가 돌아가신 지 1년 후, 한 친척이 찾아왔다. 그 친척은 가난해서 아이들을 데리고 조주로 돌아가려 했고, 나는 당시 14세로 가족을 부양해야 하는 어려운 상황이었다. 하지만 그 친척이 절박한 상황임을 알았기에, 그들에게 조주로 돌아갈 충분한 돈을 주었다.

배를 타는 날, 그 친척은 울었다. 그동안 힘들게 준비한 6일 치의 음식이 도난당했기 때문이다. 나는 아버지의 옷을 전당포에 맡기고 돈을 받아 음식을 샀다. 그리고 항구로 달려가 음식을 주려 했지만, 배는 이미 떠났다. 작은 배를 빌려 필사적으로 쫓아갔고, 많은 승객이 손을 흔들며 뭔가를 말했지만 들을 수 없었다.

작은 배로 큰 배를 따라잡을 수는 없었다. 한 시간을 쫓아갔지만 결국 그 친척을 따라잡지 못했다. 나는 그 친척에게 미안한 마음에 힘들어했다. 얼마 후 받은 편지에서, 그 친척은 내 행동에 감동한 선장과 승객들이 음식을 나눠주었다고 말했다. 모두가 나에게 돌아가라고 외쳤다고 한다.

나는 그 장면을 평생 잊을 수 없다. 사랑의 나눔이 가져온 기적을 목격한 후, 나는 돈이 생기면 반드시 사람들을 돕고, 더 많은 사람들이 서로 돌보게 하겠다고 맹세했다. 1980년에 설립한 리카싱 재단의 사명은 '헌신의 문화'를 사회에 확산시키는 것이다.

내 돈은 사회에서 왔고, 사회에 사용되어야 한다. 다른 이를 돕는 능력은 축복이며, 이를 널리 퍼뜨려야 한다. 2018년, 89세에 자선 활동의 바통을 둘째 아들에게 넘겼고, 첫째 아들의 장녀도 가업을 이어받아 자선 활동에 참여하고 있다. 이로써 사회에 환원하는 가족 문화가 이어지게 되었다.

Action Plan 57

"내 돈은 사회에서 왔고, 사회에 사용되어야 한다."

리카싱의 이야기는 마치 흙수저에서 금수저가 된 실화를 바탕으로 한 영화 같다. 어릴 때 빈곤을 겪었던 그가 나중에 억만장자가 되었다는 사실은 대단하다. 그런데 더 놀라운 점은 무엇인지 아는가? 그가 돈을 벌고 나서도 초심을 잃지 않았다는 것이다.

SNS 세상에서 자랑하기 바쁜 현대인과 달리, 리카싱은 오히려 겸손함을 유지하려고 노력했다. 그의 철학은 간단하다. "진정한 부자는 돈을 얼마나 가졌느냐가 아니라, 그 돈으로 무엇을 하느냐로 결정된다."

당신은 리카싱과 같은 무한의 부를 지닌 상태라면 무엇을 할 것인가?

균형

가족에게 절대 부를 나누지 않는 이유

예로부터 "한 사람이 성공하면 닭과 개까지 덩달아 하늘로 올라간다"는 말이 있다. 이는 한 사람이 성공하면 주변 모두가 덩달아 행복을 누린다는 의미다. 오늘날도 많은 부자가 성공 후 형제자매에게 수백만 달러를 나눠준다.

하지만 나는 부자가 된 후에도 그렇게 하지 않았다. 대부분이 내 두 아들만 알고 있지만, 사실 나에겐 남동생과 여동생도 있다. 여동생 리쑤화는 내가 키운 것이나 다름없고, 창업 초기부터 나를 도왔지만, 나는 동생에게 돈을 나눠주지 않았다.

나는 여동생에게 '자신을 세우고, 무아를 추구하라'는 원칙만을 가르쳤다. 플라스틱 공장 운영법을 알려주고, 후에 그녀가 독립적으로 공장을 설립하도록 했다. 그녀도 자립을 중요하게 여겼고, 수십억 자산을 가진 여성 기업가가 되었다. 여동생은 지금도 나처럼 매일 10시간 이상 일하며 사회적 가치를 창출하고 있다.

나는 동생에게 그랬듯이, 친아들들에게도 똑같이 대했다. 두 아들의 교육에 매우 엄격했다. 나와 함께 있다고 해서 편히 앉아 이익을 취하는 것은 불가능했다. 나는 증국번의 "모든 귀족의 자녀들이 빈곤한 학자와 같은 생활을 한다면 큰 인물이 될 수 있다"는 말을 매우 좋아했다.

많은 젊은이들이 '부유한 아버지'를 원하지만, 내 아들들은 어릴 때부터 그런 혜택을 누리지 않았다. 나는 아이들과 자주 트램이나 버스를 탔다. 한번은 길가에서 신문을 팔며 공부하는 소녀를 보고, 두 아들에게 그 태도를 배우게 하려고 일부러 그 가판대를 지나갔다.

내 아이들은 홍콩 최고 명문인 성 바울 남녀 초등학교에 다녔다. 다른 아이들은 차로 등하교하고 명품을 입었지만, 내 아이들은 나와 함께 자주 전차를 타고 다녔다.

한번은 아들이 화를 내며 물었다.

"왜 다른 친구들은 전용 차량으로 다니는데, 우리는 운전기사가 오지 않나요?"

나는 웃으며 설명했다.

"대중교통에서는 다양한 사람들을 만나고 진짜 사회를 볼 수 있어. 개인 차량에선 그런 걸 경험할 수 없단다."

두 아이는 일반 가정 아이들처럼 붐비는 트램에서 자랐다. 나는 용돈도 자주 주지 않고, 근로 장학금으로 스스로 벌도록 격려했다. 그래서 아이들은 내가 정말 부자인지 의심할 정도였다.

이런 교육은 아이들에게 현실 감각과 자립심을 키워주기 위한 것이었다.

중학교 이후, 첫째는 잡일과 웨이터 일을, 둘째는 더 어린 나이에 골프장에서 캐디 일을 시작했다. 작은아들이 큰 가방을 메고 뛰어다니는 모습을 보며 나는 매우 기뻤다. 그렇게 번 돈으로 어려운 아이들을 돕겠다고 했을 때, 나는 더욱 기뻤다. 열심히 일하고, 독립적이며, 남을 돕는 것이 곧 자신을 돕는 것임을 아는 아들이야말로 내가 원하던 좋은 아들이었다.

한번은 태풍으로 우리 집 앞 나무가 쓰러졌다. 필리핀 노동자들이 비바람 속에서 나무를 자르는 것을 보고, 나는 아들들을 불러 그들을 돕게 했다. 아들들이 비바람 속으로 나가는 모습을 보며 나는 미소 지었다.

자녀에게는 99% 인간의 도리를 가르쳐야 하며, 성인이 된 후에도 3분의 2는 인간의 도리를, 나머지 3분의 1만 사업을 가르쳐야 한다고 믿는다. 나는 두 아들의 성공을 바랐지만, 성공에는 탄탄한 기초가 필요하다는 것을 알았다. 자아를 잘 세운 후에야 무아를 추구할 수 있다고 믿었다.

리쩌쥔과 리쩌카이가 조금 더 자라자, 나는 그들을 이사회에 참석시키기 위해 작은 의자를 마련했다. 처음엔 신기해하며 듣다가, 때론 격렬한 논쟁에 겁먹기도 했다. 나는 "일을 위한 정상적인 논쟁"이라고 설명했다. 나무는 뚫어야 하고, 이치는 논쟁을 통해 명확해진다.

한번은 내가 주재하는 이사회에서 회사 지분에 대해 토론했다. 나는 "10%가 공정하지만, 11%도 괜찮다. 그러나 9%만 가져야 한다"고 주장했다. 이사들 사이에 의견이 엇갈렸다.

그때 첫째가 "아빠, 반대해요. 11%를 가져야 더 많은 돈을 벌어요"라고 말했고, 둘째도 "9%는 바보 같아요!"라고 동의했다.

나는 진지하게 설명했다. "사업은 단순한 1+1이 아니다. 11%를 고집하면 큰 돈을 못 벌고, 오히려 9%가 재물을 지속적으로 가져온다."

나는 어린 아들들에게 '정직한 상인'이 되라는 가치관을 심었다. 그들은 이를 통해 성실함, 자기 절제, 정직함을 습관화했고, 이는 후에 장허 제국을 이끄는 탄탄한 기초가 되었다.

가족은 사업의 안정적 기반이다. 가족이 사업 속도를 따라가지 못하면 걸림돌이 된다. 나는 이에 대한 강한 위기의식을 가졌다.

가족 교육의 핵심은 앞서 말했듯이 "자신을 세우고, 무아를 추구하라"는 것이다.

리가문의 일원으로서, 스스로의 사업을 구축할 야망과 자각을 가지는 동시에, 부유하지만 교만하지 않고, 고귀하지만 거만하지 않으며, 사람들을 사랑하고 모범이 되는 높은 경지를 가져야 한다.

"내가 이 세상을 떠난 후에 할 일이 살아 있을 때 했던 일보다 더 많아야 한다."

어떤 부자는 자식에게 모든 재산을 물려주려 하고, 또 다른 부자는 한 푼도 물려주지 않으려 한다. 당신이 부자라면 어떤 부모가 되고 싶은가? 그 이유는 무엇일까? 자신만의 논리를 생각하고 글로 정리해보자.

검소

높은 뜻을 품고, 낮은 복을 누리다

90세가 넘은 지금에도 내 하루는 바쁘다. 아침에 영어신문 읽기, 뉴스 보기, 9홀 골프 치기로 하루를 시작한다. 업무를 본 후, 저녁에는 영어 뉴스 시청과 독서를 놓치지 않는다.

유명 작가이자 화가인 목심은 이렇게 말했다.

"세월은 사람을 기다려주지 않지만, 나도 세월을 그냥 보내지 않았다. 인생에서 최상의 상태는 차분하면서도 열정적으로 사는 것이다."

여기서 차분함은 내면의 자아를 찾는 상태를 의미한다. 마음 속에 항상 꽃이 피어있는 나무를 간직해야 무아를 추구하는 외로움을 견딜 수 있다. 열정적으로 산다는 것은 일할 때의 태도를 말하며, 단호하고 신속하며 과감하게 행동하는 것을 뜻한다. 나는 이 말을 가장 잘 실천하고 있는 사람이라고 자부한다.

세월은 사람을 기다려주지 않는다. 나는 근면과 자기 절제로 세월과 경쟁해왔다. 일에 대한 나의 근면함과 사람으로서의 자기 절제는 타의 추종을 불허한다.

나는 매일 아침 6시 전에 일어난다. 홍콩섬 남부에 있는 집에서 출발해 산을 내려가, 근처의 9홀 골프장에서 7시 전에 첫 티샷을 날리는 것을 목표로 한다. 이때 나는 홍콩 골프 클럽 근처에 사는 억만장자와, 회사의 고위 관리 중 한 명, 혹은 새로운 사업 파트너로 고려하고 싶은 사람과 함께 골프를 치곤 한다.

10시가 되면, 나는 70층 높이의 청쿵센터 꼭대기 사무실에 도착한다. 이곳은 크롬과 유리로 지어졌으며, 옥상에는 수영장이 있다.

내 회사 업무는 신문을 살펴보는 일로 시작된다. 나와 회사에 관한 보도가 어떻게 나왔는지 확인하는 것이 첫 번째 일이다. 대화는 주로 영어로 하지만, 읽기는 중국어를 선호하기 때문에 영어 신문의 관련 부분은 미리 번역된다. 또한, 중개업계에서 우리 회사에 대한 평가에도 주의를 기울인다. 만약 부정적인 기사를 쓴 기자가 있다면, 그 기자는 내 조수나 변호사로부터 연락을 받게 된다.

오전 11시 30분부터는 마사지를 받으며 잠시 휴식을 취하고, 이후 다시 관리 업무를 처리한다. 점심은 13시에 먹는데, 물론 업무를 진행하면서 식사한다. 점심 후에는 두 시간 더 일하고, 16시가 되면 집으로 돌아간다.

17시에 다시 마사지를 받고, 18시 30분에는 사업 파트너와 카드 게임을 즐길 때도 있다. 비즈니스 만찬 후 22시에 잠자리에 들며, 이런 일과는 반복된다.

2018년, 78년간의 근면한 삶을 뒤로하고 은퇴를 선언했지만 지금도 여전히 그때의 생활 습관을 유지하고 있다. 매일 아침 5시 59분에 일어나 뉴스를 듣고, 한 시간 반 동안 골프를 친다. 취침 전에는 독서와 영어 TV 시청을 빠뜨리지 않는다. 시간관념이 철저해 시계를 항상 30분 빠르게 맞추는 습관도 계속 이어가고 있다.

은퇴 후에도 돈을 버는 '옛 습관'은 쉽게 고쳐지지 않았다. 은퇴를 발표한 직후, 나는 큰 계약을 성사했다.

5월 3일, 샤오미가 홍콩증권거래소에 IPO 신청서를 제출한 직후 레이쥔이 나를 찾아왔다. 그날 바로 결정을 내려, CK허치슨홀딩스와 샤오미는 글로벌 전략 동맹을 맺게 되었다.

이 계약을 통해 샤오미의 제품들은 CK허치슨홀딩스 산하 11개국, 1만 7,700개 이상의 통신 및 소매 부문에 도입되었다. 이로써 약 1억 3천만 명의 활발한 모바일 통신 고객을 대상으로 제품이 공급되었다.

지휘봉을 넘긴 후에도 나는 실질적으로 '은퇴하지 않고' 여전히 활기차게 사업을 이어가고 있다. 그러나 동시에 검소한 생활로 돌아갔다.

미국《포천(Fortune)》잡지의 '10억 달러 부자 클럽' 기사에서 많은 부자들의 사치스러운 생활을 언급했지만, 나에 대해서는 다르게 평가했다.

"리카싱의 상징은 검소함이다. 25억 달러를 가진 그가 여전히 20년 전에 산 소박한 이층집에 살고 있다."

나는 간소하고 소박한 생활이 더 큰 행복을 가져다준다고 믿는다. 이는 부의 크기와 삶의 질이 반드시 비례하지 않음을 보여주는 나의 철학이다.

2001년 겨울 아침, 베이징대학의 상빙 교수는 최근에 완공된 베이징 그랜드 하얏트 호텔에 들어섰다. 그는 나와의 아침 식사에 초대받아, 아시아 최고 부자의 고급스러운 식사를 예상했다. 그러나 실제로는 쌀죽, 만두, 간단한 절임 반찬뿐인 소박한 식사였다. 그 자리에서 나는 "중국에 세계적인 비즈니스 스쿨을 설립해 우리나라에 세계적인 기업가를 양성하고 싶다"고 말했다. 이 말은 1년 후 청쿵상학원의 탄생으로 이어졌다.

많은 이들이 젊을 때 돈을 벌어 나중에 사치스럽게 살려 하지만, 나는 다르다. 나는 돈을 사랑하지만 탐욕스럽지 않다. 나는 다른 이들에게 혜택을 주기 위해 노력한다. 아무리 재산이 많아도 불필요한 곳에 쓰지 않는다.

큰일을 하는 사람들의 공통된 특성은 남에게는 관대하고 자신에게는 검소한 것이다. 이는 단순한 절약을 넘어선다. 이는 부의 진정한 가치와 사회적 책임에 대한 나의 철학을 반영한다.

부를 지니면서도 근면과 검소함을 유지하는 것은 결코 쉬운 일이 아니다. 나는 "높은 뜻을 품고, 낮은 복을 누리라"는 말을 자주 했다. 아무리 많은 부를 다루더라도, 그 부에 휘둘려서는 안 된다. 그것이 나의 철학이다.

"우리가 이 세상을 떠날 때 가져갈 수 있는 것은 이 세상에 남긴 것뿐이다." – 프레데릭 뷰크너

《포브스》의 스티브 포브스는 리카싱을 "우리 시대뿐만 아니라 모든 시대를 통틀어 가장 위대한 기업가"라고 칭송했다. 이는 단순한 사업적 성공을 넘어선 평가다. 개인의 철학과 사회적 책임을 균형 있게 실천한 그의 삶이 인정받은 것이다. 그의 근면과 검소함, 그리고 높은 뜻을 향한 끊임없는 추구가 진정한 위대함의 근원임을 보여준다.

리카싱은 90세가 넘어서도 20대보다 활기차게 하루를 시작한다. 당신은 노인이 되었을 때, 어떤 아침을 맞이하고 있을 거라 생각하는가?

협력

자아를 먼저 세우고, 무아를 추구한다

2018년 12월 1일, 캐나다 정부는 미국의 요청으로 화웨이 부회장 겸 최고재무책임자(CFO)인 멍완저우(孟晚舟)를 밴쿠버에서 체포했다. 이는 그녀가 미국의 대이란 무역 제재를 위반했다는 혐의 때문이었다. 이후 미국은 캐나다를 포함한 '파이브 아이즈' 동맹*과 함께 화웨이의 5G 기술 발전을 저지하려 했다. 하지만 화웨이는 이에 굴하지 않고 여러 국가와 5G 계약을 체결했다.

화웨이가 유럽 시장에서 돌파구를 마련하고, 미국의 공격을 무력화할 수 있었던 데는 내 도움이 있었다. 2018년, 은퇴를 앞두

---

* 국제 정보 동맹으로, 미국·영국·캐나다·호주·뉴질랜드 5개국으로 구성되어 있다. 제2차 세계대전 중 미국과 영국 간의 정보 공유 협정에서 시작된 동맹으로, 회원국간 정보 수집 및 공유를 통해 국가 안보를 강화하는 역할을 하고 있다.

고 나는 큰 전략적 조정을 단행했다. 중국 본토와 홍콩의 부동산을 매각하고 유럽에 집중 투자했다. 청쿵그룹은 영국 인프라에 투자했고, 그 결과 나는 영국 여왕으로부터 기사 작위를 받았다. 이로 인해 '도망자'라는 비판도 받았다.

화웨이가 유럽 기업들의 인정을 받을 수 있었던 것은 뛰어난 기술력 덕분이기도 하지만, 내가 유럽에서 펼친 전략적 배치도 중요한 역할을 했다. 유럽 내 통신 사업은 청쿵그룹에서 큰 비중을 차지한다. 2012년부터 영국, 오스트리아, 네덜란드의 여러 통신 회사를 인수했고, 2017년까지 청쿵그룹은 유럽을 본거지로 하는 다국적 기업으로 성장했다. 당시 유럽에서 거둔 이익의 43%가 통신 사업에서 나왔으며, 전 세계적으로 1억 3천만 명의 사용자를 보유하게 되었다.

'파이브 아이즈' 동맹의 일원인 영국은 처음에 화웨이를 거부했지만, 나로 인해 그 태도가 바뀌었다. 멍완저우 사건 이후, 나는 175억 달러를 투자해 내 영국 통신사 '쓰리 UK(Three UK)'와 '오투 (O2)'가 화웨이와 5G 대규모 계약을 체결하도록 했다. 이는 영국 통신사들이 화웨이에 대한 태도를 바꾸는 데 중요한 역할을 했다. 이후 영국 정부는 화웨이의 5G 위험이 통제 가능하다고 밝혔고, 뉴질랜드와 독일 등도 화웨이에 대한 입장을 완화했다.

나는 이탈리아에서도 파스타웹(Fastweb)과 10년 계약을 맺어 5G 네트워크를 공동 구축하기로 했다. 캐나다에서는 MEG 에너지 회사를 인수하려던 계획을 철회함으로써 압력을 가했다. 이러한 전략들을 통해 화웨이가 미국의 5G 포위망을 뚫는 데 도움을 주었고, '리카싱이 도망갔다'는 소문을 반박하며 기업가로서의 책임감을 보여주었다.

이때 내가 화웨이를 도운 건 처음이 아니다. 1996년 홍콩 반환 직전, 나는 화웨이가 홍콩에서 자리잡는 데 도움을 주었다. 당시 홍콩 정부가 통신 독점을 해제하자, 나는 화기 전신 유한 회사를 설립하고 라이선스를 획득했다.

문제는 화기 전신이 3개월 내에 홍콩의 이동 전화, 호출 서비스, 유선 네트워크를 통합한 종합 상업망을 완성하고 홍콩 전신국의 검사를 통과해야 한다는 것이었다. 당시 지멘스나 알카텔 같은 장비 공급업체와 협력할 수도 있었지만, 화웨이가 홍콩에서 국제화의 첫발을 내딛고자 한다는 소식을 들었다. 내륙 기업의 해외 진출을 돕기 위해 화웨이를 지원하기로 결정했다.

그러나 협력 후, 내륙에서는 잘 작동하던 화웨이의 교환기가 홍콩에서는 불안정했다. 화웨이 직원들은 '늑대 정신'으로 밤을 새워가며 조정 작업을 했고, 본사 설계자들도 주말을 반납하며 도왔다. 화기 회사 직원들 역시 적극적으로 지원했다. 결국, 프로젝트는 무사히 검사를 통과했다. 이를 통해 허치슨 왐포아는 홍콩 전신 시장에서 입지를 더욱 굳혔고, 화웨이는 홍콩 전신 장비 운영권을 확보했다.

상인은 흔히 이익만을 추구한다는 비난을 받는다. 나 역시 도덕적 책임감과 상인으로서의 정체성 사이에서 고민했지만, 범려와 벤자민 프랭클린에게서 영감을 얻었다.

범려는 "새가 다 잡히면 좋은 활은 감춰진다"는 두려움으로 구천을 떠나 제나라에서 상업에 종사했다. 그는 어업과 염전으로 성공을 거둔 후, 질투를 피해 재산을 나누고 송나라로 떠났다. 그곳에서도 뛰어난 상술로 큰 부자가 되었지만, 다시 은둔의 길을 택했다. 범려는 국가와 민족을 위해 헌신했으나, 결국 자신의 안위를 위해 도망치는 삶을 선택한 것이다.

벤저민 프랭클린은 1706년 보스턴의 가난한 가정에서 태어났다. 12세에 인쇄소에서 수습생으로 일하며 10년간 학업을 멈추지 않았다. 나도 14세에 찻집에서 일을 시작했다. 프랭클린은 이후 정부 지폐 인쇄로 큰 성공을 거두었다.

그는 다양한 발명과 연구에 매진하다가, 미국 독립 전쟁이 고조되자 민족의 독립과 해방을 위해 적극 나섰다. 유럽의 지원을 끌어내고, 미국 헌법 제정에 참여했으며, 노예제 반대 운동도 조직했다. 또한 자선가로서 임종 직전 프랭클린 마셜 대학 설립을 위해 기부했다.

프랭클린의 핵심 사상은 좋은 일을 하고 좋은 사람이 되는 것이었다. 그는 자신의 모든 행동이 사회에 유익하기를 바라며, 직접 행동으로 후손들의 행복을 추구했다.

같은 상업 천재로서, 범려는 '무아(無我)'를 통해 '자아(自我)'를 이뤘고, 프랭클린은 '자아'를 먼저 세우고 '무아'를 추구했다. 나는 범려의 길이 아닌 프랭클린을 본받고자 했다. 만약 내 묘비명을 쓴다면, 나는 매일 나에게 투지를 불어넣어 준 두 문장을 선택하고 싶다. '자신을 세우고, 무아를 추구하라.'

─────── A c t i o n   P l a n   6 0 ───────

"자아를 세우고 무아를 추구하라."

"어느 정도 돈을 벌면 은퇴해서 혼자 재밌게 살아야지. 하지만 그게 맞는 걸까? 어떤 삶이 옳은 삶일까?" 우리는 살아가며 이런 생각을 한 번쯤 해봤을 것이다. 리카싱이 말한 '자아를 세운다'는 말은 무슨 뜻일까? 이는 자신의 정체성을 찾고, 자신에게 맞는 일을 발견하며, 궁극적으로 자신의 행복을 추구하는 과정으로 해석할 수 있다. 다시 말해, 자기 자신을 완성하는 것을 '자아를 세운다'고 표현한다.

그렇다면 '무아'란 무엇일까? 자신을 완성한 후, 나와 세상이 분리된 존재가 아니라는 사실을 깨달으면 어떤 변화가 일어날까? 이 깨달음을 얻은 사람은 '개인의 행복'보다 '세상과 조화롭게 사는 것'을 중요하게 여기게 된다. 불행이 찾아와도 이를 삶의 일부로 받아들이며, 누구를 원망하거나 화낼 일도 없어진다. 이렇게 자아가 사라졌다는 사실을 자각한 상태를 '무아'라고 한다.

리카싱은 더 이상 필요 없어진 플라스틱 공장 직원들을 끝까지 책임졌다. 오랜 시간 힘을 쏟은 프로젝트에서 자신의 명예보다 친구의 입장을 우선시했다. 경쟁자가 위기에 처했을 때도 도와주었고, 자신의 재산 3분의 1을 재단에 기부했다. 또 인류 발전에 도움이 되는 기술을 개발하는 스타트업에 투자했다.

춘추전국시대 정치가 범려는 큰 성공을 거두고 은둔했다. 상인으로 성공했으나 개인의 안위를 위해 은둔자로 살아간 것이다. 반면, 프랭클린은 자아를 세운 후 국민의 행복을 위해 국가에 헌신했다. 리카싱은 평생 책을 읽고, 생각하고, 공부하고, 일하면서 자아를 세웠다. 그리고 부를 쌓은 후에는 무아를 실천하며 사회에 기여했다. 당신은 어떤 삶을 살고 싶은가?

"제 인생은
믿을 수 없는 여정이었습니다."

이 책을 끝까지 읽어주셔서 진심으로 감사드립니다. 1942년, 제게서 아버지를 앗아간 폐결핵은 어린 시절 가장 끔찍한 경험이었습니다. 어깨를 짓누르던 가난이라는 짐의 무게와 제가 느낀 무력함. 그 감각은 제 마음에 영원히 새겨졌습니다. 하지만 그때 제가 느낀 고통은 지금 이 순간에 이르기까지 저를 움직이는 질문들을 남겼습니다.

저는 제가 좋은 '장사꾼'이라고 생각하지 않습니다. 계산에 밝고 간사한 사람과는 거리가 멀었습니다. 그저 일을 잘 하려고 노력했습니다. 저는 더 큰 이윤을 제안해도 약속을 지키기 위해 거절하는 미련한 사람이었습니다.

대신 저는 항상 전쟁터에 나가는 장수와 같은 마음으로 살았습니다. 큰 부자가 되는 건 하늘에 달렸습니다. 하지만 작은 부자는 누구나 가능하다고 생각합니다. 현재가 불만족스럽더라도, 운이 없다고 세상을 탓하지 않았습니다. 인간 운명의 30%는 하늘이 점지해준다면, 70%는 나의 노력에 달렸다고 믿었습니다.

그렇게 많은 승리만큼이나 상상하기 어려운 시련을 겪었습니다. 그러나 전반적으로 저는 행복한 사람입니다. 왜냐하면 제가 인간으로서, 시민으로서, 그리고 사업가로서 최선을 다해 사회에 봉사하려 노력했기 때문입니다.

제가 살아온 길이 완벽하다고 할 수는 없습니다. 그동안 제가 번 돈을 모두 공개할 수 있을 만큼 정직하게 벌고자 했습니다. 손해는 감수해도, 불의를 감수해야 한다면 억만금을 줘도 취하지 않았습니다. 제 돈은 사회에서 왔고, 사회에 사용되어야 한다고 생각합니다. 재단을 설립해서 나의 가치관과 사랑을 이어갈 존재라고 생각하고, 셋째아들처럼 여겼습니다.

여러분에게도 말씀드리고 싶습니다. 우리의 삶은 끊임없는 도전의 연속입니다. 전진하는 순간에도 후퇴할 준비를 하고, 후퇴할 때도 다시 전진할 용기를 가지십시오. 세상은 우리가 생각하는 것보다 훨씬 넓고, 많은 가능성을 품고 있습니다. 세상에 대한 호기심을 잃지 말아야 한다고 생각합니다.

　얼마를 가졌든 겸손한 것이 좋다고 생각합니다. 단순히 돈이 많다고 해서 귀한 사람이 되는 것이 아닙니다. 자신이 가진 시간과 돈을 사회를 더 나은 곳으로 만드는 데 쓰고 있다면, 당신은 이미 귀한 사람입니다. 이제 여러분의 이야기를 써 내려갈 차례입니다. 이 책이 여러분의 삶에 작은 영감을 줄 수 있기를 진심으로 바랍니다.

리카싱 드림

리카싱의
액션 플랜 60

Action Plan 1

사람은 분노와 질투가 치밀 때 두 가지 행동 중 하나를 선택한다. 첫째, 화를 참지 못해 부정한 일을 저지르거나 상대를 깎아내린다. 둘째, 분노를 긍정적인 방향으로 돌려 현실을 직시하고 하루하루를 의미 있게 살아낸다. 당신은 어떻게 살고 있는가? 스스로에게 질문해보자.

Action Plan 2

노력이 꾸준히 쌓이면, 어느 순간 예상치 못한 기하급수적인 성장을 경험하게 된다. 이것이 바로 '노력의 복리 효과'다. 당시에는 쓸모없는 공부나 일이라 생각했지만, 훗날 인생에 큰 도움이 되었던 경험이 있는가?

Action Plan 3

남들보다 1시간 더 일하기, 남들보다 1시간 더 생각하기를 실천한다면 어떨까? 지금보다 더 나은 삶을 살 수 있는 방법을 생각해보자.

Action Plan 4

당신은 리카싱처럼 능동적으로 일한 경험이 있는가? 혹은 질투 때문에 벌어진 사건이 있는가? 그때로 돌아간다면 어떻게 할지 생각해보자.

Action Plan 5

당신은 최근 1년간 어떤 책을 읽었는가? 배움을 얻기 위해 모임에 참여하거나 강의를 들은 적이 있는가? 지금 당장 온라인으로 책 한 권을 구매하거나, 서점에 가보는 건 어떨까?

Action Plan 6

당시에는 최악이라 생각했던 경험이 나중에 어떤 형태로든 도움이 된 적은 없었는가? 실패했던 경험을 한번 떠올려보자. 그 경험이 인생에 어떤 식으로든 도움을 준 점이 하나라도 있는지 곰곰이 생각해보자.

Action Plan 7

살면서 주어진 일 외에 능동적으로 무언가를 해본 적이 있는가? 언제였는지, 그때 어떤 감정을 느꼈는지 떠올려보자.

Action Plan 8

과도한 투자를 한 적이 있는가? 그렇지 않다면, 앞으로 과신을 방지하기 위해 어떤 안전장치를 마련할지 생각해보자.

Action Plan 9

당신은 연애, 일, 사업 등에서 위기 상황을 겪은 적이 있는가? 그 당시 리카싱과 같은 솔직함 전략을 취했다면, 결과가 어떻게 달라졌을지 생각해보자.

Action Plan 10

위기에 감정적으로 대응하기보다는 직면하고 해결책을 찾아보자. 마주한 역경을 레몬이라 생각하고 그것을 레몬주스로 만들어보는 건 어떨까?

Action Plan 11

내일부터 작게라도 평소와 다른 일을 해보자. 출근 교통편을 바꿔보는 것은 어떨까? 평소에 버스를 탔다면 자전거를 타거나 걸어서 돌아와 보자. 새로움 배움을 위해 요가나 요리 교실에 등록해보는 것도 좋은 선택이다.

Action Plan 12

당신의 인생에서 단기적 이익보다 신뢰를 더 중요하게 여긴 경험이 있는가? 그 신뢰는 이후에 어떤 결과로 돌아왔는지 한 번 떠올려보자.

Action Plan 13

현대 사회에서 우리는 종종 '소비'를 통해 자아를 표현하고 사회적 지위를 나타내려 한다. 당신의 소비 습관은 어떠한가? 사람들에게 만만히 보이지 않기 위해 과소비를 한 적이 있는지 한 번 떠올려보자.

Action Plan 14

우리는 살면서 큰 약속을 하게 되고, 때로는 그 약속을 지키지 못할 때가 있다. 불편하겠지만 그런 순간들을 한 번 떠올려보자. 그리고 약속을 지키지 못했을 때 어떻게 대처하고 생각했는지 돌이켜보자.

Action Plan 15

우리는 살면서 호의를 베풀어도 돌아오지 않는 경험을 하게 된다. 사실 가장 중요한 건 '호의를 베풀면 되돌려줄 사람'을 골라내는 능력이다. 당신은 작은 호의가 큰 호의로 돌아왔던 경험이 있는가? 30초 정도 눈을 감고 생각해보자.

Action Plan 16

당신은 지금 원하는 게 있는데 눈치 보며 말하지 못하고 있지는 않은가? 오늘 당장 솔직하게 요구해보는 건 어떨까? 단, 상대방에게 어떤 이득이 될지도 함께 말하는 게 핵심이다.

Action Plan 17

리카싱이 이야기하는 신중한 발전은 어떤 개념이라 생각하는가? 본인 삶에 3개월간 적용한다면, 어떤 것이 있을지 생각해보자.

Action Plan 18

매일 조금씩 시간을 내어 관심 분야의 최신 정보를 습득하는 것이 어떤 변화를 가져올까? 직업이나 관심사와 관련된 전문 자료를 정기적으로 읽는다면 어떤 새로운 시각을 얻을 수 있을까?

오늘 당장에라도 최신 정보를 얻는 방법을 하나 고안하고 시도해보자. 잡지나 신문을 구독해도 좋고, 온라인 구독 서비스를 신청해도 좋다. 단 1개라도 좋으니 새로운 시도를 해보자.

Action Plan 19

우리는 종종 본질을 바라보기보단 사람들의 말이나 유행에 휩쓸려 투자나 미래의 직업을 결정한다. 본질을 꿰뚫는 통찰력을 갖기 위해선 어떻게 해야 할까?

Action Plan 20

인생을 살다가 거대한 적을 맞이한 적이 있는가? 그때 당시 어떤 생각을 하고 어떤 전략을 취해었는지 떠올려보자. 그리고 리카싱의 생각에 비춰, 자신이 그 당시에 무엇을 했다면 더 좋았을지 반추해보자.

Action Plan 21

당신은 자신이 잘하는 일에서 어떤 정교함을 갖추고 있다고 생각하는가? 그 정교함을 업그레이드하기 위해, 내일 당장 무엇을 해야 한다고 생각하는가?

Action Plan 22

인간은 투자한 것에 대해 이성적으로 판단하지 못하고 감정적으로 판단을 내려 더 큰 손실을 보곤 한다. 지금 내 삶에서 '포기해야 할 것이지만, 투자해온 노력과 시간이 많아 망설이는 것'은 무엇일지 생각해보자.

Action Plan 23

인생을 살면서 심리적으로 상처받거나 사기를 당한 적이 있는가? 그 경험 때문에, 과도하게 조심성이 생긴 사례가 있는지 떠올려보자.

Action Plan 24

누구든 살다 보면, 적이나 라이벌을 마주할 때가 생긴다. 적과 화합을 하며 이득을 경험한 적이 있는가? 있다면, 그 경험이 삶에 어떤 영향을 주었는지 생각해보자. 화합한 적이 없다면, 화합할 경우 어떤 상황이 되었을지 상상해보자.

Action Plan 25

당신이 만약 리카싱의 상황이었다면 어떤 판단을 했을 것 같은가? 리카싱은 친구의 사정을 듣고 인수를 양보한다면, 이익을 포기하는 것뿐만 아니라 홍콩 내에서 백전불패 이미지가 깨질 수 있는 상황이었다. 자신의 명예가 실추되더라도, 친구의 사정을 위해 희생했을 것 같은가?

Action Plan 26

당신의 팀이나 회사가 다 '광활하게 흐르기' 위해서는 어떤 '작은 물줄기'들을 받아들여야 할까? 팀이 있다면 주위를 둘러보고, 인재 3명을 떠올려 장점을 생각해보자. 그리고 이후에 들어올 인재를 모집하기 위해, 어떤 전략이 있어야 할지 생각해보자.

Action Plan 27

리카싱이 사람을 보는 눈을 기르기 위해, 어린 시절 어떤 노력을 했을 거라 생각하는가? 단순한 타고남 외에, 리카싱이 다른 사람과 다르게 생각한 것은 무엇인지 생각해보자.

Action Plan 28

당신이 소속된 집단이 있다면, 그곳의 리더는 어떤 사람이라 생각하는가? 리더는 모든 일을 본인이 다 하려고 하는가? 그렇다면 사장이다. 위임하고 사람들에게 동기 부여를 하는가? 그렇다면 리더다. 당신은 훗날 어떤 사람이 되고 싶은지 생각해보자. 정답은 없다.

Action Plan 29

당신은 지금 리더일지도 모르고, 리더가 될 사람일지도 모른다. 당신은 어떤 리더가 되고 싶은가? 그리고 그 이유는 무엇인가?

Action Plan 30

당신은 일을 하는 데 있어서 혼자만의 원칙이 있는가? 그리고 원칙을 깰 때는 어떤 감정이고 어떻게 합리화하고 있는지 가장 최근 있었던 일을 돌이켜보자.

Action Plan 31

왜 사람들은 자만에 빠질까? 자만이 왜 실패를 불러올 수밖에 없다고 생각하는가? 1분정도 책을 덮고 이 주제에 대해 생각해보자.

Action Plan 32

당신은 스스로 유연하게 인생을 살고 있다고 생각하는가? 한 생각에 매몰되어 한 가지행동만 고집하고 있다면, 그것이 무엇인지 떠올려보자. 왜 완전히 그 생각을 믿게 되었는지 역추적해보자.

Action Plan 33

리카싱은 눈앞에 일이 있을 때, 힘을 쓰기보다는 지렛대 중심을 찾는 데 많은 시간을 쏟는다. 당신은 현재 어떤 일을 하고 있는가? 당신은 힘만 쓰며 지렛대 중심을 찾는 데 시간을 안 쓰고 있지는 않은가? 한 달 안에 '생각만 하는 날'을 만들어보자. 이 날은 모든 일정을 비워야만 한다.

Action Plan 34

지금 당신은 한 가지 포트폴리오에만 지나치게 집중하고 있는 건 아닌지 돌이켜볼 필요가 있다. 예를 들어, 안정적인 직업에 안주하고 있다고 해서 모든 리스크로부터 안전하다고 할 수 없다. 화폐 가치의 하락이나, 부동산 상승률보다 느린 월급 상승률은 또 다른위험 요소가 될 수 있다. 현재 가장 집중하고 있는 일은 무엇인가? 분산 투자와 안정성을높이기 위해 어떤 전략이 필요한지 고민해보자.

Action Plan 35

자신의 삶에서 운이 좋았던 순간들을 떠올려보자. 사실 운 좋았던 순간과 안 좋았던 순간은 대략 비슷하다. 어떻게 인식하느냐가 중요하다. 당신은 어떤 면을 더 떠올리는 사람인가? 장단점은 무엇이라 생각하는가?

Action Plan 36

당신의 삶에서 모두가 "미친 짓"이라고 말할 때 홀로 밀어붙인 순간이 있었는가? 그때의 불안과 고립감, 그리고 혹시 있었다면 그 후의 성취감을 떠올려보라. 성공이든 실패든 상관없다. 그 순간들이 당신을 어떻게 단련시켰는지 생각해보자.

Action Plan 37

당신은 지금 안정적인 일을 하고 있는가? 만약 한 발 더 나아간다면, 어떤 새로운 일을 해보고 싶은가? 꼭 실천하지 않아도 된다. 그저 생각해보는 것만으로도 사고가 확장될 것이다.

Action Plan 38

여러분은 어떻게 현대의 트렌드를 읽고 있는가? 혹시 스마트폰으로 SNS만 훑어보고 있지는 않는가? 매일 15분만이라도 다양한 분야의 뉴스를 읽거나, 평소 관심 없던 주제의 책을 한 권 골라 읽어보는 것은 어떨까? 또는 다른 분야의 사람들과 대화를 나누며 새로운 관점을 얻어보자.

Action Plan 39

1. 비전 설정: 5년, 10년 후 본인이 바라는 모습은 무엇인가? 노트에 각각 30자 이상 적어보자.

2. 꾸준한 투자: 매일 5년간 자기계발적 행동을 10분 한다면 무엇을 할 것인가? 10년 후 목표를 이루기 위해 무엇을 해야 한다고 생각하는가? 운동? 독서? 신문 읽기? 단 한 가지만 정해보자.

3. 인내심 기르기: 인내심은 타고나는 것이 아니라 습관이다. 매일 루틴적으로 스스로 약속한 것을 해낼 때, 인내심은 자연스레 길러진다. 자신만의 약속을 자주 정해보자.

4. 유연성 유지: 장기적 목표를 향해 나아가되, 변화하는 환경에 적응할 준비를 하자. 필

요하다면 전략을 조정하는 것을 두려워하지 말자.

5. 작은 성과 축하하기: 큰 성공을 기다리는 동안, 작은 진전 사항들을 인식하고 축하하자. 이런 날에는 완전히 쉬어도 되고, 축배를 들어도 좋다. 자신만의 시간을 온전히 가져도 좋다. 이런 작은 축하는 동기 부여와 지속적인 노력의 원동력이 된다.

Action Plan 40

이윤을 추구할 때, 종종 다른 사람의 권리를 침해하지 않을까 불안할 수 있다. 이럴 때는 리카싱처럼 상대의 마음을 먼저 읽고, '솔직함'과 '신용'을 지키겠다고 약속해 상대를 안심시켜야 한다. 당신도 비슷한 경험이 있는지 떠올려보자.

Action Plan 41

리카싱은 새로운 시도나 투자를 할 때, 99%는 실패할 경우에 대해 생각하고 1%는 수익에 대해 생각한다고 한다. 당신은 좋은 기회가 있을 때, 잘되었을 때만 상상하며 행복에 젖지는 않는가? 실패에 대해 99%를 생각하는 자세에 대해 생각해보자.

Action Plan 42

당신도 굳은 믿음과 대중의 비난을 경험한 적 있는가? 그때 당신의 태도는 어땠으며, 결과는 어땠는지 떠올려보자. 만약 당신이 아직 대중에 속한다면, 주변의 말을 경청할 필요가 있다. 그러나 이미 어느 정도 성과를 거두었다면, 대중의 말은 참고하되 휘둘리지 말고 앞으로 나아가는 것이 더 나을 수 있다.

Action Plan 43

'부분적 실패를 전체의 실패로 해석하지 않기.' 이 접근 방식은 실제 당신의 인생에서 어떻게 적용될 수 있을까? 최근의 실패를 떠올려보자. 그 실패로 인해 과도하게 조심스러워지지 않았는지 생각해보자.

Action Plan 44

현재 당신 삶에 만족하고 있는가? 그것도 좋다. 만약 혁신이 필요하다면, 단 한 가지 무엇을 하고 싶은가?

Action Plan 45

투자해본 경험이 있는가? 부동산이든 무엇이든 판매해본 경험이 있다면 마지막 동전이 었는지, 마지막 동전을 넘어 이익을 취하려다 손해를 본 적이 있는지 떠올려보자.

Action Plan 46

당신은 현재 일을 하고 있을 것이다. 당신의 '핵심 기술'은 무엇인가? 어떤 상황에서도 당 신에게 가치를 제공할 수 있는 기술이나 자산은 무엇인가?

Action Plan 47

우리도 나이 들수록 빠르게 변화하는 기술과 시장에 적응하는 것이 어려워질 것이다. 나 이와 상관없이 혁신적인 사람으로 남기 위해 당신은 어떤 습관을 유지하겠는가? 딱 한 가지를 떠올려보자.

Action Plan 48

투자자는 날카로운 눈과 용감한 마음을 가져야 한다. 그들은 남들이 보지 못하는 것을 보 고, 남들이 두려워하는 것을 시도한다. 끊임없이 책을 읽고 신문을 본다면 투자처를 찾는 것은 쉽다. 하지만 이 두 가지를 하지 않고 머릿속으로만 '투자할 곳이 어디일까?' 고민한 다면, 기회가 없어 보이는 것은 당연하다.

Action Plan 49

젊은 에너지를 응원만 하는 건 부족하다. 우리는 이 에너지를 유연하게 받아들이고 효과 적으로 활용해야 한다. 그들의 아이디어는 신기술을 넘어 성숙한 시장마저 변화시킬 수 있다. 우리는 AI 등 신기술의 물결에 어떻게 대비해야 할까?

Action Plan 50

당신의 투자 결정은 어떤 가치를 반영하는가? 단기 수익과 장기적 비전 사이에서 우리는 어떤 선택을 해야 할까? 리카싱은 여유가 있었기에 이런 투자를 할 수 있었던 걸까? 20 대에 플라스틱 사업을 하며 쩔쩔맸던 시절에도 이런 투자가 가능했을까? 당신의 생각이 궁금하다. 블로그나 SNS에 관점을 정리해보자.

Action Plan 51
리카싱은 세 가지 산업이 크게 성장할 것이라 봤다. 세 가지는 신유통(아마존, 쿠팡), 인터넷 플랫폼(배달의민족, 카카오톡), 건강산업을 뜻한다. 당신이 생각하기에 다음 떠오르는 산업은 무엇이 될 거라 생각하는가? 틀려도 괜찮으니 자유롭게 연상해보자.

Action Plan 52
우리 모두가 조금씩만 더 따뜻해진다면, 그 힘이 얼마나 클지 생각해보아라. 당신이 만드는 작은 물결이 점점 커져 결국 큰 파도가 될 수 있다는 것을 믿어보아라. 당신이 있는 곳에서 작은 선행을 시작하자. 그 작은 선행들이 세상을 변화시킬 수 있다.

Action Plan 53
당신의 연봉이 3천만 원이라고 가정해보자. 어느 날, 이런 제안을 받는다. "1년간 도박장 매니저를 해주시면 20억을 드리겠습니다." 당신은 어떤 선택을 할 것인가? 수락할 것인가, 거절할 것인가? 어떤 선택을 하든 괜찮다. 중요한 건 자신만의 논리와 근거를 세우는 연습이다.

Action Plan 54
진정한 기업가 정신은 이익과 도덕성 사이에서 균형을 찾는 데서 시작된다. 당신은 이 균형을 어떻게 유지하고 있는가? 단순히 이익을 좇는지, 아니면 더 큰 선을 위해 행동하는지 생각해보자.

Action Plan 55
부유한 손님은 왜 사장에게 자신이 실수했다고 말했을까? 사장은 리카싱의 잘못인 걸 알면서도 왜 그를 꾸짖지 않았을까? 왜 누군가는 손님이나 사장처럼 말하지 않고, 알바생을 호되게 혼낼까? 어떤 차이에서 비롯된 걸까? 각자의 감정은 어땠을지, 그리고 어떤 이득을 얻기 위해 그런 행동을 했는지 생각해보고 글로 정리해보자.

Action Plan 56
백만장자가 되면 대부분 남을 돕는 데 시간을 쏟고, 보람을 느낀다. 이를 단순히 '착한 척'이나 '세금을 줄이기 위한 것'으로만 보기엔 공통된 심리다. 당신은 백만장자들이 왜 사회 환원에 힘쓴다고 생각하는가?

Action Plan 57
당신은 리카싱과 같은 무한의 부를 지닌 상태라면 무엇을 할 것인가?

Action Plan 58
어떤 부자는 자식에게 모든 재산을 물려주려 하고, 또 다른 부자는 한 푼도 물려주지 않으려 한다. 당신이 부자라면 어떤 부모가 되고 싶은가? 그 이유는 무엇일까? 자신만의 논리를 생각하고 글로 정리해보자.

Action Plan 59
리카싱은 90세가 넘어서도 20대보다 활기차게 하루를 시작한다. 당신은 노인이 되었을 때, 어떤 아침을 맞이하고 있을 거라 생각하는가?

Action Plan 60
범려는 자아를 세운 후, 본인의 행복을 위해 은둔의 삶을 보냈다. 이는 '자아'에 집착한 삶이다. 하지만 프랭클린은 자아를 세운 뒤, 국가에 헌신하여 사람들을 행복하게 만드는 데 일조했다. 이것이 세상과 자신이 이어져 있음을 깨닫고 선행을 베푼 '무아'를 추구한 삶이라 할 수 있다. 당신은 어떤 삶을 살고 싶은가?

리카싱의 생애와
사업 연대기

1928년: 생애의 시작 (0세)
중국 광둥성 차오저우 차오안현 베이먼제에서 출생했다.

1939년: 홍콩 이주 (11세)
1937년 중일전쟁의 발발로 경제가 악화되면서 가족과 함께 홍콩으로 이주했다.

1943년: 가장으로서의 책임 (14세)
아버지가 폐결핵으로 사망했다. 14세의 리카싱은 가족을 부양하기 위해 학교를 그만두고 찻집에서 견습생으로 일하기 시작했다.

1945년: 시계 기술 습득 (16세)
리카싱은 외삼촌이 운영하는 중남시계에서 일하면서 시계 조립과 수리 기술을 배웠다.

1947년: 영업사원 경력 시작 (18세)
남의 집에 오래 얹혀 살기 싫었던 리카싱은 한 금속 공장에서 영업사원으로 일하며 새로운 삶을 시작했다.

1948년: 총지배인 승진 (19세)
리카싱은 뛰어난 실적으로 플라스틱 공장의 총지배인으로 승진했다.

1950년: 청쿵산업 설립 (21세)
플라스틱 제조업체인 청쿵산업(Cheung Kong Industries)을 설립했다. 플라스틱 꽃을 주요 제품으로 생산해 서구 시장에 수출하며 성공의 첫 발판을 마련했다.

1957년: 플라스틱 꽃 사업 확장 (28세)

리카싱은 우연히 읽은 영어 잡지《플라스틱》에서 플라스틱 꽃의 상업적 가능성을 발견하고, 즉시 이탈리아로 가서 조사를 진행한 후 홍콩에서 플라스틱 꽃을 출시, 대히트를 기록했다.

청쿵플라스틱 공장은 청쿵산업유한회사로 이름을 변경하고, 본사를 신푸강에서 북각으로 이전했다.

1958년: 플라스틱 사업의 성공 (29세)

청콩산업이 플라스틱 꽃을 수출하면서 큰 성공을 거두었고, 이를 통해 리카싱은 젊은 나이에 사업적으로 중요한 자산을 축적하게 된다. 이때의 자본이 향후 그의 부동산 진출에 중요한 밑거름이 되었다.

1967년: 부동산 시장 진출 (38세)

홍콩의 사회 불안과 경제 위기를 기회로 삼아 리카싱은 부동산 시장에 본격적으로 진출한다. 그는 부동산 회사들이 경제 위기 속에서 저렴하게 팔고 있던 토지를 대거 매입했고, 이후 이 토지들이 큰 가치 상승을 경험하면서 부동산 사업을 확장하게 된다.

1971년: 청콩산업의 부동산 개발로의 전환 (42세)

플라스틱 사업에서 번 자금을 바탕으로 청콩산업을 본격적으로 부동산 개발 회사로 전환시켰다. 그는 주로 중산층을 대상으로 한 저가 주택 개발을 통해 수익을 창출했으며, 홍콩 부동산 시장에서 입지를 강화했다.

1972년: 청콩산업 상장 (43세)

청콩산업이 상장되며 주식이 65배 초과로 청약되었다.

1979년: 허치슨 왐포아 인수 (50세)

리카싱은 6억 2천만 홍콩 달러를 들여 영국계 기업 허치슨 왐포아를 인수, 영국계 기업을 인수한 첫 중국인이 되었다.

허치슨 왐포아를 인수한 후, 리카싱은 이를 발판으로 글로벌 물류 및 항만 사업을 확장했다. 50대 중반의 리카싱은 아시아를 넘어 유럽, 북미의 주요 항만과 물류 네트워크를 구축하며 글로벌 시장에서 영향력을 확대했다.

1980년: 리카싱 재단 설립 (51세)

교육, 의료, 문화 등 공익 사업에 기부를 시작했다. 그 후 1981년 리카싱은 정의의 평화유지 위원으로 임명되었으며, '홍콩의 영향력 있는 인물'로 선정되었다. 1982년에는 파나마로부터 Grand Officer of the Vasco Nunez de Balboa 훈장을 받았다.

1986년: 캐나다 진출 (57세)

리카싱은 캐나다로 진출해 허스키 오일의 지분을 절반 이상 인수했다.

1990년대 초: 통신 산업 진출 (60대 초반)

오렌지 텔레콤(Orange Telecom)을 인수하며 통신 분야에서의 입지를 다졌다.

1999년: 허치슨 텔레콤 설립 (70세)

허치슨 텔레콤(Hutchison Telecom)을 설립하며 3G 모바일 네트워크 사업에 진출했다. 같은 해, 《포브스》 잡지에서 처음으로 세계 화교 부호 1위로 선정되었고, 이후 15년 연속 1위를 지켰다.

2000년: 국제적인 훈장 수여 (71세)

리카싱은 벨기에로부터 레오폴드 훈장 사령관급을, 영국으로부터 대영제국훈장 기사사령관(KBE)을 수여받았다.

2010년: 영국 전력망 인수 (81세)

영국 전력망 일부를 57.75억 파운드에 인수했다. 이는 리카싱의 유럽 에너지 시장 진출을 의미하는 중요한 거래였다.

2010년대: 기술 및 스타트업 투자 (80대 초반)

페이스북, 스카이프, 스포티파이와 같은 글로벌 IT 기업에 투자하며 성공적인 사업 전략을 이어갔다. 생명공학, 헬스케어 분야에도 적극적으로 투자하였고, 다양한 신흥 산업에 대한 투자 포트폴리오를 구축했다.

2010년대 이후: 자선 활동 강화

리카싱은 은퇴 후에도 리카싱 재단을 통해 전 세계적으로 자선 활동을 이어가고 있다. 그는 교육, 의료, 과학 연구 등에 수십억 달러를 기부하며 사회에 환원하고 있다.

2018년: 은퇴 선언 (89세)

리카싱은 89세의 나이에 공식적으로 은퇴를 선언했다. 그러나 그는 여전히 명예 회장으로서 청쿵그룹과 허치슨 왐포아의 주요 의사 결정에 관여하고 있다.

참고문헌

陈美华、辛磊著:《李嘉诚全传》, 中国戏剧出版社 2005 年

李阳著:《李嘉诚传》, 花山文艺出版社 2018 年

李忠海著:《李嘉诚传》, 国际文化出版公司 2015 年

李永宁著:《李嘉诚: 我一生的理念》, 北京联合出版公司 2014 年

李永宁著:《李嘉诚: 成功没有偶然》, 中国华侨出版社 2014 年

李博恩著:《李嘉诚的人生智慧》, 中国纺织出版社 2017 年 武伟主编:《香港富豪排行榜》,
    当代世界出版社 2001 年

理平著:《香港大富豪发迹史》, 中国工人出版社 1992 年

吴嘉林等编著:《闯荡香港新富豪》, 广东人民出版社 1993 年

(英) 弗兰克·韦尔什著, 王皖强、黄亚红译:《香港史》, 中央编译出版社 2007 年

郑宝鸿著:《香港华洋行业百年》, 商务印书馆 2019 年

刘诗平著:《洋行之王——怡和》, 三联书店 (香港)2010 年

郑宏泰著:《白手兴家香港家族与社会(1841-1941)》, 中华书局 2019 年

杜博奇著:《豪门兴衰: 香港商业百年》, 浙江大学出版社 2013 年

吴晓波著:《激荡四十年》, 中信出版社 2017 年 294 ｜ 李嘉诚传

金泽灿著:《李嘉诚家族传》, 华中科技大学出版社 2015 年

成力著:《李嘉诚谈管理》, 海天出版社 2010 年

王晶编著:《李嘉诚: 赚钱是一种修行》, 华中科技大学出 版社 2016 年

陈美华著:《李嘉诚: 成功没有捷径》, 花城出版社 2016 年

陈润著:《时代的见证者》, 浙江大学出版社 2019 年

陈润著:《全球商业一百年: 大商崛起》, 浙江人民出版社 2013 年

林汶奎著:《李嘉诚的财富传奇》, 中国社会出版社 2009 年

刘云芬著:《家族企业慈善捐赠的影响因素及效果评价研究》, 东北财经大学出版社有限责任
    公司 2018 年

(美)约翰·D. 洛克菲勒著, 徐建萍译:《做生意的艺术》, 江西美术出版社 2017 年

(美)詹姆斯·E. 休斯著, 钱峰、高皓译:《家族财富传承: 富过三代》, 东方出版社 2013 年

편집과 관련하여

- 중국 인명과 지명은 중국어 발음을 한글로 옮겼습니다. 다만, '리카싱', '청쿵'과 같이 이미 한국에서 널리 알려진 명칭의 경우 예외적으로 관행적 표기를 사용했습니다.

- 이 책은 왕징이 리카싱에 대해 쓴 전기입니다. 그러나 독자 여러분의 몰입도를 높이고 리카싱의 경험과 생각을 더욱 생생하게 전달하기 위해, 3인칭 시점을 1인칭 시점으로 변경하여 서술했습니다.

- 본문 중 굵은 글씨로 표시된 부분은 리카싱이 실제로 한 말을 인용한 것입니다.

- 주석은 모두 옮긴이 주입니다.

무한의 부

찻집 알바에서 52조 원까지

초판 1쇄 발행 2024년 10월 9일
초판 7쇄 발행 2024년 12월 10일

지은이 왕징 **옮긴이** 김우성

브랜드 필로틱 **기획·편집** 박현종, 경정은, 공혜민, 성나현, 박수민
마케팅 김지우, 전유성, 하민지
외부 스태프 강경신 디자인

문의 book@pudufu.co.kr
발행처 라이프해킹 주식회사 **출판 등록** 제2022-0000341호
주소 서울시 강남구 도산대로 207, 9층 1호 (신사동, 성도빌딩)

ISBN 979-11-987136-3-6   03320